高职高专“十一五”规划教材

HUAGONG XIANGMU JISHU JINGJI FENXI YU PINGJIA

化工项目技术经济分析与评价

王世娟　郑根武　主编

丁志平　主审

化学工业出版社

·北京·

内容简介

本教材以化工项目可行性研究报告的编制为主线，从技术经济学的基本原理和方法出发，对项目的市场分析、技术分析、经济分析及风险分析的内容及方法进行了系统阐述。全书注重培养学生运用综合知识解决实际问题的能力，以化工项目经济评估为例，全面介绍了技术经济在化工领域的应用，并进一步阐述了化工技术改造及设备更新的技术经济问题及 Excel 在化工项目技术经济分析与评价中的应用。

本书通过综合典型案例的分析及大量练习，可以使读者系统地掌握化工项目技术经济分析的方法。

本教材既可作为高职高专化工类专业学生的专业基础课教材，也可作为化工行业工程技术人员的参考书。

图书在版编目（CIP）数据

化工项目技术经济分析与评价/王世娟，郑根武主编.—北京：化学工业出版社，2010.2（2024.11 重印）
高职高专“十一五”规划教材
ISBN 978-7-122-07380-8

Ⅰ.化…　Ⅱ.①王…②郑…　Ⅲ.①化学工业-工业项目-技术经济-经济分析-高等学校：技术学院-教材②化学工业-工业项目-技术经济-经济评价-高等学校：技术学院-教材　Ⅳ.F407.737

中国版本图书馆 CIP 数据核字（2010）第 004625 号

责任编辑：窦　臻　　文字编辑：昝景岩
责任校对：宋　玮　　装帧设计：杨　北

出版发行：化学工业出版社（北京市东城区青年湖南街 13 号　邮政编码 100011）
印　　装：北京机工印刷厂有限公司
787mm×1092mm　1/16　印张 12　字数 294 千字　2024 年 11 月北京第 1 版第 10 次印刷

购书咨询：010-64518888　　售后服务：010-64518899
网　　址：http://www.cip.com.cn
凡购买本书，如有缺损质量问题，本社销售中心负责调换。

定　　价：35.00 元

前　　言

本教材根据教育部有关高职高专教材建设的精神，以高职高专化工类专业学生的培养目标为依据编写。编写过程中广泛征求了有关职业院校、企业专家的意见，具有较强的实用性。

本教材在编写过程中坚持以能力培养为目的，以编写化工建设项目可行性研究报告为主线，以项目任务为载体，以必需、够用为度，讲清概念、强化应用。充分体现“高等教育”和“职业教育”的双重性；充分体现“高等职业教育以服务为宗旨，以就业为导向，走产学研结合的道路”的指导思想。教材层次清晰，内容安排合理，突出了高职教育以能力为本的特色。

本教材共分九章，第一章、第二章、第七章由王世娟编写，第三章、第四章由郑根武编写，第五章、第六章、第八章、第九章由蒋蕻编写。全书由王世娟统稿，南京化工职业技术学院丁志平教授主审。

本教材既可作为化工类专业学生的专业基础课教材，也可作为化工行业工程技术人员的参考书；既可作为化工类专业高职高专教材，也可作为化工类专业其他层次学生的教材。

由于编写时间仓促，加之作者水平所限，不足之处在所难免，欢迎广大读者提出宝贵意见。

编者

2009 年 12 月

目　　录

第一章　绪　　论

学习目标

理解化学工业的定义及特点，掌握化工技术经济学研究的内容及方法。

第一节　化学工业及其特点

一、化学工业的概念

凡生产过程主要表现为化学反应过程或生产过程中化学过程占优势的工业都属于广义上的化学工业（chemical industry），或称化学加工工业（chemical processing industry，CPI）。例如：石油加工、造纸、制药、建材、电子等均属化学工业范畴，它们其中的一些虽具有化学加工性质，但早已形成了独立的工业部门。不过由于它们具有共同的生产技术特征以及这些特征所决定的共同的技术经济规律，因此我们讨论的化工技术经济的内容对于广义上的化学工业都是适用的。

在我国，化学工业一般理解为包括石油化学工业在内的化学肥料、无机原料、基本有机原料、合成橡胶、塑料、合成纤维单体、农药、染料、医药、日用化学品等生产的大化工。按照产品及行业的不同，可以将中国化学工业分类，如表 1-1 所列。

表 1-1　中国化学工业分类

序号	按产品划分	按行业划分	序号	按产品划分	按行业划分
1	化学矿	化学肥料	11	食品和饲料添加剂	合成纤维单体
2	无机化工原料	化学农药	12	合成产品	感光材料和合成记录材料
3	有机化工原料	煤化工	13	日用化学品	燃料和中间体
4	化学肥料	石油化工	14	黏合剂	涂料和颜料
5	农药	化学矿	15	橡胶和橡塑制品	化工新型材料
6	高分子聚合物	酸、碱	16	催化剂和各种助剂	橡胶制品
7	涂料和颜料	无机盐	17	火工产品	化学医药
8	燃料	有机化工原料	18	其他化学产品（包括炼焦和林产化学品）	化学试剂
9	信息用化学品①	合成树脂和塑料	19	化工机械	催化剂溶剂和助剂
10	试剂	合成橡胶	20	—	化工机械

① 信息用化学品是指能接受电磁波信息的化学制品，如感光材料，紫外、红外、X射线等射线材料和接收这类波的磁性材料，记录磁带、磁盘等。

二、化学工业的发展及特点

1. 化学工业的发展

自有史以来，化学工业一直同发展生产力、保障人类社会生活必需品和应对战争等过程密不可分。为了满足人们在这些方面的需要，化学工业最初是对天然物质进行简单加工以生产化学品，后来是进行深度加工和仿制，以至创造出自然界根本没有的产品。它对于历史上的产业革命和当代的新技术革命等起着重要作用，足以显示出化学工业在国民经济中的重要地位。

化学加工形成工业之前的历史，可以从18世纪中叶追溯到远古时期，从那时起人类就能运用化学加工方法制作一些生活必需品，如制陶、酿造、染色、冶炼、制漆、造纸以及制造医药、火药和肥皂；从18世纪中叶至20世纪初是化学工业的初级阶段。在这一阶段无机化工已初具规模，有机化工正在形成，高分子化工处于萌芽时期。第一个典型的化工厂是在18世纪40年代于英国建立的铅室法硫酸厂。它以硫黄、黄铁矿为原料生产硫酸，产品主要用于制硝酸、盐酸及药物。在产业革命时期，随着纺织工业的迅速发展及玻璃、肥皂等工业对碱用量的增加，植物碱和天然碱供不应求。1791年N. 吕布兰在法国科学院悬赏之下，获取专利，以食盐为原料建厂，制得纯碱，并且带动硫酸（原料之一）工业的发展；生产中产生的氯化氢用以制盐酸、氯气、漂白粉等为产业界所急需的物质，纯碱又可苛化为烧碱，把原料和副产品都充分利用起来，这是当时化工企业的创举；用于吸收氯化氢的填充装置，煅烧原料和半成品的旋转炉，以及浓缩、结晶、过滤等用的设备，逐渐运用于其他化工企业，为化工单元操作打下了基础。19世纪末叶出现电解食盐的氯碱工业，这样，整个化学工业的基础——酸、碱的生产已初具规模。从20世纪初至战后的60～70年代，这是化学工业真正大规模生产的主要阶段，一些主要领域都是在这一时期形成的，合成氨和石油化工得到了发展，高分子化工进行了开发，精细化工逐渐兴起。这个时期之初，英国G. E. 戴维斯和美国的A. D. 利特尔等人提出单元操作的概念，奠定了化学工程的基础。它推动了生产技术的发展，无论是装置规模，或产品产量都增长很快。1920年美国用丙烯生产异丙醇，这是大规模发展石油化工的开端。1939年美国标准油公司开发了催化重整过程，这成为芳烃的重要来源。1941年美国建成第一套以炼厂气为原料用管式炉裂解制乙烯的装置。在第二次世界大战以后，由于化工产品市场不断扩大，石油可提供大量廉价有机化工原料，同时由于化工生产技术的发展，逐步形成了石油化工。甚至一些不产石油的地区，如西欧、日本等也以原油为原料，发展石油化工。由于基本有机原料及高分子材料单体都以石油化工为原料，所以人们以乙烯的产量作为衡量有机化工的标志。80年代，90%以上的有机化工产品，来自石油化工，如氯乙烯、丙烯腈等。1951年，以天然气为原料，用蒸汽转化法得到一氧化碳及氢，主要用于生产氨、甲醇，使碳一化学得到重视。20世纪60～70年代以来，化学工业进入现代化时代，化学工业各企业间竞争激烈，一方面由于对反应过程的深入了解，可以使一些传统的基本化工产品的生产装置，日趋大型化，以降低成本；与此同时，由于新技术革命的兴起，对化学工业提出了新的要求，推动了化学工业的技术进步，促进了精细化工、超纯物质、新型结构材料和功能材料的发展。

2. 化学工业的特点

(1) 装置型工业

化学工业是以装置为中心进行生产的工业。装置的生产能力与设备的容积成正比，即与其线性尺寸的三次方成正比，其设备的制造费用与包围该容积的容器表面积成正比，即与其线性尺寸的二次方成正比。因此，装置的投资费用与生产能力的 2/3 次方成正比，也就是所谓“0.6 次方法则”，在此法则下，设备的增大并无需增加操作人员，故化工装置的规模越大，单位生产能力的投资越省，成本越低。这就是化工装置的规模经济性。当然装置的规模化除了受技术可能性的约束外，当生产能力增加到某个程度时，成品及原料的运输成本费用增加、局部停车费用加大等不利因素也会加大，因此，化工装置应视产品的不同，各有其最优的经济规模，各自的最优经济规模取决于该产品的生产技术特征、市场供求状况、原料的供应条件，以及科技和管理的发展水平。

(2) 资金密集型工业

化学工业的绝大部分均属资金密集度较高的工业装置型决定了化学工业的设备固定资金占用高，多数化工产品的生产工艺流程长，流动资金占用时间长。此外，化工生产往往涉及高温、高压、低温、真空以及腐蚀等苛刻条件，因比，对设备的质量、安全性、可操作性都要求较高，这使得设备费用往往高于其他工业。

(3) 知识密集型工业

化学工业是一个多产品品种工业。品种的多样性导致化工生产工艺的多样性，也就导致技术经济分析的复杂性。对于化学工业而言，同一原料可以生产多种产品，同一产品又可利用多种原料来生产，同一原料生产同一产品还可有多种工艺，因此要求生产者具备一定的相应知识。而化工生产的大多数过程是在装置内完成的，与生产者基本处于隔离状态，整体的生产过程往往需连续化作业，现代化工生产的发展更是朝着自动化生产工艺过程方向发展，因此，要求从事化学工业的人员必须具备较高的知识和技术水平。同时，化学工业是技术发展最为迅速的工业部门，产品和生产技术等更新快，也就要求从业人员不断地学习提升。

(4) 高能耗工业

经过多年发展，我国已成为世界化学工业大国，目前已有近 20 种大宗化工产品的生产能力居世界前列。能源作为化工生产中的动力及重要的原料，其消耗量仅次于冶金工业，成为能源消耗的重要部门。近年来化学工业能源消耗量同比保持高速增长。2000～2006 年我国化工能源消费总量年均增长率达 10%，2006 年我国化学工业能源消耗总量（不含石化部分）约为 24779.04 万吨标准煤，占工业能源消费总量的 14%以及全国能耗总量的 10%。我国化学工业能源消费以煤和电力为主，煤在化工总能耗中的比重约为 25%，电力消费约占 30%～40%。与国外化学工业以石油、天然气为主的能源结构相比，我国化学工业的用能结构品质较低。如何节能减排，根据能源和资源合理地配置来发展化学工业，仍是一个很重要的问题。

(5) 多污染工业

化学工业是产生污染最多的工业部门之一。由于化工生产过程复杂，中间环节多，中间产物多，产品生产中的副产物也多，因而导致可能产生的有害废物相应增多，有些作为化工原料的物质本身对环境和人体的健康就有害，因而处理不当将会对人类及生态环境产生严重的影响，防止和治理三废污染仍是化学工业的重要课题。化工项目的建设必须坚持环境治理设施与项目的主体工程同时设计、同时施工、同时投产使用的“三同时”原则，确保化学工业的可持续发展。

第二节　化工技术经济学

技术经济学是现代管理科学中一门新兴的综合性学科，是技术科学和经济科学相互渗透和外延发展形成的一种交叉性学科。它是研究为达到某一预定目的可能采取的各种技术政策、技术方案及技术措施的经济效果，进行计算、分析、比较和评价，选出技术先进、经济合理的最优方案的一门科学，是一门研究如何使技术、经济及社会协调发展的科学。

一、技术与经济

技术经济学作为一门介于自然科学与社会科学之间的交叉学科，它从经济社会与科学技术相互作用的角度出发，既研究技术的经济效果，更注重研究技术与经济相互作用的机制。

技术是人类在认识自然和改造自然的实践中，按照科学原理及一定的经验需要和社会目的而发展起来的，用以改造自然的劳动手段、知识、经验和技巧。它包括实验技术、生产技术、服务技术、管理技术。

经济是一个多义词。用作“国民经济”时，是指社会再生产的整个过程，包括生产、交换、分配、消费等经济活动；用作“经济基础”时，是指社会生产关系的总和，是上层建筑赖以建立起来的经济基础；用作“经济不经济”时，是指节约或节省，含效益之意。经济依其活动范畴与运行机制可划分为宏观经济与微观经济，也可划分为宏观经济、中观经济（准宏观经济）及微观经济三个层次。

由于经济的概念可作不同的理解，因此，技术与经济的关系可以表现为不同的形式。当将“经济”理解为“国民经济”时，技术与经济的关系表现为科技进步与经济发展的关系；当将“经济”理解为“经济基础”时，技术与经济的关系表现为生产力与生产关系的关系；当将“经济”理解为“节省、节约”时，技术与经济的关系表现为技术活动与经济可行性的关系。

技术与经济具有非常密切的关系。技术进步是经济发展的必要条件，人类社会的经济发展离不开各种技术手段的运用；而任何技术手段的运用都必须消耗和占用人力、物力、财力等资源，需要考虑资源的合理分配。所以在人类进行物质生产活动中，经济和技术不可分割，两者相互促进又相互制约。经济发展是技术进步的动力与方向，而技术进步是推动经济发展、提高经济效益的重要条件和手段。

由于技术与经济的不同特性，使它们在一定的背景下，又具有相互制约和矛盾的一面。如技术研究、开发、应用与经济可行性的矛盾；技术研究开发应用成本与新增效益的矛盾等。技术愈先进，往往支付的代价愈高昂，从而出现支付成本与预期效益的矛盾，先进技术开发应用的成本一定要低于预期效益，否则再先进的技术也难以推广应用。技术先进性与经济性的对应关系，往往决定着技术方案的选择。表 1-2 是项目方案在考虑技术与经济相互关系时决策的方法。

表 1-2　技术项目的决策

方　案	技术先进	经济合算	决　策
Ⅰ	√	√	可行
Ⅱ	√	×	不可行
Ⅲ	≠	≠	一定背景下可行
Ⅳ	×	×	不可行

注：“√”表示是；“×”表示否；“≠”表示不够完善，有待改进。

从技术与经济的关系可以看出，技术与经济实际上是矛盾的共同体。技术与经济之间，既互相促进、互相依赖，又互相制约，而且，随着条件的变化，其关系处于不断的变化和运动之中。技术与经济的这种矛盾共同体，正是技术经济学的研究对象。

二、技术经济学的研究对象、内容及特点

技术经济学是一门由技术科学与经济科学相互交叉和渗透而形成的边缘学科。技术经济学研究主要涉及“三个领域”，即“技术领域中的经济效益问题”和“经济活动中的技术发展规律”及“技术发展的内在规律”。这三个领域的研究又涉及“三个层面”和“两个方面”的问题：“三个层面”即是微观层面（包括项目层面和企业层面）、中观层面（包括产业层面和区域层面）和宏观层面（包括国家和国际间）的技术经济问题；“两个方面”包括技术经济学科基础理论与技术经济分析（评价、评估）方法、技术经济学科理论与方法的应用。进入 21 世纪以后，人们开始关注技术、经济、社会的协调发展和和谐社会的构建，从而引出了技术经济学科新的研究任务，即推进技术、经济和社会协调发展问题。这是进入 21 世纪以来技术经济学的“第四个研究领域”。

技术经济学科的研究内容，是随着社会的不断进步而不断发展的。在工程层面，技术经济学科的主要研究内容是项目可行性研究，其中主要包括项目的技术选择、财务评价与国民经济评价、项目社会评价、项目环境影响评价等。在企业层面，主要研究内容包括设备更新与技术改造、新产品开发管理、企业技术创新与技术推广、企业核心竞争力、企业知识产权管理等。在产业层面，技术经济学科主要研究的内容包括技术经济预测、产业技术创新与推广、产业技术政策、行业共性技术与关键技术的选择、产业技术标准、产业国际竞争力等。

从学科基础内容体系上看，技术经济学研究的内容具体包括两个方面：一是技术经济学科的基本理论与方法，主要包括技术与经济相互作用原理、技术经济分析的基本原则、资金时间价值、技术评价与技术选择、技术方案经济评价方法、技术经济风险评价、技术经济综合评价等。二是技术经济学科理论与方法的应用，主要包括建设项目可行性研究、设备更新经济分析、项目环境影响评价等。

技术经济学的研究内容及深度是由研究对象决定的，它在发展过程中形成了实践性、应用性、预测性、定量性等特点。由于技术经济学是在经济建设中产生的，其基本原理和方法又将直接应用于解决技术经济问题的实际过程。所以，技术经济学具有很强的实践性和应用性，是一门应用经济学。同时，在技术经济研究过程中使用的各种技术经济数据也是在对以往和现在的技术经济数据分析基础之上，用预测的方法得到的，是对未来技术经济问题的近似估计。所以，通过技术经济研究提出的各种技术政策、技术方案、技术措施有着明显的预测性。对于各种技术经济问题，技术经济学立足于数量研究，通过建立各种技术经济数学模型来定量地描述技术经济问题，使技术经济学具有了定量性的特点。

三、化工技术经济学

1. 化工技术经济学的定义及特点

化工技术经济学是技术经济学的一个分支学科，它是结合化学工业的技术特点，应用技术经济学的基本原理和方法，研究化学工业发展中的规划、科研、设计、建设和生产各方面和各阶段的经济效益问题，探讨提高化工生产过程和整个化学工业的经济规律、能源和资源的利用率以及局部和整体效益问题的一门边缘学科。简而言之，它的任务就是将化工技术与

经济有机地结合和统一，以取得最佳的经济效益。

化工技术经济学除了具有技术经济学的特点外，还具有综合性的特点。由于化学工业本身的特殊性，使得化工技术经济学所研究的对象往往具有多目标和多因素现象。这些现象既包含大量化工技术上的问题，也涉及多方面的经济问题。在技术上，它要运用化学、物理、工程以及其他学科的基本知识和理论；在经济上，既要考虑到宏观经济的布局和影响，又要注意到微观经济的结构。它是应用经济学与化学工业结合的生长点，现代数学方法将它们联系在一起，构成了一个综合体系，因而使该学科具有较高的综合性。

2. 化工技术经济学的作用

化工技术经济学作为化学工业领域的一门软学科，在化学工业的发展中起着十分重要的作用。对化学工业的高层管理者来说，化学工业发展的投资规模及投资方向的确定，离不开化工技术经济的分析原理和决策技术，只有运用其科学的原理和方法进行充分的研究，才能作出正确的决策，避免投资不当或布局不合理等错误决策。作为化工生产企业的决策者，必须具备良好的技术经济素质，对新产品的投产，新技术及新设备的使用，必须运用技术经济学的原理和方法，进行充分的论证之后，才能作出最后的选择，盲目决策往往是失败的根源。对于从事化学工业的专业技术人员来说，在化工产品和技术研究开发，以及设计和生产运行过程中，不仅要考虑技术方案的先进性和适用性，还必须懂得技术方案或措施实施后的经济效果。具备化工技术经济的良好素质，对于化工科研选题、现有企业技术改造方案的制定和新建项目的设计等，都具有重要的作用，有利于化工科研成果更好地转化为生产力，技术改造取得良好的效果，投资项目取得满意的经济效益和社会效益。

第三节　化工技术经济学研究的方法

化工技术经济研究的内容通常有两大类：一类是宏观技术经济问题，它是指涉及化学工业整体性的、长远的和战略性的技术经济问题，例如化学工业的布局，化工技术结构的选择，化工技术发展战略的规划，以及化工技术政策和技术引进策略的制定等。另一类是微观技术经济问题，是指一个企业、一个局部的技术经济问题。例如，化工企业的技术改造、建设项目的可行性研究、设备更新、产品生产的优化等。针对化工技术经济的具体研究内容，可采用不同的研究与评价的方法。

一、技术经济学研究的方法

技术经济学的基本研究方法主要包括以下几种。

1. 系统分析方法

系统分析方法在研究技术经济问题时，从系统论的观点出发，将研究对象与周围的环境看作一个有机整体，从微观与宏观、短期与长期、定量与定性等方面结合起来进行研究，从这个有机体的总效果最优的角度评价优化。

例如，在进行建设项目的可行性研究时，在确定了建设项目的目的以及建设项目与周围环境的关系（如上下游企业、区域产业体系、宏观国民经济和社会发展之间的关系等）后，首先从优化和提高相关外部效益的角度，确定项目发展的主要目标是技术目标、微观经济效益目标、宏观国民经济效益目标还是社会发展目标（或者其中的几个目标）；其次，分析建设项目内部的技术、经济、社会结构及其相互之间的关系，确定建设项目的技术、经济与社会的发展目标、项目总目标以及相互之间的作用关系；最后评价和优化项目的技术、经济和社会结构，达到建设项目总体效果的最优，从而实现微观项目和企业的经济效益目标，增进上下游企业效益，实现产业结构的优化、产业技术和经济水平的提高，提升国民经济效益，促进社会进步等多目标的协调和统一。

2．方案比较方法

技术经济分析首先研究了对某一个技术方案从不同角度（一般包括技术、经济和社会效果）进行评价的方法体系，但是，对单方案的评价，并不是技术经济分析的最终目标。技术经济学要求设计出能完成同一任务的多种技术方案，这种方法是对实现同一技术经济目标的若干可行方案，通过计算、分析、比较，从中选择最优方案。使用方案比较法的关键是各种方案要具有可比性和评价指标的一致性。在技术经济评价中，由于实现同一目标的方案往往不止一个，所以，这种方法使用得也比较广泛。

3．综合分析法

技术经济系统是一个复杂系统，对技术方案的描述、分析、评价等涉及了技术、经济和社会等多个复杂的层面，运用技术经济评价时必须坚持定性与定量结合、静态与动态结合的综合分析法。对于可以定量分析的内容，需把研究对象用定量的方法和指标加以描述，对于技术经济系统中还存在的大量目前还无法完全定量化的内容，在很大程度上只能采用定性方法加以描述和分析。为更加全面系统地描述和评价研究对象，技术经济学强调定量分析与定性分析相结合，动态分析与静态分析相结合。以资金时间价值为基础的动态评价方法，完善了动态分析的内涵和方法，并实现了动态评价方法与静态评价方法的良好结合。

技术经济学研究的方法不是截然分开的，而是互相渗透、互相补充的。在对项目的经济效果进行分析时，也需要对问题用系统观点去研究，也需要考虑各个可能方案的可比性，反之亦然。技术经济工作者应能融会贯通地掌握各种技术经济方法，这将有助于解决各种技术经济问题，取得更好的研究成果。

二、化工技术经济评价的方法与程序

化工技术经济研究多采用系统的综合评价方法，就是对可能的技术方案进行全面的化工技术经济分析，以评价和论证技术方案的经济效果，为正确的决策提供科学依据。化工技术经济的分析有着一套科学的程序和方法，一般应包括如图 1-1 所示过程。

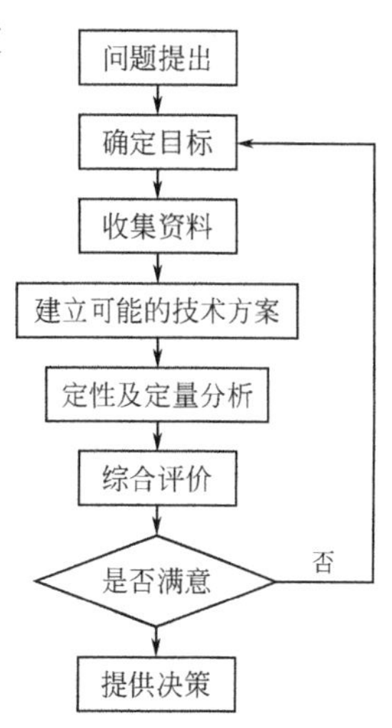

图 1-1　化工技术经济的分析程序

1．问题提出

经济建设中需要解决的各种技术经济问题，如重大化工项目的建设，企业的改建与扩建等。

2．确定目标

项目建设目标的确定要科学、适当，要明确项目建设中的技术、经济问题所要达到的水平。项目建设的目标包括社会目标和具体目标。前者是从化工行业乃至整个国民经济来考虑，后者则是地区或企业所要求达到的目标，企业或地区的目标应该符合化工行业和整个国民经济的宏观目标。

3. 收集资料做趋势分析

资料的收集是技术经济分析中的重要环节。应根据项目需要解决的问题和需要达到的目标，收集社会、经济、技术、自然和环境等资料。技术经济分析所需的资料、数据应来自于生产实践，一般不能在实验室的实验中取得。收集时不仅要收集本企业的资料，而且要收集国内、国际上同行业的有关资料。资料收集愈丰富、准确、及时，对解决问题就愈有利。同时对所分析的课题，应依据收集到的原始资料和数据，分析过去，总结现状，并预测未来。

4. 建立可能的技术方案

根据项目建设的目标，在对项目深度分析的基础上，列出项目建设的多种可能技术方案，要注意既不能漏掉实际可靠的方案，也不要把实际不可行或明显不优的方案列进去。

5. 定性及定量分析

技术经济问题比较复杂，仅凭经验常识和简单的推理是不行的，必须运用科学的计算分析方法，得出各种技术方案定量的技术经济指标。同时，还必须处理好各种方案指标的可比性问题。对于不同的技术方案在技术上和经济上都会有不同的优缺点。在分析时，不仅要从企业本身利益出发，还要考虑到国民经济的整体利益，淘汰那些不可行的方案。

6. 综合评价

综合评价是从技术、财务、经济、社会、生态，有时还有政治等方面，全面、统筹地对技术方案进行评价，是多因素、多目标、全方位的评价。综合评价需要依据定量的指标，或用货币量来表示技术的经济效果。但有些效果则通常不能以货币表示，所以也需作定性分析。只有通过全面的效果比较和综合分析及评价，才能选择出最优的技术方案。

7. 完善方案、提供决策

根据优选的结果，尽可能吸取其他方案的一些优点，完善优选出的方案，使其具有最佳的经济效果。同时向方案审定机构推荐可行方案，提供决策。

思考题及习题

1-1. 化学工业的主要特点是什么？举例说明化学工业的重要性。

1-2. 技术与经济的关系是什么？

1-3. 什么是化工技术经济学？化工技术经济学有何特点？

1-4. 技术经济学研究的基本方法有哪些？各有何特点？

1-5. 试述化工技术经济学研究的方法及程序。

第二章　化工建设项目可行性研究及评估

学习目标

能编写中小型项目可行性研究报告框架，能依据项目进行市场分析及技术分析，掌握项目经济分析的内容及指标，了解项目的风险分析及项目评估的内容。

第一节　项目可行性研究概述

一、可行性研究的意义

可行性研究（feasibility study）是一种通过详细调查研究，对拟建项目的必要性，技术、经济、社会可行性进行全面、系统、综合的分析和论证，以便进行正确决策的研究活动，是一种综合的经济分析技术。可行性研究的任务是以市场为前提，以技术为手段，以经济效益为最终目标，对拟建的投资项目，投资前期全面系统地论证该项目的必要性、可能性、有效性和合理性，做出对项目可行或不可行的评价。

在市场国际化、经济全球化、竞争激烈化的环境中，项目决策水平直接关系到项目的竞争能力、生存能力及其发展水平。项目可行性研究最早出现于美国20世纪30年代初，美国开发田纳西河流域时，成立了一个田纳西河流域管理局（Tennessee Valley Authority，TVA），开始将可行性研究列入开发程序，成为工程项目规划的重要阶段。第二次世界大战以后，由于科学技术的发展及经济建设的需要，可行性研究在大型工程项目中得到了广泛的应用，成为投资项目决策前的一个重要的工作阶段。特别是20世纪60年代，随着科技进步及管理科学的迅速发展，为适应经济发展需要，可行性研究方法不断得到充实、完善，形成了一套系统的科学分析方法。我国从1979年开始，在研究西方国家运用可行性研究的经验的基础上，经过反复酝酿，逐步将可行性研究纳入建设程序，以加强项目投资决策分析。1983年，原国家计委颁发了《关于建设项目进行可行性研究的管理试行办法》，将可行性研究纳入了基本建设的程序。1987年、1992年，原国家计委先后发布了《建设项目经济评价方法与参数》两个版本，系统地体现了我国项目可行性研究的理论与方法。此后，用科学方法提供的可行性研究报告为正确决策提供了可靠依据，对选择最佳方案、节约项目投资、发展国民经济、提高经济效益、增强竞争能力起到了重大的、积极的作用。

化工建设项目可行性研究包括新建、改建、扩建的工业项目和科研项目以及地区开发、技术改造等，是项目投资决策前期工作的关键环节，在化工项目建设中占有重要地位。它可以较准确地反映项目的实际情况，可以回答项目建设中的6W问题，即回答干什么（What）、为何干（Why）、何时干（When）、在何地干（Where）、谁来干（Who）以及如何干（How）的问题，以减少项目建设的盲目性，保证项目建设的可靠性。

可行性研究需要花费一定的人力、物力、财力和时间，但它能有效地减少和避免建设项目决策的失误，以提高项目决策的科学性和提高投资的综合效益。可行性研究不仅可以为科学决策提供依据，还可以作为项目投资决策后的建设单位的项目设计、资金筹措、组织管理等依据。

二、可行性研究的步骤

项目建设必须遵循一定的程序。项目建设程序是指建设项目从设想、规划、评估、决策、设计、实施到竣工验收的整个过程。该过程大体可分为三个时期：投资前期、投资期及投产期，每个阶段又分为若干个步骤，如图 2-1 所示。

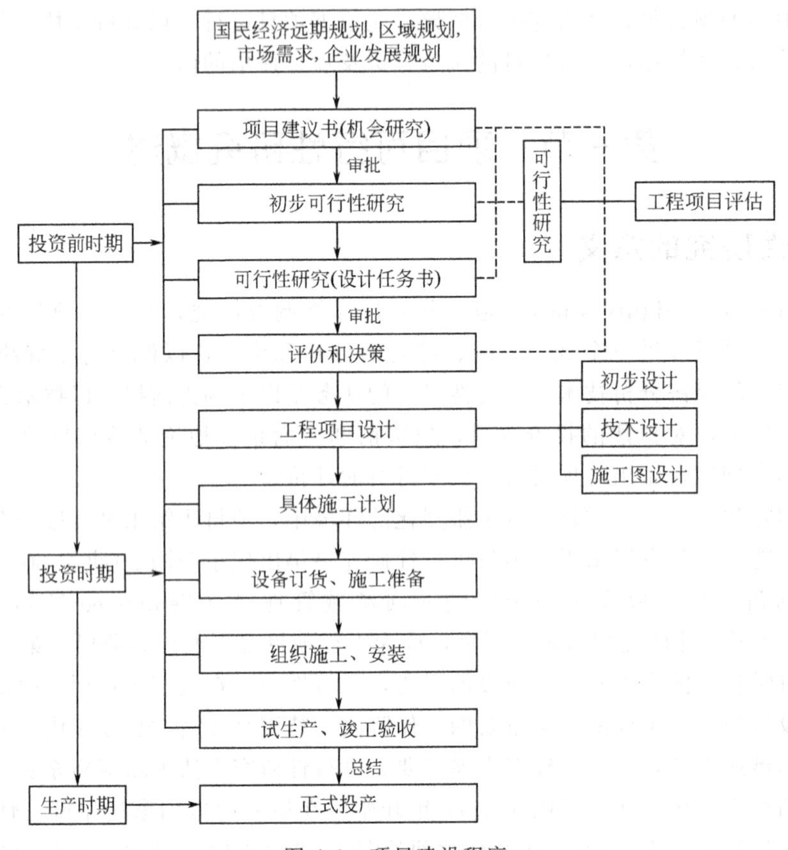

图 2-1　项目建设程序

可行性研究及评估是项目投资前期进行的主要工作，是对项目最终决策前进行技术经济论证的一项工作。可行性研究按照其研究进展可为 3 个阶段，即机会研究、初步可行性研究及详细可行性研究。

1. 机会研究

机会研究主要是为投资者寻求具有良好发展前景、对经济发展有较大贡献且具有较大成功可能性的投资、发展机会，并形成项目设想。可以说，机会研究是项目生成的摇篮。投资者可以根据国民经济发展的长远规划、行业规划、地区规划及其经济建设的方针、建设任务及技术经济政策，结合投资者的经营发展战略，对资源情况、市场情况及建设条件等因素进行调查和预测，选择可能的建设项目，寻找有利的投资机会，提出投资建设意见，并拟订项目建议书。

机会研究围绕着是否具有良好发展前景的潜在需求开展工作。这种研究是大范围的、粗略的，通常采用大指标进行分析和估算，初步分析项目的投资效果。机会研究要求时间短，通常为1个月左右，研究费用约占总投资的0.2%～1.0%，估算精确度为±30%。机会研究的主要任务是提供可能进行建设的投资项目，如果证明项目投资的设想是可行的，再进入更深入的调查研究，转入初步可行性研究。

2. 初步可行性研究

有的投资项目内容比较复杂，仅仅依靠机会研究很难决定取舍，还需要对项目作进一步的分析和细化，从产品的市场需求、资源、技术、工艺及设备等方面对项目的可行性进行系统的分析。一个完善的可行性研究需消耗大量的人力、物力、财力，因此，在投入必要的资金、人力及时间进行详细可行性研究之前，先进行初步可行性研究。初步可行性研究主要针对项目在市场、技术、环境、资金等方面的可行性进行初步分析。初步可行性研究主要解决以下问题：

① 分析机会研究的结论，进一步分析并作出投资机会的判定，确定是否进行下一步的详细可行性研究。

② 对产品市场需求、市场的竞争能力、技术等关键性问题作进一步调查研究。

③ 提出评价指标的初步判定，判断投资机会的经济吸引力。

④ 提出并初步筛选产品生产方案，提出建设初步计划等。

一般只有重大及特殊项目才需要进行初步可行性研究，一些成熟的项目或者较小的项目，可以省去初步可行性研究而直接进行详细可行性研究。初步可行性研究所要的资料包括：简单工艺流程图，初步设备一览表，厂址，建筑物的大致尺寸和形式，公用工程的估计需要量，初步的电气、仪表清单，初步设备布置图等，时间约1～3个月，研究费用约占总投资的0.3%～1.5%，估算精确度约为±20%。投资估算方法可采用装置能力指数法或系数法。

3. 详细可行性研究

详细可行性研究一般简称为可行性研究，也称最终可行性研究。详细可行性研究的主要任务是对项目的产品纲要、技术工艺及设备、厂址与厂区规划、投资需求、资金融通、建设计划以及项目的经济效果等多方面进行全面、深入、系统的分析和论证，通过多方案的比较，选择最佳方案。虽然详细可行性的研究范围没有超出初步可行性的研究范围，但研究深度却远大于初步可行性研究的深度。详细可行性研究需要3～6月或更长的时间，研究费用约占总投资的0.8%～3.0%，估算精确度约为±10%。

可行性研究一般由项目建设单位委托专业的公司或设计部门进行，也可由建设单位组织进行。可行性研究结果的鉴定和评价由决策部门组织进行，可行性研究的这三个阶段，内容由浅入深，结果由粗到细。可行性研究是项目投资前期工作的主要部分，是项目建设必不可少的工作。

在实际工作中，可行性研究的三个阶段未必十分清晰。有些小型和简单项目，常把机会研究与初步可行性研究合二为一。在我国，许多项目的前两个阶段与详细可行性研究工作常常也是交织在一起进行的。下面介绍的可行性研究主要是指详细可行性研究。

三、可行性研究的内容

可行性研究是项目投资决策的重要依据，它决定了一个项目是否建设和运营，是项目前期工作的最重要内容。项目可行性研究的内容通常包括四个部分：①市场分析，包括市场调查、市场预测，市场趋势综合分析等；②技术分析，包括项目概况，资源条件，工程和水文地质条件，原材料、燃料及动力供应条件，交通运输条件，厂址选择，环境保护措施，工艺和设备的选择等；③经济分析，包括微观经济效益分析及宏观经济分析；④风险分析，包括风险来源、风险程度、风险对策等。

可行性研究的最终结果是提交可行性研究报告。根据国家 1992 年发布的《关于化工建设项目可行性研究报告内容和深度的规定》，化工项目可行性研究报告的主要内容可概括如下。

1. 总论

① 项目建设的背景和目标。根据已确定初步可行性研究报告（或项目建议书），总体论证项目提出的依据、背景和预期目标。对于改建、扩建和技术改造项目还要说明企业现有概况。

② 项目建设投资必要性和经济意义。

③ 可行性研究工作的依据、研究范围及主要过程。

④ 可行性研究的综合结论及存在的主要问题和建议。

2. 市场分析

① 市场现状调查　包括产品现有品种、型号、规格、质量标准情况和用途，产品国内外市场供需情况的现状和主要消费去向等。

② 产品供需预测　包括国内、外相同或可替代产品近几年已有的和在建的生产能力、产量情况及变化趋势预测，近期、远期需要量的预测和消费覆盖面的发展趋势，产品的销售、竞争能力预测等。

③ 价格预测　包括国内、外产品价格的现状，产品价格的稳定性及变化趋势预测，产品小时价格确定原则和意见等。

3. 技术分析

① 产品方案及生产规模　包括产品方案的选择与比较，生产规模确定的原则和理由，产品、中间产品和副产品的品种、数量、规格及质量指标等。

② 工艺技术方案　包括工艺技术方案的比较和选择理由、生产工艺技术的说明、主要工艺设备及来源、工艺消耗定额、自控技术方案、全厂总平面布置图及公用工程设计方案、节能节水措施等。

③ 原材料燃料供应　包括各种原材料、辅助材料的规格、用量及来源等，要对其今后长期供应的稳定性、费用以及可能发生的变化进行详尽的分析，同时对于配套的动力需求及供应方式、供应条件进行分析。

④ 建厂条件和厂址选择　包括厂址方案选择的比较与论证、所选厂址的地理位置、地质经济状况及交通运输等。

⑤ 环境影响评价　在场址方案和技术方案中，调查研究环境条件，识别和分析拟建项目影响环境因素，提出治理和保护环境措施，比选和优化环境保护方案。

⑥ 劳动安全与人力资源配置　在已确定技术方案和工程方案的基础上，分析论证在建设和生产中存在的对劳动者和财产可能产生的不安全因素，并提出相应的防范措施。对项目的组织机构设置、人力资源配置、员工培训等内容进行研究，比选并优化方案。

⑦ 项目实施进度　工程建设方案确定后，提出项目的建设工期和实施进度方案，科学组织项目各阶段的工作，按工程进度安排建设资金，保证项目按期完成投产，发挥效益。

4. 经济分析

① 投资估算及资金筹措　包括总投资估算、建设投资估算、流动资金估算、融资方案、资本金筹措、债务资金筹措等。

② 财务评价　包括财务评价基础数据与参数的选取、销售收入与成本估算、财务评价报表、盈利能力分析、偿债能力分析、不确定性分析等。

③ 国民经济评价　按合理配置资源的原则，采用影子价格等国民经济评价参数，从国民经济角度考察投资项目所耗费的社会资源和对社会的贡献，评价投资项目的经济合理性。

④ 社会评价　分析拟建项目对当地社会的影响，对当地社会条件的适应性和可接受程度，评价项目的社会可行性。

5. 风险分析

综合分析识别拟建项目在建设和运营中潜在的主要风险因素，揭示风险来源，判别风险程度，提出规避风险对策，降低风险损失。

6. 研究结论与建议

归纳总结，择优提出推荐方案，并对方案进行总体论证。指出方案可能存在的问题和风险，作出项目是否可行的明确结论，为决策者提供清晰的建议。

第二节　项目的市场分析

一、市场分析的意义及内容

市场分析是对项目的产出品和所需的主要投入品的市场容量、价格、竞争力，以及市场风险进行分析预测。市场分析的结果为确定项目建设规模与产品方案提供依据。

市场分析主要围绕与项目产品相关的市场条件展开。由于项目产品的多样性，既包括为特定使用人群提供的有形产品、无形产品，还包括为社会公众提供使用或服务的公共产品，如铁路、公路、城市基础设施等。因此市场分析的具体内容有很大差异，但就其基本内容和方法而言又是相通的。市场分析的研究内容主要有：市场现状调查，产品供应与需求预测，产品价格预测，目标市场与市场竞争力分析，以及市场风险分析。

市场分析的时间跨度应根据产品的生命周期、市场变化规律，以及占有数据资料的时效性等情况综合确定。竞争性项目的产品，预测时段一般为10年左右；更新换代快、生命周期短的产品，预测时段可适当缩短；市场分析范围应包括国内外两个市场，并进行区域市场分析。市场分析深度应满足确定项目建设规模和产品方案的要求。

二、市场分析的方法

1. 市场现状调查

在项目可行性研究中，市场调查的过程实际上就是寻找投资机会的过程，机会找准了，项目就有了成功的前提。因此，项目能否成功，很大程度上取决于投资者能否通过市场调查，找到并利用有效的投资机会。

市场调查就是根据项目建议书或其他机会研究报告中列出的项目产品设想和项目规模的建议，对项目拟生产的产品，在一定时期内，从生产者到消费者的有关市场信息资料的了解和收集，并进行分析研究的过程。市场调查的任务是掌握有关市场现状以及预测所需要的信息资料。

根据市场调查的任务和内容不同，市场调查分为市场需求量调查和市场特征调查两种。

（1）市场需求量调查

影响市场需求量的因素主要有五个因素，即产品因素（包括产品的功能、质量、价格等）、经济因素（包括政策、居民收入、消费水平等）、营销因素（如销售渠道、售后服务、推销能力等）、社会因素（如人口结构、规模及变化趋势，社会制度及政治、宗教政策等）、偶然因素（如自然灾害、战争及突发政治事件等）。

对于不同的产品，这些因素的影响作用是不同的。对消费品而言，影响其需求量的主要因素是居民收入与消费水平以及营销因素和社会因素。在我国，除了一般家用工业产品，居民消费是主要因素外，较高档的工业消费品往往以集团消费占主导地位。这是我国消费品市场的一个特点。所以，市场调查应同时对一般居民消费和集团消费进行调查。我国居民消费还有一个特点，就是消费层次不明显，消费能力比较均衡，因而导致消费需求比较集中，当某种产品在价格和性能、质量上为居民所接受时，可以在短期内形成巨大的需求量。对于生产资料，其需求量更多地受国家宏观经济形势和相关行业的规模及发展趋势的影响。有些工业产品，兼有消费品和生产资料两种属性，既要进行工业调查，也要作消费者调查。为了减少调研工作量和难度，在调研前应根据项目产品的属性和销售对象的特点，区分出主要影响因素和次要影响因素，重点调查主要影响因素。

（2）市场特征调查

市场特征调查主要是指对反映市场特征的非定量化因素的调查，它对判断市场需求变化发展的方向，从而制定正确的营销策略等有着十分重要的作用。市场特征调查的主要内容有：需求者的特点（包括需求动机、需求者的文化和收入水平、需求偏好等）、市场分布特征（包括市场的地域分布、行业分布、消费者类别分布等）、市场完善程度、市场竞争特征（包括主要竞争对手的背景、实力、政策优势、竞争策略、行为特征等）。

2. 市场供需预测

产品供需预测是利用市场调查所获得的信息资料，对项目产品未来市场供应和需求的数量、品种、质量、服务进行定性与定量分析的一个过程。

（1）产品供需预测应考虑的因素

对于大型项目来说，产品供需预测应考虑的因素主要有国民经济与社会发展对项目产品供需的影响、相关产业产品和上下游产品的情况及其变化对项目产品供需的影响、产品结构变化及升级换代情况对项目产品供需的影响、项目产品在其生命周期中所处阶段（投入期、成长期、成熟期、衰退期）对供需的影响、不同地区和不同消费群体的消费方式及其变化，对项目产品供需的影响。对于涉及进出口的项目产品，还应考虑国际政治经济条件及贸易政策变化对供需的影响。

（2）产品供需预测的内容

产品供需预测的内容包含两个方面，即供应预测和需求预测。供应预测指预测拟建项目产品在生产运营期内全社会和目标市场的可供量，包括国内外现有供应量和新增供应量。需求预测是对拟建项目产品在生产运营期内全社会和目标市场需求总量，包括国内需求量和出口需求量的预测。

(3) 产品供需平衡分析

在产品供应和需求预测的基础上，分析项目产品在生产运营期内的供需平衡情况和满足程度，以及可能导致供需失衡的因素和波及范围。

(4) 目标市场分析

根据市场结构、市场分布与区位特点、消费习惯、市场饱和度，以及项目产品的性能、质量和价格的适应性等因素，选择确定项目产品的目标市场，预测可能占有的市场份额。

3. 价格预测

项目产品价格是测算项目投产后的销售收入、生产成本和经济效益的基础，也是考察项目产品竞争力的重要方面。预测价格时，应充分考虑到影响价格形成与导致价格变化的各种因素，如项目的产品及主要原材料国内外市场的供需情况，价格水平变化对预测价格的影响，新技术、新材料产品和新的替代产品对价格的影响等，初步设定项目产品的销售价格和投入品的采购价格。

价格预测方法一般可采用回归法及比价法。采用回归法预测价格，需占有充分资料数据，而且价格与影响因素之间应存在因果关系。采用比价法预测价格，产成品价格与原材料、半成品价格之间，以及不同产品价格之间应存在着比价关系。如果相关产品的现时价格是非正常的比价关系，则应剔除导致价格扭曲的因素，恢复到正常的比价关系。

4. 项目竞争力及市场风险分析

竞争力分析是研究拟建项目在国内外市场竞争中获胜的可能性和获胜能力。进行竞争力分析，既要研究项目自身竞争力，也要研究竞争对手的竞争力，并进行对比。以此进一步优化项目的技术经济方案，扬长避短，发挥竞争优势。进行项目竞争力分析可选择项目目标市场范围内，占市场份额较大、实力较强的几家竞争对手，将项目自身条件，自然资源占有，工艺技术装备，规模效益，新产品开发能力，产品的质量、价格、区位等方面与竞争对手条件的优势、劣势对比排序，判断项目的竞争力。

项目投产后是否能在市场上立足，做市场风险性分析是很重要的。在可行性研究中，市场风险分析是在产品供需、价格变动趋势和竞争能力等常规分析已达到一定深度要求的情况下，对未来国内外市场某些重大不确定因素发生的可能性，及其可能对项目造成的损失程度进行分析。市场风险产生的主要因素包含技术进步加快下新产品或替代品出现导致的产品需求及预期效益的变化、新竞争对手的加入导致市场竞争的加剧的影响、外部条件的变化引起的产品销量的变化或原材料的供应变化等。市场风险分析可定性描述，估计风险程度；也可定量计算风险发生概率，分析对项目的影响程度。

5. 市场调查与预测方法

市场调查常用的有访问调查法、通信调查法、会议调查法、观察法、实验法和资料法等，进行市场调查应根据项目具体情况选用适当方法。在进行市场预测时，应根据项目产品特点以及项目不同决策阶段对市场预测的不同深度要求，选用相应的预测方法。预测方法按其类型，分为定性预测方法和定量预测方法。定性预测方法是建立在经验判断基础上，并对判断结果进行有效处理的预测方法。定量预测方法是建立在数学模型基础上的预测方法，如时间序列法、回归分析法、投入产出法等。

第三节　项目的技术分析

一、产品方案及生产规模

产品方案与生产规模研究是在市场预测和资源评价（指资源开发项目）的基础上，论证比选拟建项目的生产规模和产品方案（包括主要产品和辅助产品及其组合），作为确定项目技术方案、设备方案、工程方案、原材料燃料供应方案及投资估算的依据。

产品方案是研究拟建项目生产的产品品种及其组合的方案。生产多种产品的拟建项目，应研究其主要产品、辅助产品、副产品的种类及其生产能力的合理组合，以便为下一步研究技术、设备、原材料燃料供应等方案提供依据。

生产规模是指项目设定的正常生产运营年份可能达到的生产能力或者使用效益。不同类型项目生产规模的表述不同，化工项目通常以年产量、年加工量等表述。生产多种产品的项目一般是以主要产品的生产能力表示该项目的生产规模。不同类型的企业具有各自的特点。一般来说，大型化工企业单位产品投资利用充分，产品成本低，技术比较先进，产品质量好。中小型化工企业投资小，建设周期短，收效快，便于利用分散的资源，生产灵活性大。在项目可行性研究中，依据项目的技术经济特点，结合资源资金、环境等条件来选择合理的生产规模。

1. 产品方案及生产规模确定时考虑的主要因素

(1) 市场需求

项目产品方案应以市场需求确定产品的品种、数量、质量，并能较好适应市场变化。应根据市场需求的数量、时间和地区范围，确定生产规模。对需求量大且便于运销的产品，规模可以大些。但也应该考虑产品的市场占有率及竞争者的动向，避免因某些产品需求前景好，一哄而上，结果重复建设而供大于求。

(2) 资源条件

化学工业企业大都是资源密集型，产品方案及生产规模的确定还受制于资源的情况。共生型资源开发项目或者在生产过程中产有副产品的项目，在确定产品方案时，应考虑资源的综合利用，提出主要产品和副产品的组合方案。研究项目产品方案，还应考虑项目所采用的原材料燃料的可得性，以及数量、品质、来源的稳定性。一般来说，煤、油、天然气、水电等资源供应丰富、集中的地区，可以建大型企业；资源储量不大而且分散的，宜建中小型企业。

(3) 资金和技术条件

化工企业是技术密集型、资金密集型企业，项目建设的方案及生产规模的选择必须考虑资金条件。没有足够的资金，规模则宜小些。项目产品方案应与可能获得的技术装备水平相适应，大型企业在力求采用先进的技术和较高的管理水平时，在引进技术、装备有困难的地方，以先建中小企业为宜。

(4) 产品的技术经济特点

产品方案选择及生产规模的确定与产品的特点有密切的关系。原材料工业，例如：石油化工、基本无机、基本有机类的企业，生产的是大宗通用石油和化工产品，需求的变化比较稳定，一般说来，规模越大成本越低。因此，在可能的条件下，应尽量采用经济的规模。对产品更新较快，通用性不好的产品，如精细化工产品，规模宜小些。

2. 经济规模的确定

经济规模是指在生产技术、管理水平、劳动力素质等相关条件都不变的条件下，取得最佳经济效益时的生产规模。一定生产装备条件下，生产规模小，则产品生产的平均成本高，生产的经济效益低。但当生产规模超过一定的值后，随着生产规模的不断扩大，虽然产品生产的平均成本不断下降，但由于生产费用上升，运输费、仓储费等不断增大，其结果使产品生产的平均生产成本随着生产规模的扩大而上升，因此，生产规模大于或小于经济规模，经济效益都将下降。经济规模的确定需要通过定量计算。常用的计算方法有：净现值、净年值以及年计算费用法。年计算费用法是综合考虑单位产品的投资额、产品费用、储运费用以及销售费用，对不同规模方案的经济性进行比较，其中，年计算费用最小的规模即为经济规模。

年计算费用公式为：

$$AC(Q)=c(Q)+y(Q)+z(Q)+k(Q)E_s$$

式中 $AC(Q)$——年产量为 Q 时的单位产品年均计算费用；

$c(Q)$——年产量为 Q 时的单位产品年均生产费用；

$y(Q)$——年产量为 Q 时的单位产品年均储运费用；

$z(Q)$——年产量为 Q 时的单位产品年均销售费用；

$k(Q)$——年产量为 Q 时的单位产品投资额；

E_s——标准投资效果系数。

二、工艺技术方案

项目的产品方案与生产规模确定后，应进行工艺技术方案的具体研究论证工作。技术方案选择主要指生产方法、工艺流程等的确定，是决定项目是否经济合理的重要基础。技术方案选择应满足的基本要求主要体现在：

① 技术的先进性　项目应尽可能采用先进技术和高新技术。衡量技术先进性的指标，主要有产品质量性能、产品使用寿命、单位产品物耗能耗、劳动生产率、自动化水平、装备水平等。项目采用的技术应尽可能接近国际先进水平或者居国内领先水平。

② 技术的适用性　项目所采用的技术应与建设规模、产品方案，以及管理水平相适应。如在原材料及辅助材料、设备选择，包括员工素质与管理等方面要与技术相适应。

③ 技术的可靠性　项目所采用的技术和设备，应经过生产、运行的检验，并有良好的可靠性记录。

④ 技术的安全性　项目所采用的技术，在正常使用中应确保安全生产运行。化工项目、易产生有毒有害和易燃易爆物质的项目等，尤其应注重技术的安全性研究。

⑤ 技术的经济合理性　在注重所采用的技术设备先进适用、安全可靠的同时，应着重分析所采用的技术是否经济合理，是否有利于节约项目投资和降低产品成本，提高综合经济效益。

技术方案选择时，要考虑生产方法及工艺流程方案的选择。要充分研究与项目产品相关的国内外各种生产方法，判断生产方法的技术来源的可靠性，分析其优缺点及发展趋势，采用先进适用的生产方法。要研究工艺流程方案对产品质量的保证程度及工艺参数及消耗的合理性，选择技术先进可靠、对产品质量有保证、与原材料相适应，工艺流程合理、自动化控制水平较高的方案。技术方案确定后应绘制主要工艺流程图，编制主要物料平衡表，车间组成表，主要原材料、辅助材料及水、电、气等消耗定额表。

三、原材料及燃料供应

在研究确定项目生产规模、产品方案、技术方案的同时，还应对项目所需的原材料、辅助材料和燃料的品种、规格、成分、数量、价格、来源及供应方式，进行研究论证，以确保项目建成后正常生产运营，并为计算生产运营成本提供依据。

原材料及燃料是项目建成后生产运营所需的投入物。在生产规模、产品方案、技术方案确定后，应对原材料及燃料的供应方案进行研究。应根据项目产品方案详细研究并提出所需各种物料的品种、规格；根据项目生产规模和物料消耗定额计算各种物料的年消耗量。为了保证正常生产，根据生产周期、生产批量、采购运输条件等计算物料的经常储备量，同时还要考虑保险储备量（为预防物料延滞到货风险增加的储备量）和季节储量（为预防由于季节变化可能导致的物料供应量、供应价格变化增加的储备量）。经常储备量、保险储备量和季节储备量三者之和为物料储备总量（即最高储备量），可作为生产物流方案（包括运输、仓库等设施）研究的依据。

在项目的可行性研究中，原材料及燃料供应及运输的方式也是方案考虑的。应对原材料及燃料的供应企业及地区进行研究，供应方式一般可采用市场采购，投资建立原料基地，投资供货企业扩大生产能力等方式。可根据项目所需物料的形态（固态、液态、气态）、运输距离、包装方式、仓储要求、费用等因素研究确定物料运输方式。物料运输所需的设备和设施，应充分依靠社会解决，以减低原材料及燃料的运输费用。特殊物料运输，如易燃、易爆、易腐蚀、剧毒等物料，应按照政府部门发布的安全规范要求，提出相应的运输方案。

四、建厂条件及厂址选择

不同行业项目选择场址需要研究的具体内容、方法和遵循的规程规范有所不同，其称谓也不同。对于化工项目一般称厂址选择，水利水电项目称场址选择，铁路、公路、城市轨道交通项目称线路选择。厂址选择既是技术问题，又是经济问题，是典型的技术与经济的结合。一个好的厂址不仅要满足生产的要求，而且在项目投产后要有较好的经济效果。厂址选择不当，对工业布局、基建投资、产品生产成本、生态环境乃至建成后的正常生产都将产生不利的影响，有些影响甚至是长期的。

可行性研究阶段的厂址选择，是在初步可行性研究（或者项目建议书）规划选址已确定的建设地区和地点范围内，进行具体坐落位置选择，习惯上称为工程选址。厂址选择有新建企业和老企业扩建两种情况。老企业扩建由于受原有企业制约，厂址选择的余地很小；而新厂址选择的余地较大。厂址选择时应对所选地区，从政策、资源、运输、市场、自然环境及外部协作条件等方面进行分析。厂址选择最基本的要求是：应符合国家工业布局和区域规划的要求，同时，也应满足工程项目建设、生产经营和职工生活的需要。对于化学工业项目，通常应包括如下几点：

① 地形地貌　厂址土地面积和平面外形能满足工厂建筑的要求，使生产车间、辅助车间、公用设施及运输道路都能得到合理的布置。同时，还应考虑足够的物料堆放场地和扩建余地。

② 人员素质、来源及费用　最好能靠近可提供大部分所需员工的人口集中地。如需专门的技术人员和管理人员，最好能在当地找到，否则在人员培训、住宿和交通等方面的费用

将可能增大很多。

③ 税收和政策　所在地是否正在实施或拟实行的税收情况以及相关政策。

④ 与原材料供应地的距离　厂址应尽可能靠近原料供应地或储运中心，或者靠近交通干线，便于原材料和产品的运输。

⑤ 用水的供应及质量　应了解水源供应及水质情况。若拟建厂用水量较大，厂址应尽量接近水源，以便于安排生产和生活用水。

⑥ 环境保护与废物处理　厂址选择应注意环境保护的要求，应设法避开城市的上风、上游和居民区。如果拟建厂存在“三废”的处理，则“三废”的处理结果是否符合环保法规的要求是应高度重视的问题。

⑦ 土地供应情况及成本　要考虑建厂土地面积是否满足当前及未来发展需要，调查当地的土地供应情况、价格、搬迁居民的费用等。

厂址选择的一般程序为：

① 拟订建厂条件指标　根据项目规模和选定的工艺技术方案，拟订建厂条件指标，包括占地面积，原材料和燃料的种类及数量，运输量及运输和储存的特殊要求，用水量及对水质要求，用电量及最大负荷与负荷等级，污染量及其性质，定员编制及生活区占地面积，土建工程内容和工作量，以及对其他厂的协作要求等。

② 现场踏勘，收集资料　对可能的用地进行现场踏勘，收集建厂条件，分析所需要的各种资料。

③ 方案比较和分析论证　根据现场踏勘的结果，对各个可能的厂址方案进行比较和论证，提出推荐方案。

④ 编写选址报告　选址报告是厂址选择工作的最终成果，其主要内容包括厂址建设条件，厂址方案比较，厂址方案的分析论证及推荐方案和理由，当地规划、环保、交通、地质、地震等部门对厂址的意见，存在的问题及解决方法。选址报告还要附厂址规划示意图和工厂总平面布置示意图。

五、环境影响评价

建设项目一般会引起项目所在地的自然环境、社会环境和生态环境的变化，对环境状况、环境质量产生不同程度的影响。环境影响评价是在研究确定厂址方案和技术方案中，调查研究环境条件，识别和分析拟建项目影响环境的因素，研究提出治理和保护环境的措施，比选和优化环境保护方案。

项目环境影响评价应以符合国家环境保护法律法规和环境功能规划的要求为基本原则，坚持污染物排放总量控制和达标排放的要求，坚持环境治理设施与项目的主体工程同时设计、同时施工、同时投产使用的“三同时”原则，在研究环境保护治理措施时，从环境效益与经济效益相统一的角度进行分析论证，力求环境保护治理方案技术可行和经济合理。对环境治理过程中项目产生的废气、废水、固体废弃物，应提出回水处理和再利用方案，注重资源的综合利用。

在项目可行性研究中，研究项目建设对环境影响评价时首先要调查建设地区的环境条件，包括自然环境、生态环境、社会环境及特殊环境（如名胜古迹、自然保护区等），而后分析影响环境的因素，包括对地形、地貌等自然环境的破坏，对森林草地植被的破坏，（如引起的土壤退化、水土流失等）及对社会环境、文物古迹、风景名胜区、水源保护区的破坏等，最终提出治理方案。

污染治理的措施根据污染源和排放的污染物的性质不同而不同，主要包括对废水、废气、固体污染物、噪声、粉尘的治理，在治理方案的选择时要从技术水平、治理效果、环境效益等多方面进行综合评价，治理方案经比选后，提出推荐方案，并编制环境保护治理设施和设备表。

六、劳动安全与人力资源配置

拟建项目劳动安全卫生的研究是在已确定的技术方案的基础上，分析论证在建设和生产过程中存在的对劳动者和财产可能产生的不安全因素，并提出相应的防范措施。研究过程中首先要分析在生产或者作业过程中可能对劳动者身体健康和生产安全造成危害的物品、部位、场所，以及危害范围和程度。针对不同危害和危险性因素的场所、范围以及危害程度，研究提出相应的安全措施方案。安全措施方案主要有：

① 在选择工艺技术方案时，应尽可能选用安全生产和无危害的生产工艺和设备。

② 对危险部位和危险作业应提出安全防护措施方案。

③ 对危险场所，按劳动安全规范提出合理的生产工艺方案和设置安全间距。

④ 对易产生职业病的场所，应提出防护和卫生保健措施方案。

合理、科学地确定项目组织机构和配置人力资源是保证项目建设和生产运营顺利进行，提高劳动效率的重要条件。在可行性研究阶段，应对项目的组织机构设置、人力资源配置、员工培训等内容进行研究，比选和优化方案。

在可行性研究过程中，应根据拟建项目的特点和生产运营的需要，研究提出项目组织机构的设置方案。在组织机构设置方案确定后，应研究确定各类人员，包括生产人员、管理人员和其他人员的数量和配置方案，满足项目建设和生产运营的需要，为提高劳动生产率等创造条件。人力资源的配置必须以国家有关劳动法律、法规及规章为基础，根据项目生产规模、生产运营复杂程度与自动化水平、人员素质与劳动生产率要求、组织机构设置与生产管理制度等具体情况确定。不同行业、不同岗位，人力资源配置的方法不同，主要有以下方法：

① 按劳动效率计算定员　即根据生产任务和生产人员的劳动效率计算生产定员人数。

② 按设备计算定员　即根据机器设备的数量、工人操作设备定额和生产班次等计算生产定员人数。

③ 按劳动定额定员　即根据工作量或生产任务量，按劳动定额计算生产定员人数。

④ 按岗位计算定员　即根据设备操作岗位和每个岗位需要的工人数计算生产定员人数。

⑤ 按比例计算定员　即按服务人员占职工总数或者占生产人员数的比例计算所需服务人员人数。

⑥ 按组织机构职责范围、业务分工计算管理人员的人数。

可行性研究阶段应研究提出员工培训计划，包括培训岗位、人数，培训内容、目标、方法、地点和培训费用等。为保证项目建成后顺利投入生产运营，应重点培训生产关键岗位的操作运行人员和管理人员。

七、项目实施进度

项目工程建设方案确定后，应研究提出项目的建设工期和实施进度方案，科学组织建设过程中各阶段的工作，按工程进度安排建设资金，保证项目按期建成投产，发挥投资效益。

建设工期一般是指从拟建项目永久性工程开工之日，到项目全面建成投产或交付使用所需的全部时间。建设工期主要包括土建施工、设备采购与安装、生产准备、设备调试运转、联合试运转、交付使用等阶段。建设工期可参考有关部门或专门机构制定的建设项目工期定额和单位工程工期定额（如一般土建工程工期定额、设备安装工期定额等），结合项目建设内容、工程量大小、建设难易程度，以及施工条件等具体情况综合研究确定。

项目建设工期确定后，应根据工程实施各阶段工作量和所需时间，对时序作出大体安排，使各阶段工作相互衔接。应编制项目实施进度表（横线图），如表 2-1 所示。

表 2-1　项目实施进度安排

序号	工作阶段	第 1 年				第 2 年				第 X 年			
		一	二	三	四	一	二	三	四	一	二	三	四
1	土建施工												
2	设备采购与安装												
3	生产准备												
4	设备调试												
5	联合试车运转												
6	交付费用												

注：表中一、二、三、四表示季度。

第四节　项目经济分析

项目的经济评价是可行性研究与项目建议书的重要组成部分，是项目决策科学化的重要手段。经济评价的目的是根据国民经济发展战略和行业、地区发展规划的要求，在做好产品（或服务）市场预测分析和厂址选择、工艺技术方案选择等工程技术研究的基础上，对项目投入的费用和产出的效益进行计算、分析，通过多方案比较，分析论证拟建项目的财务可行性和经济合理性，为作出正确的投资决策提供依据。

一、投资估算及资金筹措

1. 投资估算

投资估算是在对项目的建设规模、技术方案、设备方案、工程方案及项目实施进度等进行研究并基本确定的基础上，估算项目投入总资金（包括建设投资和流动资金）并测算建设期内分年资金需要量。投资估算作为制定融资方案、进行经济评价，以及编制初步设计概算的依据。

建设投资由建筑工程费、设备及工器具购置费、安装工程费、工程建设其他费用、基本预备费、涨价预备费、建设期利息构成。其中，建筑工程费、设备及工器具购置费、安装工程费形成固定资产；工程建设其他费用可分别形成固定资产、无形资产、递延资产。基本预备费、涨价预备费、建设期利息，在可行性研究阶段为简化计算方法，一并计入固定资产。

建设投资可分为静态投资和动态投资两部分。静态投资部分由建筑工程费、设备及工器具购置费、安装工程费、工程建设其他费用、基本预备费构成；动态投资部分由涨价预备费和建设期利息构成。项目建设投资构成如图 2-2 所示。

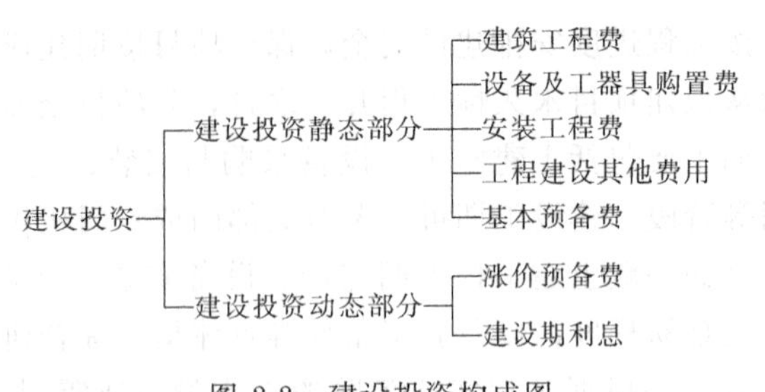

图 2-2　建设投资构成图

作项目的投资估算时可以分别估算各单项工程所需的建筑工程费、设备及工器具购置费、安装工程费；在汇总各单项工程费用基础上，估算工程建设其他费用和基本预备费，再估算涨价预备费和建设期利息，形成工程建设的建设投资总费用。对于项目研究的不同阶段，投资估算精度也有相应的要求。

投资估算一般可分为五级：

① 中数量级估算，或称为比例法估算，以过去同类工厂的数据为基础，适用于机会研究阶段，精度低于±30％。

② 研究性估算，也叫做系数法估算，以对主要设备的了解为基础，适合于初步可行性研究，精度为±30％。

③ 初步估算，或称为概算级估算，以能使概算得到批准的数据为基础，精度为±20％。

④ 确切估算，又称为控制用估算，以较完整的数据为基础，但全部图纸和说明书尚未完成，精度为±10％。

⑤ 详细估算，又称承包商估算，以完整的工程图纸说明书和厂址地质勘测资料为基础，用于投标。

2. 资金筹措

资金筹措又称项目融资，是以一定渠道为某种特定活动筹集所需资金的各种活动。融资方案是在投资估算的基础上，研究拟建项目的资金渠道、融资形式、融资结构、融资成本、融资风险，比选推荐项目的融资方案，并以此研究资金筹措方案和进行财务评价。化工企业是资金密集型企业，通常需要比较大的资金，研究融资方案时，首先应明确融资主体，由融资主体进行融资活动，并承担融资责任和风险。在估算出项目所需要的资金量后，应根据资金的可得性、供应的充足性、融资成本的高低，选择资金渠道。资金渠道主要有项目法人的自有资金、政府财政性资金、国内外证券市场资金、金融机构信贷资金等。资金的来源一般分为直接融资和间接融资两种方式。直接融资方式是指投资者对拟建项目的直接投资，以及项目法人通过发行（增发）股票、债券等直接筹集的资金。间接融资是指从银行及非银行金融机构借入的资金。

在项目可行性研究过程中，在初步确定项目的资金筹措方式和资金来源后，应进一步对融资方案从资金来源的可靠性、融资成本等方面进行分析，选择资金来源可靠、资金结构合理、融资成本低、融资风险小的方案。

① 资金来源可靠性分析　主要是分析项目建设所需总资金和分年所需投资能否得到足够的、持续的资金供应，即资本金和债务资金供应是否落实可靠。应力求使筹措的资金、币种及投入时序与项目建设进度和投资使用计划相匹配，确保项目建设顺利进行。

② 融资结构分析　融资结构分析是指对项目资金筹措方案中各种资金来源的构成及其

比例关系进行分析。主要分析资本与债务资金的比例、股本结构比例、债务结构比例。在一般情况下，项目资本金比例过低，债务资金比例过高，将给项目建设和生产运营带来潜在的财务风险，应根据项目特点，合理确定项目资本金与债务资金的比例；股本结构反映项目股东各方出资额和相应的权益，在融资结构分析中，应根据项目特点和主要股东方参股意愿，合理确定参股各方的出资比例；债务结构反映项目债权各方为项目提供的债务资金的比例，应根据债权人提供债务资金的方式，附加条件，以及利率、汇率、方式的不同，合理确定内债与外债比例，政策性银行与商业性银行的贷款比例，以及信贷资金与债券资金的比例。

③ 融资成本分析　按资金构成性质，融资成本分析可以分为债务资金融资成本分析和资本金融资成本分析两部分。融资成本是指项目为筹集和使用资金而支付的费用，包括资金筹集费和资金占用费两部分。资金筹集费是指资金筹集过程中支付的一次性费用，如手续费、代理费等；资金占用费是指使用资金过程中发生的经常性费用，如利息等。在比选融资方案时，应分析各种资金融资利率水平、利率计算方式（固定利率或者浮动利率）、计息（单利、复利）和付息方式以及偿还期等，综合计算融资成本，并进行不同方案的比选。

二、财务评价

财务评价是在国家现行财税制度和市场价格体系下，分析预测项目的财务效益与费用，计算财务评价指标，考察拟建项目的盈利能力、偿债能力，据以判断项目的财务可行性。

财务评价主要包括以下几方面内容：

1. 盈利能力分析

主要是考察项目投资的盈利水平，它直接关系到项目投产后能否生存和发展，是评价项目在财务上可行性程度的基本标志。盈利能力的大小是企业进行投资活动的原动力，也是企业进行投资决策时考虑的首要因素，应从两方面进行评价：

① 项目达到设计生产能力的正常生产年份可能获得的盈利水平，即主要通过计算投资利润率、资本金净利润率等静态指标，考察项目在正常生产年份年度投资的盈利能力以及判别项目是否达到行业的平均水平。

② 项目整个寿命期间内的盈利水平，即主要通过计算财务净现值、财务内部收益率以及投资回收期等动态和静态指标，考察项目在整个计算期内的盈利能力及投资回收能力，判别项目投资的可行性。

2. 偿债能力分析

主要是考察项目的财务状况和按期偿还债务的能力，它直接关系到企业面临的财务风险和企业的财务信用程度。偿债能力的大小是企业进行筹资决策的重要依据，应从两方面进行评价：

① 考察项目偿还建设投资国内借款所需要的时间，即通过计算借款偿还期，考察项目的还款能力，判别项目是否能满足贷款机构的要求。

② 考察项目资金的流动性水平，即通过计算利息备付率、偿债备付率、资产负债率、流动比率、速动比率等各种财务比率指标，对项目投产后的资金流动情况进行比较分析，用以反映项目寿命期内各年的利润、盈亏、资产和负债、资金来源和运用、资金的流动和债务运用等财务状况及资产结构的合理性，考察项目的风险程度和偿还流动负债的能力与速度。

3. 不确定性分析

项目的盈利能力分析和偿债能力分析所用的工程经济要素数据一般是预测和估计的，具有一定的不确定性。因此分析这些不确定因素对经济评价指标的影响，估计项目可能存在的风险，考察项目财务评价的可靠性，是投资项目财务评价的不确定性分析的主要任务。

财务评价的主要步骤有：

① 整理收集财务评价基础数据与参数，包括主要投入品和产出品财务价格、税率、利率、计算期、固定资产折旧率、无形资产和递延资产摊销年限，生产负荷及基准收益率等基础数据和参数。测算销售收入，估算成本费用。

② 编制财务评价基本报表。

③ 计算财务评价指标进行不确定性分析。

④ 编写财务评价报告。

三、国民经济评价

国民经济评价是按合理配置资源的原则，采用影子价格等国民经济评价指标体系，考察投资项目所耗费的社会资源和对社会的贡献，评价投资项目的合理性。

财务评价是从项目角度考察项目的盈利能力和偿债能力，在市场经济条件下，大部分项目财务评价结论可以满足投资决策要求。但对于一些大型项目还需要进行国民经济评价，从国民经济的角度评价项目是否可行。需要进行国民经济评价的项目主要是铁路、公路等交通运输项目，较大的化工项目，国家控制的战略性资源开发项目，动用社会资源和自然资源较大的中外合资项目，以及主要产出物和投入物的市场价格不能反映其真实的项目。

国民经济评价和财务评价是建设项目经济评价的两个层次。它们相互联系，有共同点又有区别。它们都是通过计算项目的费用和效益进行评价，两者采用的评价指标也具有相似性，计算方法基本相同。国民经济评价可以单独进行，也可以在财务评价的基础上进行调整计算。

国民经济评价与财务评价的区别：

① 评价角度不同　财务评价是从企业财务角度考察收支和盈利状况及偿还借款能力，以确定投资项目的财务可行性。国民经济评价是从国家整体（社会的）角度考察项目需要国家付出的代价和对国家的贡献，以确定投资项目的经济合理性。

② 费用、效益的划分不同　财务评价是根据项目直接发生的实际收支确定项目的效益和费用，凡是项目的货币支出都视为费用，税金、利息等也均计为费用。国民经济评价则着眼于项目所耗费的全社会有用资源来考察项目的费用，而根据项目对社会提供的有用产品（包括服务）来考察项目的效益。税金、国内借款利息和财政补贴等一般并不发生资源的实际增加和耗用，多是国民经济内部的“转移支付”，因此，不列为项目的费用和效益。另外，国民经济评价还需考虑间接费用与效益。

③ 采用的价格不同　财务评价要确定投资项目在财务上的现实可行性，因而对投入物和产出物均采用财务价格，即现行市场价格（预测值）。国民经济评价采用根据机会成本和供求关系确定的影子价格。

④ 主要参数不同　财务评价采用的汇率一般选用当时的官方汇率，折现率是因行业而异的基准收益率。国民经济评价则采用国家统一测定和颁布的影子汇率和社会折现率。

四、社会评价

社会评价旨在系统调查和预测拟建项目的建设、运营产生的社会影响与社会效益，分析项目所在地区的社会环境对项目的适应性和可接受程度。通过分析项目涉及的各种社会因素，评价项目的社会可行性，提出项目与当地社会协调关系，规避社会风险，促进项目顺利实施。

进行社会评价有利于国民经济发展目标与社会发展目标协调一致，防止单纯追求项目的财务效益而忽视社会效益；有利于项目与所在地区利益协调一致，减少社会矛盾和纠纷，防止可能产生不利的社会影响和后果，促进社会稳定；有利于避免或减少项目建设和运营的社会风险，提高投资效益。社会评价适用于那些社会因素较为复杂，社会影响较为久远，社会效益较为显著，社会矛盾较为突出，社会风险较大的投资项目。如矿产和油气田开发项目，文化教育、卫生等公益性项目。

社会评价从以人为本的原则出发，研究内容包括项目的社会影响分析、项目与所在地区的互适性分析和社会风险分析。社会影响分析通过项目建设对所在地区居民收入、生活质量、就业等影响因素的分析，预测项目可能产生的正面或负面影响；互适性分析主要是分析预测项目能否为当地的社会环境、人文条件所接纳，以及当地政府、居民支持项目存在与发展的程度，考察项目与当地社会环境的相互适应关系；项目的社会风险分析是对可能影响项目的各种社会因素进行识别和排序，选择影响大、持续时间长，并容易导致较大矛盾的社会因素进行预测，分析可能出现这种风险的社会环境和条件，并给出防范措施。社会评价一般分为调查社会资料、识别社会因素、论证比选方案三个步骤。

第五节　风险分析

投资项目风险分析是在市场预测、技术方案、融资方案和社会评价论证中已进行的初步风险分析的基础上，进一步综合分析识别拟建项目在建设和运营中潜在的主要风险因素，揭示风险来源，判别风险程度，提出规避风险对策，降低风险损失。

一、风险因素

项目风险分析贯穿于项目建设和生产运营的全过程，在可行性研究阶段应着重识别以下风险。

① 市场风险　市场风险一般来自三个方面：一是市场供需实际情况与预测值发生偏离；二是项目产品市场竞争力或者竞争对手情况发生重大变化；三是项目产品和主要原材料的实际价格与预测价格发生较大偏离。

② 资源风险　资源风险主要指资源开发项目，如金属矿、非金属矿、石油、天然气等矿产资源的储量、品位、可采储量、工程量等与预测发生较大偏离，导致项目开采成本增加，产量降低或者开采期缩短。

③ 技术风险　项目采用技术（包括引进技术）的先进性、可靠性、适用性和可得性与预测方案发生重大变化，导致生产能力利用率降低，生产成本增加，产品质量达不到预期要求等。

④ 工程风险　工程地质条件、水文地质条件与预测发生重大变化，导致工程量增加、

投资增加、工期拖长。

⑤ 资金风险　资金供应不足或者来源中断导致项目工期拖期甚至被迫终止；利率、汇率变化导致融资成本升高。

⑥ 政策风险　政策风险主要指国内外政治经济条件发生重大变化或者政府政策作出重大调整，项目原定目标难以实现甚至无法实现。

⑦ 外部协作条件风险　交通运输、供水、供电等主要外部协作配套条件发生重大变化，给项目建设和运营带来损失。

⑧ 社会风险　预测的社会条件、社会环境发生变化，给项目建设和运营带来损失。

二、风险等级及评估方法

风险评估后项目的风险等级通常按风险因素对投资项目影响程度和风险发生的可能性大小进行划分，风险等级分为一般风险、较大风险、严重风险和灾难性风险。

① 一般风险　一般风险是指风险发生的可能性不大，或者即使发生，造成的损失较小，一般不影响项目的可行性。

② 较大风险　较大风险是指风险发生的可能性较大，或者发生后造成的损失较大，但造成的损失程度是项目可以承受的。

③ 严重风险　严重风险有两种情况：一是风险发生的可能性大，风险造成的损失大，使项目由可行变为不可行；二是风险发生后造成的损失严重，但是风险发生的概率很小，采取有效的防范措施，项目仍然可以正常实施。

④ 灾难性风险　风险发生的可能性很大，一旦发生将产生灾难性后果，项目无法承受。

风险评估的方法可分为专家评估法、风险因素取值评定法和概率分析。专家评估法即是以发函、开会或其他形式向专家咨询，对项目风险因素及其风险程度进行评定，将多位专家的经验集中起来形成分析结论；风险因素取值评定法是通过估计风险因素的最乐观值、最悲观值和最可能值，计算期望值，将期望值的平均值与已确定方案的数值进行比较，计算两者的偏差值和偏差程度，据以判别风险程度。偏差值和偏差程度越大，风险程度越高。以上的评价方法只能对单个风险因素判断其风险程度。若需要研究风险因素发生的概率和对项目的影响程度，应进行概率分析。概率分析是运用概率方法和数理统计方法，对风险因素的概率分布和风险因素对评价指标的影响进行定量分析。可行性研究阶段风险评估的方法应根据项目具体情况和要求选用不同方法。

三、风险防范对策

风险分析的目的是研究如何降低风险程度或者规避风险，减少风险损失。在预测主要风险因素及其风险程度后，应根据不同风险因素提出相应的规避和防范对策，以期减小可能的损失。在可行性研究阶段可能提出的风险防范对策主要有以下几种。

1. 风险回避

风险回避是彻底规避风险的一种做法，即断绝风险的来源。它对投资项目可行性研究而言，意味着可能彻底改变方案甚至否定项目建设。例如，风险分析显示产品市场存在严重风险，若采取回避风险的对策，应做出缓建或者放弃项目的建议。需要指出，回避风险对策，在某种程度上意味着丧失项目可能获利的机会，因此只有当风险因素可能造成的损失相当严重或者采取措施防范风险的代价过于昂贵，得不偿失的情况下，才应采用风险回避对策。

2. 风险控制

风险控制是对可控制的风险，提出降低风险发生的可能性和减少风险损失程度的措施，并从技术和经济相结合的角度论证拟采取控制风险措施的可行性与合理性。

3. 风险转移

风险转移是将项目可能发生风险的一部分转移出去的风险防范方式。风险转移可分为保险转移和非保险转移两种。保险转移是向保险公司投保，将项目部分风险损失转移给保险公司承担；非保险转移是将项目的一部分风险转移给项目承包方，如项目技术、设备、施工等可能存在风险，可在签订合同中将部分风险损失转移给合同方承担。

4. 风险自担

风险自担是将可能的风险损失留给拟建项目自己承担。这种方式适用于已知有风险存在，但可获高利回报且甘愿冒险的项目，或者风险损失较小，可以自行承担风险损失的项目。

第六节　投资项目评估

项目评估与可行性研究是两个不同的概念。项目评估是在可行性研究的基础上进行的，可行性研究能否成立必须经过项目评估，因此，项目评估与可行性研究是项目前期咨询的两项重要内容，两者既存在着较为密切的联系，也存在着明显的区别。

一、项目评估与可行性研究的共同点

① 两者同处于项目投资的前期阶段。可行性研究是继项目建议书批准后，对投资项目在技术、工程、外部协作配套条件和财务、经济和社会上的合理性及可行性所进行的全面、系统的分析和论证工作；而项目评估则是在项目决策之前对项目的可行性研究报告及其所选方案所进行的系统评估。它们都是项目前期工作的重要准备，都是对项目是否可行及投资决策的咨询论证工作。

② 二者的出发点一致。项目评估与可行性研究都以市场研究为出发点，遵循市场配置资源的原则，按照国家有关的方针政策，将资源条件同产业政策与行业规划结合起来进行方案选择。

③ 考察的内容及方法基本一致。

④ 目的和要求基本相同。二者的目的均是要提高项目投资科学决策的水平，提高投资效益，避免决策失误，都要求进行深入、细致的调查研究、进行科学的预测与分析，实事求是地进行方案评价，力求资料来源可靠，数据准确，结论客观而公正。

二、项目评估与可行性研究的区别

① 二者的承担主体不同　为了保证项目决策前的调查研究和审查评价活动相对独立，应由不同的机构分别承担这两项工作。在我国，可行性研究通常由项目的投资者或项目的主管部门来主持，投资者既可以独自承担该项工作，也可委托给专业设计或咨询机构进行，受托单位只对项目的投资者负责；项目评估一般由项目投资决策机构或项目贷款决策机构（如贷款银行）主持和负责。主持评估的机构既可自行组织评估，也可委托专门咨询机构进行。

② 评价的角度不同　可行性研究一般要从企业（微观）角度去考察项目的盈利能力，决定项目的取舍，因此它着重于讲求投资项目的微观效益；而国家投资决策部门主持的项目评估，主要从宏观经济和社会的角度去评价项目的经济和社会效益，侧重于项目的宏观评价。贷款银行对项目进行的评估，则主要从项目还贷能力的角度，评价项目的融资主体（借款企业）的信用状况及还贷能力。

③ 二者在项目投资决策过程中的目的和任务不同　可行性研究除了对项目的合理性、可行性、必要性进行分析、论证外，还必须为建设项目规划多种方案，并从工程、技术经济方面对这些方案进行比较和选择，从中选出最佳方案作为投资决策方案。因此，它是一项较为复杂的工程咨询工作，需要较多人力进行较长时间的论证；而项目评估一般则可以借助于可行性研究的成果，并且不必为项目设计多个实施方案，其主要任务是对项目的可行性研究报告的全部内容，包括所选择的各种方案，进行系统的审查、核实，并提出评估结论和建议。

④ 二者在项目投资决策过程中所处的时序和作用不同　在项目建设程序中，可行性研究在先，评估在后，其作用也不相同。可行性研究是项目投资决策的基础，是项目评估的重要前提，但它不能为项目投资决策提供最终依据。项目评估则是投资决策的必备条件，是可行性研究的延续、深化和再研究，通过更为客观地对项目及其实施方案进行评估，独立地为决策者提供直接的、最终的依据，比可行性研究更具有权威性。

思考题及习题

2-1. 项目建设通常可分为哪几个阶段？

2-2. 可行性研究一般分几个阶段？各阶段有何特点？

2-3. 可行性研究所包含的内容有哪些？

2-4. 市场分析的主要内容有哪些？

2-5. 确定产品方案及生产规模时应考虑的主要因素是什么？

2-6. 项目在选择工艺技术方案时应注意哪些问题？

2-7. 化工项目厂址选择的原则是什么？

2-8. 投资估算可分为几个级别？各有何基本特点？

2-9. 财务评价的主要内容是什么？常用的评价指标有哪些？

2-10. 何为国民经济评价？它与财务评价的区别是什么？

2-11. 可行性研究阶段应识别的项目风险主要有哪些？

2-12. 项目风险有哪些等级？各风险等级如何界定？

2-13. 可行性研究阶段风险防范的对策有哪些？

第三章　化工装置经济效益评价要素

第一节　经济效益的概念

学习目标

能利用制造成本法和要素成本法进行生产装置的生产成本核算；能利用销售收入、税金和利润的关系进行生产装置的利润计算；掌握技术经济指标体系的构成及固定资产投资估算方法；了解经济效益的各影响因素以及固定资产的确认方法。

一、经济效益的概念

经济效益这一人类社会经济活动永恒的课题，是一切经济活动所追求的目标。党的十一届三中全会以后，随着党的工作重点转移到以经济建设为中心的轨道上来，经济效益问题被摆到了突出地位。1981 年五届人大四次会议指出：“我们考虑一切经济问题，必须把根本出发点放在提高经济效益上，使我国经济更好地持续发展。”同时又指出：“千方百计地提高生产、建设、流通等各个领域的经济效益，这是一个核心问题。”党的十二大确定了我国经济建设的战略目标、战略重点、战略步骤和一系列正确方针，提出要把全部经济工作转到以提高经济效益为中心的轨道上来。这是我国经济建设工作指导思想上的重大转折。

分析和评价与技术相关的经济活动的经济效益，是技术经济的主要任务。因为要取得任何有用的成果，即取得一定的使用价值，必须付出一定的代价，也就是说必须消耗一定数量的劳动。所谓经济效益，就是对人们为了获得一定数量的符合社会需要的使用价值而进行的生产实践活动所付出的劳动消耗、劳动占用和资源消耗节约程度的评价。可见，经济效益必须将取得的经济成果与为此所付出的劳动耗费相联系。所以，经济效益通常可表达为：

$$E(\text{经济效益})=\frac{V(\text{使用价值})}{C(\text{劳动消耗})} \tag{3-1}$$

式（3-1）中的 E 称为相对经济效益，表示单位消耗所获得的使用价值。除此之外，还可以用下述方式表达经济效益：

$$E(\text{经济效益})=V-C \tag{3-2}$$

式（3-2）中的 E 称为绝对经济效益，是以绝对量形式表示的经济效益。经济效益表达式中的劳动消耗包括活劳动消耗和物化劳动消耗两部分。活劳动消耗是指劳动者在经济活动中所耗费的劳动量；物化劳动消耗是指经济活动中所耗费的实物量，包括所消耗的设备、工器具、材料、燃料、动力等。不同的技术方案所取得的使用价值，应该从各方面来衡量，譬如产品的产量、质量、满足社会对产品品种或功能的要求、减轻劳动强度、保持环境的效果，以及对化工生产可持续发展的价值等。这些使用价值有的能够用一定的数量，以货币表示。但也有的则不能用货币形式表示，例如对环境保护的长远效益，对提高大众健康水平的作用，或对增强国防能力的作用等等。对这些非常重要的因素，只能进行定性的分析。因此，使用价值应从可定量的和不可定量的两方面予以衡量。

对技术方案进行评价时，不仅要计算分析可以用货币表示的成果，还要分析那些不能用货币表示的成果；不仅要重视可以计量的成果，也要对那些非数量化效果进行分析。在有的情况下，非数量化效果甚至成为决定方案取舍的决定性因素。

二、技术经济指标体系

1. 技术经济指标体系

不同的技术方案各有其特点，由此造成技术经济评价的复杂性，从而也决定了考察技术方案指标的多样性。对技术方案应从不同的方面去比较、分析才能反映其全貌，全面地评价技术方案，为技术经济决策提供科学依据。因此，就应该采用多种技术经济指标，从技术和经济的不同角度反映技术经济活动的效果，所有的技术经济指标就构成了衡量经济效益的指标体系。这些指标体系是全面、客观地衡量技术经济方案经济效益的基本依据。

2. 技术经济指标体系的构成

评价经济效益的指标体系，按照其应用范围可分为财务评价技术经济指标体系和全社会的国民经济评价指标体系两类。

(1) 财务评价技术经济指标体系

财务评价技术经济指标体系，是对一工程项目或技术方案进行技术经济评价的一系列指标。这些指标可分为如下几类。

① 劳动成果类指标　这类指标反映采用技术方案或实施项目后可直接获得的有用成果，表征劳动成果的有数量指标、质量指标、产品品种指标以及时间因素指标等。

a. 数量指标　是表示技术方案在一定时间所能提供的产品或产值数量水平的指标。产量指标包括可以直接、具体地反映技术方案在一定时期内能提供的劳动成果的数量，即实物量指标，也包括价值量指标，例如工业企业总产值、工业净产值等。

b. 质量指标　是表示产品满足必要功能的程度。判别产品质量的优劣是看其是否符合国家和部门规定的质量标准。工业产品的质量通常包括性能、寿命、可靠性、安全性等要素。

c. 品种指标　是表示在基本功能相同的条件下，能满足社会各种特别需求从而在性能、形状等方面有明显差别的产品品种数量。例如化学肥料可分为氮肥、磷肥和钾肥，而氮肥又可进一步分为尿素、碳酸氢铵、稀氨水等品种。产品品种的数量、新品种增加的速度等反映了一个国家技术水平和满足国民经济需要的程度。

d. 时间指标　是表示与时间因素紧密相关的指标，通常包括产品设计和制造周期、工程项目建设周期、使用年限、投资回收期、贷款偿还期等。

② 劳动耗费指标　劳动耗费类指标可分为反映劳动消耗的指标和反映劳动占用情况的指标。这类指标可用实物量，也可用价值量表示。

a. 劳动消耗经济效益指标　主要有反映活劳动消耗的指标，例如劳动生产率指标、全员劳动生产率，以及反映物化劳动消耗的指标，如原材料消耗、燃料和动力的消耗、单位产品折旧等。

b. 劳动占用经济效益指标　主要有厂房和设备等固定资产占用和原材料储备、在制品等流动资金的占用量。

③ 综合经济效益类指标　综合经济效益类指标反映了劳动收益与劳动耗费的相互比较。这类指标包括利润率、投资收益率等。

(2) 国民经济评价指标体系

① 人均国民收入　人均国民收入是体现项目的社会经济效益的一项重要的综合指标，该指标从总体上反映了人民生活富裕程度和一个国家或地区经济发展水平和实力。

② 社会劳动生产率　社会劳动生产率是指生产部门劳动者平均每人每年创造的国民收入，该指标综合地体现了全社会的劳动生产率，是反映国民经济效益的一项重要指标。

③ 社会积累效果　社会积累效果是指单位社会积累基金所新增加的国民收入额。社会积累效果的高低反映了社会积累基金使用效率的高低和经济效益的大小。

④ 国民收入物质消耗率　国民收入物质消耗率是指单位国民收入的物质消耗额，是反映社会物质消耗的一项重要的经济效益指标。

⑤ 能源利用效果　能源利用效果是指每消耗相当1t标准煤的能量所创造的国民收入，反映了项目对能源利用效果的一项重要效益指标。对于耗能大户化工行业，该指标尤为重要。

⑥ 资金利税率　资金利税率以单位资金所提供的利税总额，反映了社会资金的利用效果。资金利税率高，表明单位资金为社会提供较多的利税，即社会纯收入。所以，资金利税率是衡量项目国民经济效益很重要的指标。

⑦ 流动资金占用率　流动资金占用率是单位国民收入占用的流动资金数额，它反映了建设、生产和流通领域的经营管理水平。但许多化工生产企业的生产周期较长，所以流动资金的占用率可能在客观上较其他行业高。

⑧ 固定资产交付使用率　固定资产交付使用率是指计划周期内建成投产并交付使用的固定资产投资额与同期固定资产投资总额之比，反映了固定资产投资后形成的固定资产的使用能力。固定资产交付使用率是衡量固定资产投资效益的一项综合经济效益指标。

由上可见，衡量经济效益的指标体系是由一系列各种指标构成的。实际运用时，应根据技术方案或项目的特点，用一些最重要的指标来衡量其企业经济效益和国民经济效益。

三、经济效益影响因素

人类社会的一切经济活动，都要受讲求经济效益规律的支配和制约。因为讲求经济效益是一切经济活动的出发点和归宿点，是评价一切经济活动的根本依据。这一规律，说到底是一个体现劳动时间的规律。马克思早就揭示了这一规律的存在，他指出："时间的节约，以及劳动时间在不同生产部门之间有计划地分配，在共同生产的基础上仍然是首要的经济规律。这甚至在更高得多的程度上成为规律。"马克思在这里指出了这一规律的两层意思：一是劳动时间的节约，二是劳动时间在不同生产部门之间有计划地分配。马克思所指的劳动时间当然既包括活劳动也包括物化劳动。他所指出的劳动时间在不同生产部门之间有计划地分配，不仅指劳动力的分配，也包括物化劳动的分配。从广义来理解，从现代市场经济的实际考虑，就是资源的合理配置和生产要素的优化组合。在社会主义市场经济体制下，讲求经济效益规律是怎样起作用的呢？我们认为主要是通过基本经济规律和价值规律以及一系列影响经济效益的因素起作用。从微观看，价值规律要求生产者以低于社会必要劳动量来生产产品，只有这样才能在市场竞争中处于有利地位，并取得更好的经济效益。为了使单位产品生产所消耗的劳动量低于社会必要劳动量，就必须提高生产要素的素质，改善生产要素的组合结构，提高劳动生产率，降低生产成本。在市场竞争中企业还要做到“你有我廉、你廉我优、你优我新”，不断开拓和占领市场，才能获得较好的经济效益。从宏观看，在社会主义社会，社会主义基本经济规律要求从全社会整体利益出发，以满足整个社会日益增长的物质和文化需要为目的。以全社会作为利益主体，其人格化的代表只能是政府领导人。马克思在分析这一规律时，毫无疑问有一个前提，即经济活动的利益主体的存在。如“节约劳动时间”是为谁节约？谁要节约？经济活动缺乏这个利益主体，就缺乏动力，而讲求经济效益规律如果缺乏利益主体的动力机制，就不可能发挥作用。对个体劳动者和私营企业来说，这个利益主体是很明确的，追求自身利益的动力机制是很健全的。国有企业和混合所有制的企业中，这个利益主体的人格化代表是不够明确的，其动力机制也不够健全。因此，它的资产的运营就难以保持最佳状态，企业的经济效益也很难保证。

由此可见，影响经济效益的因素是复杂的，主要有以下几方面：

第一，机制性因素。经济活动必须有一个具有强大生命力的利益主体，各个经济活动主体必须有一个人格化的代表。从宏观来说，国民经济是一个有机整体，一个国家的国民经济健康运行，是政府首脑的职责。国家就是利益主体，政府首脑就是这个利益主体的人格化代表。从微观来说，企业就是经济活动的主体，他的利益的人格化代表就是经理。对股份制企业来说，董事会就是所有者利益的代表，而经理则是被委托的企业经营的责任人，他向董事会负责，搞好企业的经营管理，增进企业的经济效益，理应是企业利益的人格化代表。为了使经理人员成为企业根本利益的真正代表，就必须健全经理人员的激励机制，将经理人员的报酬与企业的业绩挂钩。企业家应该职业化，实行资格考核制度，建立企业家市场，利用竞争机制，造就一支高素质的企业家队伍，这是企业兴旺发达的根本，也是企业经济效益的根本保证。要发挥企业家的经营才能，必须首先健全企业经营机制，使企业真正成为自主经营、自负盈亏、自我约束、自我发展的独立的商品生产者和经营者，按照“产权清晰、责权明确、政企分开、管理科学”的要求，建立规范的法人治理结构，企业作为法人必须享有完整的法人财产权和有能力独立地承担民事责任。只有这样，才能使企业成为一个真正独立的利益主体，有自身独立的利益和追求自身利益的驱动机制，从而使企业经济效益的实现有其内在的动力。这就是影响经济效益的机制性因素。

第二，基础性因素。企业的整体素质是影响企业经济效益的基础性因素。企业的整体素质，一是包括经理人员的素质、管理人员的素质、工人的素质、技术人员素质在内的企业人员素质，这是企业素质的核心内容；二是工艺技术装备的素质；三是管理素质，包括管理方法的科学性、管理手段的先进性、管理理论的正确性，还包括从决策管理到技术管理、人事劳动管理、生产管理、质量管理、营销管理、财务管理等各个环节的基础性管理工作和有关制度。以上三方面最终体现为新技术、新产品的开发能力和对市场变化的应变能力，也就是对市场的开拓和占领能力。

第三，战略性因素。经济结构的合理性是影响经济效益的战略性因素。从宏观来看，产业结构和地区经济结构的形成和发展，是由社会生产力发展水平决定的，并且受自然资源条件、科学技术、国际贸易、人民生活水平等因素的影响。从微观来看，企业内部生产要素的合理匹配并动态地保持其合理组合结构，是发挥生产要素潜能，提高经济效益的必要条件。

第四，主观性因素。经济决策的科学性和正确性是影响经济效益的主观性因素。经济决策包括宏观调控决策和微观的企业经营战略决策。这些决策的正确性一方面取决于决策的民主化和科学化以及决策人员的素质，另一方面取决于机制性因素和决策后果的责任制。此外，为了减少决策的失误，提高决策水平，必须重视提高决策人员的业务素质。对各类人员实行资格考试，凭证上岗。

此外，还有历史性因素造成的企业亏损和体制因素造成的企业负担过重，也是不少企业经济效益不佳的重要原因。例如在历史上国有企业将全部利润和折旧上缴财政，不仅不能扩大再生产，甚至连简单再生产也难以维持。技术改造欠账过多，致使企业设备陈旧、工艺落后，在计划经济向市场经济的转轨过程中，企业技术改造资金拨改贷，致使企业利息负担过重，加上流动资金先天性不足，资金周转困难，经济效益下滑。企业办社会，承担了本该由政府和社会负责的生活福利设施建设，如厂办食堂、医院、学校、托儿所等生活服务设施，一般都由企业给予补贴，成为企业的职工福利事业。将企业推向市场后，这些历史遗留的问题又不能在近期内完全解决，加上企业经营机制未能及时转换，因此使不少企业陷入困境。

第二节　生产成本分析

产品成本费用是在产品的生产和销售过程中所消耗的活劳动与物化劳动的货币表现。产品的生产过程也是物化劳动和活劳动的耗费过程。生产产品所消耗的物化劳动和活劳动，构成产品的价值。它包括：①所消耗的生产资料价值，即已消耗的材料等劳动对象的价值，以及机器设备等劳动手段所损耗的价值；②活劳动耗费所新创造的价值中，以工资等形式分配给劳动者个人用于生活消费的部分，即活劳动中的必要劳动耗费；③活劳动耗费所新创造的价值中，以现金、利息和利润等形式上交国家和分配给企业投资者的部分。产品成本通常是指企业为生产一定种类和数量的产品所消耗而又必须补偿的物化劳动和活劳动中必要劳动的货币表现。

产品成本费用的高低，反映了生产装置的技术水平，也基本决定了企业利润的多少，它是一项极其重要的经济指标。而对项目正式建设前计算出的产品成本费用，是为了提供技术经济分析，作为评价项目经济效益的依据之一。目前计算总成本费用有两种方法，即制造成本法和要素成本法。制造成本法计算较为复杂，但能反映不同生产技术条件下的产品成本，有利于对各部分成本进行分析；要素成本法则较简单，易于掌握。

在进行成本分析之前，首先要了解固定资产投资及折旧等概念。

一、固定资产投资及确认

固定资产投资，是指按拟订的建设规模、产品方案、建设内容等，建设一座工厂或一套装置所需的费用，包括设备、工器具购置费、工程建设其他费用和总预备费。

按我国的有关规定，固定资产投资又可分为基本建设投资和更新改造投资。基本建设投资，是指完成新建和扩建项目全部工作所需的资金，即包括从项目建议书的提出、可行性研究、勘察设计到施工、竣工、试车验收为止发生的所有费用。而更新改造投资是指用于现有企业已有设施进行技术改造和固定资产更新，以及相应的配合工程的投资。

1. 固定资产的概念及特点

概括地讲，固定资产是使用期限较长，单位价值较高，并且在使用过程中保持原有实物形态的资产。

根据我国企业会计准则的规定，固定资产是指使用期限在一年以上，单位价值在规定标准以上，并且在使用过程中保持原来物质形态的资产，包括房屋及建筑物、机器设备、运输设备、工具器具等。

固定资产是企业的长期资产，与其他资产相比，固定资产具有三个基本特点；

① 资产的使用年限超过一年或长于一年的一个经营周期，且在使用过程中保持原来的物质形态。这一特点表明，企业为获得资产并将其投入生产经营而发生的支出属于资本性支出而非收益性支出。

② 资产的使用寿命是有限的（土地除外）。这一特点说明了计提折旧的必要性。

③ 资产是用于生产经营活动而不是为了出售。企业拥有其目的是为了用于生产，提供商品或服务以及出租或用于企业行政管理，而不以出售为目的。此特点是区分固定资产与商品等流动资产的重要标志。

2. 固定资产的确认标准

企业哪些资产应作为固定资产管理，或者说如何确定固定资产，这是会计上的一个重要问题。

判断固定资产的具体标准，主要有两方面：一是时间标准；二是价值标准。根据现行会计制度规定，企业使用期限超过一年的房屋、建筑物、机器、机械、运输工具以及其他与生产、经营有关的设备、器具、工具等资产均应作为固定资产；不用于生产、经营主要设备的物品，单位价值在2000元以上，并且使用期限超过两年的也作为固定资产管理。企业中不符合上述条件的劳动资料，应当作为低值易耗品管理和核算。

由于企业的经营内容、经营规模等各不相同，固定资产的标准也不可能强求绝对一致，因此，各企业应根据制度中规定的固定资产的标准，结合各自的具体情况，制订本企业的固定资产目录，作为会计核算的依据。

3. 固定资产的分类

企业的固定资产种类繁多，规格不一。为加强管理，便于组织会计核算，有必要对其进行科学、合理的分类。根据不同的管理需要和不同的分类标准，固定资产的分类主要有以下几种。

(1) 按固定资产的经济用途分类

按固定资产的经济用途分类，可分为生产经营用固定资产和非生产经营用固定资产。生产经营用固定资产，是指直接服务于企业生产、经营过程的各种固定资产，如生产经营用的房屋、建筑物、机器、设备、器具、工具等。非生产经营用固定资产，是指不直接服务于生产、经营过程的各种固定资产，如职工宿舍、食堂、浴室、理发室等使用的房屋、设备和其他固定资产等。

按照固定资产的经济用途分类，可以归类反映和监督企业经营用固定资产和非经营用固定资产之间以及经营用各类固定资产之间的组成和变化情况，借以考核和分析企业固定资产的利用情况以及企业各类固定资产配备的合理性。

(2) 按固定资产使用情况分类

按固定资产使用情况分类，可分为使用中固定资产、未使用和不需用固定资产。使用中固定资产，是指正在使用中的经营性和非经营性固定资产。由于季节性经营或大修理等原因，暂时停止使用的固定资产仍属于企业使用中的固定资产，企业出租（指经营性租赁）给其他单位使用的固定资产和内部替换使用的固定资产也属于使用中的固定资产。未使用固定资产，是指已完工或已购建的尚未交付使用的新增固定资产以及因进行改建、扩建等原因暂停使用的固定资产和经营任务变更停止使用的固定资产等。不需用固定资产，是指本企业多余或不适用的各种固定资产。

这种分类方法可以分析固定资产的有效利用程度，促进企业合理使用固定资产，同时也是计算固定资产折旧的依据。

(3) 按固定资产的所有权分类

根据固定资产的所有权分类，可分为自有固定资产和租入固定资产。自有固定资产，是指企业拥有的可供企业自由支配使用的固定资产。租入固定资产，是指企业采用租赁方式从其他单位租入的固定资产。企业对租入固定资产按照租赁合同拥有使用权，同时负有支付租金的义务，但资产的所有权属出租单位。租入固定资产可分为经营性租入固定资产和融资租入固定资产两类。

(4) 按固定资产的经济用途和使用情况综合分类

采用这一分类方法，可把企业的固定资产分为七大类：

① 生产经营用固定资产。

② 非生产经营用固定资产。

③ 租出固定资产，指在经营性租赁方式下出租给外单位使用的固定资产。

④ 不需用固定资产。

⑤ 未使用固定资产。

⑥ 土地。指过去已经估价单独入账的土地。因征地而支付的补偿费，应计入与土地有关的房屋、建筑物的价值内，不单独作为土地价值入账。企业取得的土地使用权不能作为固定资产管理。

⑦ 融资租入固定资产。指企业以融资租赁方式租入的固定资产，在租赁期内，应视同自有固定资产进行管理。

二、固定资产投资估算

固定资产投资费用的估算，是技术经济分析和评价的基础资料之一，是投资决策的重要依据。

在项目建议书阶段，不需要花费较多的时间和精力去做详细的投资估算，可依据同类已有工厂的资料进行粗略的估算。在项目可行性研究阶段和初步设计阶段，可做较为详细的测算。固定资产投资费用的估算方法大约有以下几种。

1. 单位生产能力估算法

如果拟建的工厂与已建成的工厂产品品种和生产工艺相同，可用已知工厂单位生产能力的投资费用为基础，估算拟建工厂的投资额。其估算公式为：

$$I_1=\frac{I_2}{Q_2}Q_1 \tag{3-3}$$

式中　I_1——拟建工厂投资额；

I_2——现有工厂投资额；

Q_1——拟建工厂生产能力；

Q_2——现有工厂生产能力。

需要注意的是，若拟建工厂的生产能力是已知同类工厂的两倍以上或不到其1/2，这种方法不宜采用。另外，地区的差别也不能忽略。厂址位于未开发地区其投资费可能比已开发地区多25%～40%，而在现有厂址基础上扩建，投资额则可能比全部新建少20%～30%。此外，由于通货膨胀的影响，不同年份的投资额应按物价变动率作适当的修正。

2. 装置能力指数法

拟建工厂与已知工厂的生产工艺相同，可用能力指数法进行估算：

$$I_1 = I_2\left(\frac{Q_1}{Q_2}\right)^n \tag{3-4}$$

式中的n称为规模指数，是一个经验数据。表3-1、表3-2给出了一些装置和设备的规模指数。在没有文献可参考时，一般对于靠增加装置设备尺寸扩大生产能力的，可取$n=0.6～0.7$；靠增加装置设备数量扩大生产能力的，可取$n=0.8～1.0$；石油化化工项目，通常取$n=0.6$。同时，也不能忽略物价变动的影响。

表3-1 装置能力的指数

装置类别	指数	装置类别	指数	装置类别	指数
烧碱	0.40	硫酸	0.65	延迟焦化	0.45
氯气	0.40	尿素	0.68	乙烯	0.58
盐酸	0.68	合成氨	0.71	甲醛	0.55
氢气	0.75	硝酸铵	0.59	甲醇	0.71
氰化钠	0.71	磷酸铵	0.68	低压聚乙烯	0.67
过氧化氢	0.75	乙烯	0.70	高压聚乙烯	0.90
硝酸	0.58	丙烯腈	0.60	聚丙烯	0.70
氧气	0.68	催化裂化	0.55	氯乙烯	0.80
磷酸	0.60	催化重整	0.61	丁二烯	0.59

表3-2 一些化工设备的规模指数

设备	指数	设备	指数
固体混合器	0.55	加热器	0.78
鼓风机(低压头)	0.63	换热器(空冷)	0.80
压缩机(离心式)	0.80	(管壳式,小型)	0.45
(往复式)	0.40	(管壳式,大型)	0.75
离心机	0.55	泵	0.72
传送机	0.65	冷冻装置	0.72
干燥器(鼓型)	0.38	贮槽	0.52
(转型)	0.80	容器	0.50
(喷型)	0.22	塔器(直径5m以下)	0.55
蒸汽喷射器	0.52	(直径5m以上)	0.70
过滤器	0.57		

3. 费用系数法

费用系数法是以方案的设备投资为依据，分别采用不同的系数，估算建筑工程费、安装费、工艺管路费以及其他费用等。其计算式为：

$$K_{固} = [K_{设备}(1+R_1+R_2+R_3+R_4)]\times 1.15 \tag{3-5}$$

式中 $K_{固}$——建设项目固定资产总投资；

$K_{设备}$——设备投资额；

R_1、R_2、R_3、R_4——分别为建筑工程费用系数、安装工程费用系数、工艺管路费用系数以及其他费用系数，分别表示该项费用额相对于设备投资额的比值；

1.15——综合系数。

上式中投资额 $K_{设备}$ 的估算方法，一般是取各主要设备的现行出厂价之和，然后再乘以与次要设备、备品配件的投资及运杂费相关的附加系数，通常该系数可取为1.2。

【例3-1】 已知某化工项目的主要设备总出厂价费用为300万元。根据同类项目建设决算资料分析结果，知其建筑工程费用系数 $R_1=0.72$，安装工程费用系数 $R_2=0.15$，工艺管路费用系数 $R_3=0.35$，其他费用系数 $R_4=0.37$。试估算该化工项目的总投资。

解： 设备投资额 $K_{设备}=300\times1.2=360$（万元）

项目固定资产总投资为：

$$
\begin{aligned}
K_{固} &= [K_{设备}(1+R_1+R_2+R_3+R_4)]\times1.15 \\
&= [360\times(1+0.72+0.15+0.35+0.37)]\times1.15 \\
&= 1072 \text{（万元）}
\end{aligned}
$$

4. 编制概算法

编制概算法就是根据建设项目的初步设计文件内容，采用概算定额或概算指标、现行费用标准等资料，以单位工程为对象，按编制概算的有关规则和要求，分单项工程测算投资，最后汇总形成项目固定资产总投资。

编制概算法的计算依据较为详细、准确，是一种较精确的投资测算方法，应用最为广泛。该方法通常分以下几个步骤进行。

（1）单项工程和单位工程的划分

单位工程是指具有独立施工条件的工程，如机修车间、某一幢宿舍楼等。而单项工程则是指具有独立设计文件，建成后可以独立发挥生产能力或产生效益的工程，如项目建设中的各个车间、仓库、公用工程等。一项建设项目可以由两个或多个单项工程构成，每一个单项工程又由一个或若干单位工程组成。例如宿舍工程是一个单项工程，每幢宿舍为一个单位工程。以单位工程为对象，分别进行建筑安装工程概算、设备及工器具购置概算。

（2）编制设备工器具购置概算

设备工器具购置费由设备原价和运杂费构成。

① 设备原价确定　在确定设备原价时，国产设备与引进设备有所不同，而标准设备和非标准设备的原价也不相同。

对于国产标准设备，其设备原价即是设备制造厂的交付价格或出厂价格。化工建设工程中，非标准设备的比重较大，对非标准设备的原价，一般可根据非标准设备的类别、材质、重量等按设备单位重量规定的估价指标计算，或者对于施工现场制作的非标准设备，按照全国统一安装工程预算定额第16册《非标准设备制作工程》和有关规定计算。

引进设备原价，一般由货价、国外运费、运输保险费、关税、银行财务费等组成。上述货价是指设备采购合同规定的设备价格。如果该货价是指到岸价，则已包括了国外运费和运输保险费，在计算引进设备原价时应扣除这两项费用。其他费用应按有关规定计算。

② 运杂费　设备运杂费是指设备在国内的运输费用，包括运输费（含基本运费、装卸费、搬运费、保险等杂费）、货物包装费、运输支架费、设备采购手续费等。

设备运杂费可用下式计算：

$$设备运杂费=设备原价\times设备运杂费率 \tag{3-6}$$

设备运杂费率，可参考《化工设计概、预算编制办法》中的有关规定，根据建厂所在地区不同，运杂费率有所差异，大多数在3%～16%。

根据设计文件所给出的设备、工器具清单，逐项计算出其购置费，汇总可得单位工程的设备、工器具费用。

(3) 编制建筑安装工程概算

建筑安装工程费在建设工程造价的构成中占有重要的分量。为与计划、财务和统计部门数据一致，国家规定建筑安装费用由直接费用、间接费用、计划利润和税金组成，如图3-1所示。

直接费用是指直接耗用在建筑安装工程上的各种费用，包括人工费、材料费、施工机械使用费和其他直接费。其中的人工费是指列入概预算定额的直接从事建筑安装工程施工的生产工人的工资、工资附加费及劳保费等。材料费是指列入概预算定额的材料、构件、零配件和半成品的用量以及周转材料的摊销量，按相应的预算价格计算的费用。施工机械台班费是按相应机械台班定额计算的建筑安装工程施工机械使用费。其他直接费用是指概预算定额分项定额规定以外的，而施工又需要的属于工程直接性质的费用，包括的内容可能较多，详见图3-1。

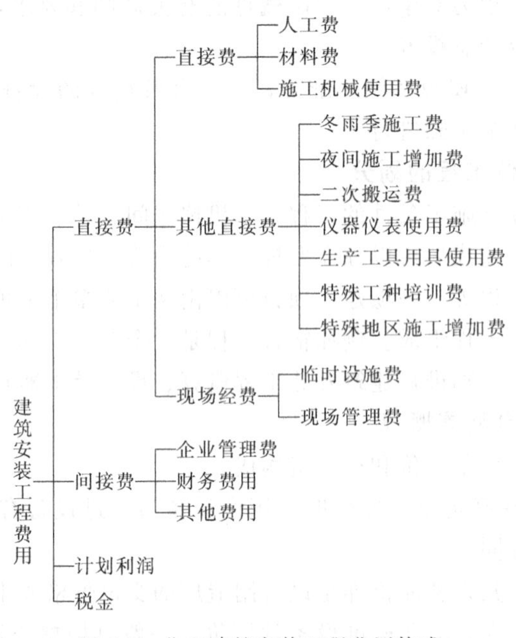

图3-1 化工建筑安装工程费用构成

间接费用是建筑施工企业为了施工的组织和管理所需消耗的人力和物力的费用。它包括企业管理费、财务费用和其他费用。计划利润和税金，按现行有关规定计算。

依据项目方案所提出的建筑安装内容，逐项计算费用，汇总可得单位工程的建筑安装工程费用。

(4) 编制单项工程概算和工程费用概算

将构成该单项工程的各单位工程的概算汇总，即可得单项工程概算。再将构成工程建设项目的各单项工程概算汇总，可得工程费用概算。

(5) 编制其他费用概算

工程建设其他费用，是指在建设工程总费用中除设备、工器具购置费和建筑安装工程费用以外的一切费用。工程建设其他费用是设计概算的独立组成部分，不包括在单位工程设计概算内，不直接作为建筑安装工程的成本，但属于项目总费用不可缺少的部分。

工程建设其他费用包括土地、青苗等补偿费和安置补助费、耕地占有税和土地使用税、研究试验费、勘探设计费等，应根据项目建设的具体情况予以确定。

(6) 编制建设项目固定资产投资概算

由图 3-1 可知，建设项目固定资产投资，包括工程费用、工程建设其他费用以及总预备费。总预备费包括预备费和价差预备费。

预备费亦称基本预备费，是指在初步设计和概算中难以预见的工程和费用。价差预备费，是指由于工程建设期间设备、材料等价格上涨而发生的价差。

(7) 编制建设项目固定资产总投资概算

建设项目固定资产总投资除主要为固定资产投资外，还应包括建设期贷款利息以及固定资产投资方向调节税。这三项费用之和亦称为建设项目总造价。将前述已编制出的各项费用汇总，即得建设项目的全部固定资产投资。

三、流动资金的估算

流动资金是建设项目总投资的重要组成部分，是维持项目正常运营和产品流通的必不可少的周转用资金。流动资金的估算，是指为使项目生产和流通正常进行所必须保证的最低限度的物质储备量和必须维持在制品与产成品量的那部分周转用资金，亦称为定额流动资金。在技术经济分析和评价中，对项目流动资金量的估算，主要是估算定额流动资金额。

估算流动资金的方法有多种，但可大致分为两类。一类是类比估算法，另一类是分项详细估算法。

1. 类比估算法

由于项目的流动资金需要量与项目的产业类别及产业特点有密切的内在联系，所以可以参照同类现有企业的流动资金占销售收入、经营成本、固定资产的比率以及单位产量占用流动资金的数额等，来估算拟建项目的流动资金需要量。属于此类的具体估算方法有多种，运用时需结合具体项目的情况和特点，选用适宜的估算方法。

(1) 按经营成本估算

$$流动资金额＝经营成本流动资金率\times经营成本 \tag{3-7}$$

经营成本流动资金率是指企业的流动资金额与年经营成本的比值。例如，对于我国矿山类项目和其他部分项目，其经营成本流动资金率可取为25%左右。

(2) 按建设投资估算

$$流动资金额＝固定资产投资流动资金率\times固定资产投资 \tag{3-8}$$

国内外大多数化工项目的固定资产投资流动资金率为12%～20%。

(3) 按销售收入估算

$$流动资金额＝销售收入流动资金率\times年销售收入 \tag{3-9}$$

我国化工行业的销售收入流动资金率一般较国外偏高，可取为15%～25%。

(4) 按生产成本估算

国内无可借鉴的新建项目时，可按生产成本估算：

$$流动资金额＝生产成本流动资金率\times年生产成本 \tag{3-10}$$

一般生产成本流动资金率可取为1.5～3个月的生产成本与年生产成本的比率。

2. 分项详细估算法

对建设项目的流动资金额需要进行比较详细估算时，可按照流动资产和流动负债各细项的周转天数或年周转次数来估算各细项的流动资金需要量。

按有关规定，可采用下述方式进行估算：

$$流动资金额=流动资产-流动负债 \tag{3-11}$$

其中：流动资产=应收账款+存货+现金

流动负债=应付账款

因而：

$$流动资金额=应收账款+存货+现金-应付账 \tag{3-12}$$

$$流动资金本年增加额=本年流动资金-上年流动资金 \tag{3-13}$$

构成流动资产和流动负债的主要部分可如下计算。

(1) 应收账款

应收账款是指企业销出商品，提供劳务等应收而尚未收回的本企业的资金，其计算式为：

$$应收账款=\frac{年经营成本}{周转次数} \tag{3-14}$$

(2) 存货

存货是指企业在生产经营过程中为耗用或销售而储存的外购原材料和燃料动力、备品备件、在制品及制成品等，各项计算式为：

$$外购原材料和燃料动力费=\frac{年外购原材料和燃料动力费}{周转次数} \tag{3-15}$$

$$在制品费=\frac{年外购原材料和燃料动力费+工资及福利费+修理费+其他费用}{周转次数} \tag{3-16}$$

$$制成品费=\frac{年经营成本}{周转次数} \tag{3-17}$$

$$备品备件=\frac{年备品备件费}{周转次数} \tag{3-18}$$

(3) 现金

现金是指企业库存的现金，包括人民币和外币。其计算式为：

$$现金=\frac{年工资及福利费+其他费用}{周转次数} \tag{3-19}$$

其中：

年其他费用=制造费用+管理费用+财务费用+销售费用-

(工资及福利费+折旧费+维修费+修理费+摊销费+利息支出) (3-20)

(4) 应付账款

应付账款是指因购买原材料、商品或接受劳务等而应支付的款项或债务。其计算式为：

$$应付账款=\frac{年外购原材料和燃料动力费}{周转次数} \tag{3-21}$$

流动资金通常应在投产前开始筹集。为便于估算，按规定在项目建成投产运营的第一年就开始按达到产量设计的百分比安排同比例的流动资金，流动资金借款部分按全年计算利息。流动资金的利息应计入财务费用。

四、固定资产折旧

1. 折旧和折旧率

设备不可避免地发生有形磨损和无形磨损，造成其使用价值和价值的损耗。与原材料、燃料等消耗一样，这种损耗的价值以某种形式转移到产品中去，构成产品的成本。为了补偿设备磨损，应将转移到产品中去的这部分价值收回。但设备的价值不是一次全部转移，而是分次逐渐转移到产品中去的。在产品销售后，将分次逐渐转移到产品中去的价值回收称为折旧，亦称为基本折旧。设备折旧的资金称为折旧资金，主要用于设备的更新以及作为社会补偿基金。

在生产过程中，为了保证设备的正常运转，还要进行维护保养和大修理。也就是说，除了设备磨损的价值损耗外，还有额外的耗费。将转移到产品中去的额外耗费从产品价值中收回，称为大修理折旧。

2. 折旧的计算方法

设备折旧既涉及产品的成本，又涉及设备更新的速度，因而，设备折旧是生产经营活动中一项很复杂而重要的工作。折旧的计算方法不少，下面仅介绍常用的几种。

(1) 直线折旧法

该方法是在设备的折旧年限内、平均地分摊设备损耗的价值，即假定设备的价值在使用过程中以恒定的速率降低。折旧费的计算公式为：

$$D=\frac{P-S}{n} \tag{3-22}$$

式中　D——设备年折旧额；

P——设备原值；

S——设备残值；

n——设备折旧年限。

由式（3-21）可导出折旧率 r 的计算公式：

$$r=\frac{P-S}{nP} \tag{3-23}$$

残值 S 可以忽略不计，上式简化为：

$$r=\frac{1}{n} \tag{3-24}$$

可见，折旧率可以用折旧年限的倒数来估算，设备的折旧年限在我国通常是由主管部门根据设备分类、企业的承受能力以及设备更新的速度等因素规定的。化工设备的折旧年限可参阅有关的资料。

(2) 年数总和法

该方法假定折旧额随着使用年数的增加而递减。它是根据折旧总额乘以递减分数来确定折旧额的。因而，第 t 年的折旧额为：

$$D_t=\frac{n+1-t}{0.5(n+1)n}(P-S) \tag{3-25}$$

$$r_t=\frac{n+1-t}{0.5n(n+1)} \tag{3-26}$$

式中　D_t——第 t 年的折旧额；

r_t——第 t 年的折旧率。

上式中的分母 $0.5n(n+1)$ 是使用期年数总和。

(3) 余额递减法

这种方法也叫定率法，是按固定的折旧率与各年固定资产的净值的乘积来确定该年的折旧额。设折旧率为 r，则各年折旧额为：

第 1 年 $D_1=rP$

第 2 年 $D_2=r(1-r)P$

第 3 年 $D_3=r(1-r)^2P$

…… ……

第 t 年 $D_t=r(1-r)^{t-1}P$ (3-27)

式（3-27）是余额递减法的通式。根据以上过程，可导出余额递减法的折旧率为：

$$r=1-\sqrt[n]{\frac{S}{P}} \tag{3-28}$$

由上式可见，余额递减法的折旧率以及折旧额的计算与设备的残值 S 有关，并且残值不能为零。有时为简便起见，可用直线折旧法的折旧率取代余额递减法的折旧率。例如，用式（3-24）算出折旧率 r 后，取 $2r$ 代入式（3-27），进行折旧额计算，这种方法又称为双倍余额递减折旧法。折旧率还可取为 $1.25r$ 和 $1.5r$ 等，可根据具体情况决定。

3. 各种折旧方法的比较

折旧的计算方法根据其主要特点，基本上可以分为三种：

第一种是平均分摊法，通常称为直线法，是在设备使用年限内分摊设备的价值，适用于项目前期论证阶段。

第二种是加速折旧法，其基本思想是在设备使用初期提取的折旧额比后期多，逐年递减。由于递减的方式不同，又有年数总和法、余额递减法以及双倍余额递减法等。以上两种方法计算简便，但都未考虑资金的时间价值。

第三种是复利法，它考虑资金的时间价值，有年金法、偿债基金法等，在国内目前很少应用，故本书介绍从略。

【例 3-2】 有一化工设备原值 10000 元，估计残值为 2000 元，使用期限为 5 年。试分别用下述方法算出各年的折旧额及折旧率。

(1) 直线折旧法；(2) 年数总和法；(3) 余额递减法。

解：(1) 直线折旧法　由式（3-22）可算出各年的折旧额均为：

$$D=\frac{P-S}{n}=\frac{10000-2000}{5}=1600\text{（元）}$$

各年折旧率为：

$$r=\frac{P-S}{n}=\frac{10000-2000}{5\times10000}=0.16$$

(2) 年数总和法　由式（3-25）和式（3-26）可算出各年的折旧额和折旧率分别为：

第 1 年 $D_1=\frac{n+1-t}{0.5(n+1)n}(P-S)=\frac{5+1-t}{0.5(5+1)5}(10000-2000)$

$$=\frac{6-t}{15}\times 8000=\frac{6-1}{15}\times 8000=2667\ (元)$$

$$r_1=\frac{6-1}{15}=0.333$$

第 2 年

$$D_2=\frac{6-2}{15}\times 8000=2133\ (元)$$

$$r_2=\frac{6-2}{15}=0.267$$

其余各年的折旧额和折旧率用同样的方法计算出，列于表 3-3 中。

表 3-3 用三种折旧方法计算各年折旧额及折旧率

t 年末	直线法		年数总和法		余额递减法	
	折旧额/元	折旧率/%	折旧额/元	折旧率/%	折旧额/元	折旧率/%
1	1600	16.0	2667	33.3	2752	27.5
2	1600	16.0	2133	26.7	1995	27.5
3	1600	16.0	1600	20.0	1446	27.5
4	1600	16.0	1067	13.3	1048	27.5
5	1600	16.0	533	6.7	759	27.5
合计/元	8000		8000		8000	

(3) 余额递减法　首先，由式 (3-28) 算出余额递减法的折旧率为：

$$r=1-\sqrt[n]{\frac{S}{P}}=1-\sqrt[5]{\frac{2000}{10000}}=1-0.725=0.275$$

代入式 (3-27)，计算出各年的折旧额为：

第 1 年

$$D_1=rP=0.275\times 10000=2750\ (元)$$

第 2 年

$$D_2=r(1-r)P$$
$$=0.275\times(1-0.275)\times 10000=1994\ (元)$$

其余各年的折旧额用同样的方法计算出，列于表 3-3 中。

五、制造成本法核算成本

制造成本是指在生产经营过程中为生产产品或提供劳务等实际消耗的直接材料、直接工资、其他直接支出以及制造费用等费用之和。按制造成本法核算的产品成本，称为制造成本，亦称生产成本。

1. 直接材料费

直接材料费包括以下两种：

(1) 原材料

原材料包括主要原材料和辅助材料。主要原材料是指经过加工构成产品实体的各种物料，通常在化工产品成本中占有最大的比例；辅助材料是指虽不构成产品实体，但能直接用于生产，有助于产品形成，或使产品具有某些性能的物料，如催化剂、助剂等。

（2）燃料及动力

燃料指直接用于产品生产过程的各种固体、液体和气体燃料。动力包括直接用于生产过程的水、电、蒸汽、压缩空气等。化工是耗能大户，因此，燃料及动力的费用在化工产品成本中占有相当大的比重。

2．直接工资

直接工资包括直接从事产品生产人员的工资、奖金、劳保，以及按比例提取的其他补贴。

3．其他直接支出费用

其他直接支出费用包括直接从事产品生产人员的福利费等。

4．制造费用

制造费用是企业各生产单位如车间、分厂为管理和组织生产活动而开支的各项业务费用和管理费用。制造费用包括车间固定资产折旧费、车间维修费和车间管理费。车间折旧费是指按规定对属车间拥有并管理的全部固定资产所提取的基本折旧费；维修费是指中、小修理费；管理费包括车间管理人员工资及附加费、劳动保护费、分析化验费、低值易耗品购置费等。制造费用相当于以往成本计算中的车间经费。

上述的直接材料费、直接工资和其他直接支出费用等都是生产及直接费用，直接计入产品制造成本或生产成本；而制造费用是间接费用，应按一定的标准分配后计入产品制造成本。

5．副产品收入

副产品是指在生产主要产品的同时附带生产的、具有一定经济价值的非主要产品。这是化工生产的一个重要特点。副产品回收的净收入，应从主产品成本中扣除。

在项目技术经济评价和分析中，制造成本或生产成本可计算如下：

制造成本(生产成本)＝原材料费＋燃料及动力费＋工资及福利费＋制造费用－副产品收入 (3-29)

6．期间费用

期间费用是指建设项目在生产经营活动中除生产成本以外的其他支出，包括管理费用、财务费用和销售费用等。

（1）管理费用

管理费用是指企业行政管理部门组织和管理全厂生产经营活动中支出的各项费用，包括企业管理人员的工资及附加费、办公费、职工教育经费、劳动保险费、待业保险费、审计费、排污费、土地使用费、无形资产摊销、开办费摊销、业务招待费、坏账损失、存货亏损以及其他的各项管理支出。管理费用包括的细项较多，在项目可行性研究阶段，可根据现有企业或类似项目情况，按其占总成本的一定比例估算。

（2）财务费用

财务费用是指企业为筹集生产经营所需资金而发生的各项支出，包括贷款的利息支出、汇兑损失、金融机构手续费、调剂外汇手续费，以及为筹集资金而支出的其他财务费用。

（3）销售费用

销售费用是指企业销售产品和促销产品而发生的费用支出，包括运输费、包装费、广告费、保险费、委托代销费、展览费，以及专设销售部门的经费，例如销售部门职工工资、福利费、办公费、修理费等。

在我国的财务管理中，管理费用、财务费用及销售费用，作为期间费用不计入产品成本，而直接计入当期损益，直接从当期收入中扣除。

7. 总成本费用和经营成本

(1) 总成本费用

总成本费用是指建设项目在一定时期（一年）为生产和销售产品而支出的全部成本和费用。计算式为：

$$总成本费用=制造成本+管理费用+财务费用+销售费用 \tag{3-30}$$

在计算总成本费用时，应扣除消耗的原材料中的自产自用部分，避免重复计算。

(2) 经营成本

经营成本是指建设项目的总成本费用扣除固定资产折旧费、摊销费用、贷款利息以后的成本费用。计算式为：

$$经营成本=总成本费用-折旧费-摊销费-贷款利息 \tag{3-31}$$

需要指出的是，经营成本是为便于进行建设项目的技术经济分析和计算，以及进行项目财务评价而设置的一种产品成本的形式，与企业财务会计中的产品总成本有所差异。图 3-2 给出了总成本费用、经营成本、制造成本（生产成本）等相互关系和主要构成。

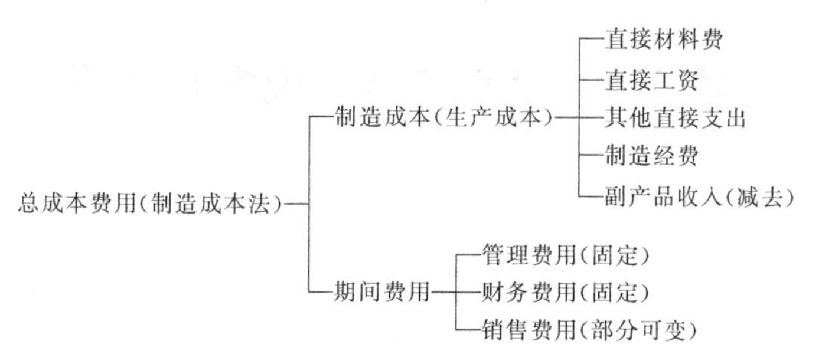

图 3-2　制造成本法的总成本构成

六、要素成本法核算成本

产品成本费用根据其与产量变化的关系，可分为固定成本和可变成本，有时亦称固定费用和可变费用。

1. 固定成本

固定成本是指在一定生产规模范围内，总成本费用中不随产品产销量的增减而变化的那部分成本费用，如图 3-3 所示。就产品成本的总额而言，固定成本是不随产量变化的，仅将

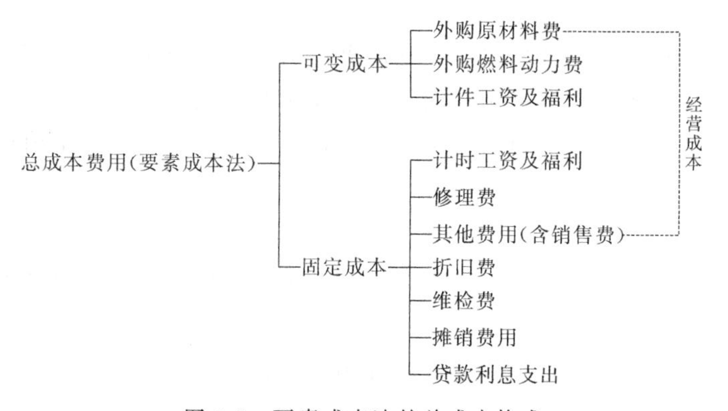

图 3-3　要素成本法的总成本构成

该部分成本分摊到单位产品中，则单位产品的固定成本是可变的，并与产品产量呈反比变化。

2. 可变成本

可变成本亦称为变动成本，是指产品成本费用中随产品产销量变化而变动的成本费用。一般包括构成产品实体的原材料费、燃料及动力费、计件工资及福利费等；催化剂要根据具体情况，计入固定成本或可变成本。可变成本显著的特点是其成本总额与产量的增加或降低成比例地变化。但对单位产品而言，这部分成本则与产量多少无关，是固定的。

有些成本费用介于固定成本和可变成本之间，称为半可变成本或半固定成本。例如化工生产中的一些催化剂的活性与产品的产量有关，但也与催化剂本身寿命周期有关，从而催化剂的费用不与产量成比例。通常也可以将半可变成本进一步分解为固定成本和可变成本两部分，所以产品总成本费用仍可划分为固定成本和可变成本。

将产品成本费用区分为固定成本和可变成本，可计算达产期各年的成本，以及对项目进行盈亏平衡分析等，在项目技术经济分析和评价中有重要的作用。图 3-3 也给出了产品成本费用中的固定成本和可变成本的构成。

第三节　销售收入、税金和利润

一、销售收入

衡量生产成果的一项重要指标，是年销售收入或年产值。销售收入是产品作为商品售出后所得的收入：

$$销售收入=商品单价\times销售量 \tag{3-32}$$

在经济评价中，销售收入是根据项目设计的生产能力和估计的市场价格计算的，是一种预测值。在进行项目的企业财务评价时，商品单价可采用现行市场价格；在进行国民经济评价时，应使用计算价格。

$$年产值=不变价格\times产品产量 \tag{3-33}$$

在年产值中采用不变价格是为了消除各时期、各地区价格差异而造成产值不可比较的缺点。不变价格由国家有关部门定期公布。

二、税金

税金是国家依据税法向企业或个人征收的财政资金，用以增加社会积累和对经济活动进行调节，具有强制性、无偿性和固定性的特点。无论是盈利或亏损，都应照章纳税。税金是企业盈利的重要组成部分。与项目的技术经济评价有关的税种主要有增值税、城市维护建设税和教育费附加等。

1. 增值税

增值税是以商品生产流通和劳务服务各个环节的增值因素为征税对象的税种。增值税的计算公式为：

$$增值税额=销项税额-进项税额 \tag{3-34}$$

其中

$$销项税额=\frac{含税销售收入}{1+税率}\times税率 \tag{3-35}$$

进项税是指企业购买各种物质而预交的税金，应从出售产品所交纳的增值税额中扣除。进项税额的计算为：

$$进项税额=\frac{购入品的外购含税成本}{1+税率}\times税率 \tag{3-36}$$

上述式中的税率即增值税率，按国家税制规定分为三个档次。第一档次是基本税率17%，大多数化工企业适用于该税率；第二档次是低税率13%，适用于某些农用化工产品，如饲料、化肥、农药、农用薄膜的生产和销售；第三档次是零税率，仅适用于出口货物。进项税是指纳税者或企业在购进原材料等时已支付增值税额，所以，应该从应交纳增值税额中扣除。

2. 城市维护建设税

对于生产企业，其税额为：

$$城市维护建设税额=增值税额\times城建税率 \tag{3-37}$$

城建税率因地而异，纳税者所在地为城市市区的是7%，县城、镇为5%，其他为1%。

3. 教育费附加

$$教育费附加=增值税额\times3\% \tag{3-38}$$

4. 资源税

资源税是调节资源级差收入，促进企业合理开发国家资源，加强经济核算，提高经济效益而开征的一种税，征收对象是涉及资源开发利用的项目。目前，对原油、天然气、煤炭等开发企业征收。表3-4列出了资源税的税目及税额幅度。

表3-4　资源税的税目及税额幅度

序号	税　　目	单位税额幅度	序号	税　　目	单位税额幅度
1	原油	8～30元/吨	5	黑色金属矿原矿	2～30元/吨
2	天然气	2～15元/千立方米	6	有色金属矿原矿	0.4～30元/吨
3	煤炭	0.3～5元/吨	7	盐：固体盐	10～60元/吨
4	其他非金属矿原矿	0.5～20元/吨		液体盐	2～10元/吨

资源税额的计算式为：

$$资源税额=资源数量\times单位税额$$

5. 所得税

所得税是对有销售利润的企业普遍征收的一种税。对国有大中型企业，税率一般为25%。所得税额应如下计算：

$$所得税额=应纳税所得额\times所得税率 \tag{3-39}$$

三、利润

利润是劳动者为社会劳动所创造价值的一部分，是反映项目经济效益状况最直接、最重要的一项综合指标。利润以货币单位计量，有多种形式和名称，其中有：

$$毛利润(盈利)=销售收入-总成本费用 \tag{3-40}$$

$$销售利润(税前利润)=毛利润-销售税金=销售收入-总成本费用-销售税金 \tag{3-41}$$

$$利润总额(实现利润)=销售利润+营业外收支净额-资源税-其他税及附加 \tag{3-42}$$

$$税后利润(净利润)=利润总额-所得税 \quad (3-43)$$

上述销售税金包括增值税和城市维护建设税；其他税及附加包括调节税、教育费附加等。

四、销售收入、成本、利润与税金之间的关系

如前所述，销售收入与成本等费用密切相关，企业的净收益（税后利润）与销售利润和税金相关，而税金又以销售收入或销售利润等为计算依据。为了便于分清它们之间的相互关系，可参见图 3-4。

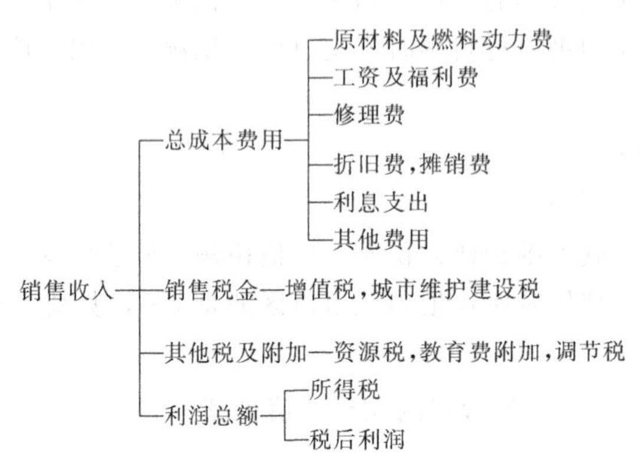

图 3-4 销售收入、成本、利润与税金的相互关系

思考题及习题

3-1. 经济效益的基本含义是什么？经济效益可以用哪两种形式表达？

3-2. 评价经济效益的原则有哪些？其中的定性分析和定量分析有什么相互关系？

3-3. 技术经济指标体系有何意义？该体系由哪两大类指标体系构成？它们各从什么方面反映技术经济效果？

3-4. 试在劳动成果类指标、劳动耗费类指标及综合经济效益类指标中，各说出 2～3 个具体的指标名称及基本含义。

3-5. 简述投资的基本含义及工业项目总投资的基本构成。

3-6. 流动资金的作用是什么？其基本构成如何？

3-7. 何谓企业的固定资产、无形资产及延递资产？它们是如何形成的？

3-8. 建设投资的估算方法有哪些？它们各有何特点和适用条件？

3-9. 估算建设项目流动资金的主要方法有哪两类？它们各有何特点？流动资金的贷款利息应计入产品总成本的哪一部分费用？

3-10. 什么叫折旧？有哪些较常用的折旧方法？各有什么特点？

3-11. 简述成本和费用的基本概念及其主要构成。

3-12. 何谓经营成本？它与产品总成本费用有何关系？

3-13. 什么是固定成本和可变成本？试指出产品总成本费用中哪些是固定成本，哪些是可变成本？

3-14. 有人认为“固定成本与产量多少无关，所以生产每一件产品的固定成本也就不随产品变化”，你认为对吗？为什么？

3-15. 销售收入与产值有什么不同？试举例说明。

3-16. 与项目技术经济分析有关的主要税种和附加费有哪些？

3-17. 毛利润、销售利润、利润总额及净利润有什么相互关系？

3-18. 衡量经济效益的常用指标有哪些？

3-19. 试述投资的构成和流动资金的构成。

3-20. 建设15万吨/年的磷酸项目，投资额为12000万元，试用指数法估算建设30万吨/年的同类项目需投资多少元。

3-21. 某企业购置一套设备需花费10000元，预计残值为500元，计算使用期为5年。试用下列方法计算各年的折旧费及折旧率。

(1) 直线折旧法；(2) 年数总和法；(3) 余额递减法。

3-22. 某化肥厂生产粉状磷铵的定额如表3-5所示。请估算该产品生产的生产成本、期间费用和总成本费用，表中的单价为（含税价）。设销售价格为600元/吨，表中数据均为每吨产品的消耗额。

表3-5 粉状磷铵的消耗定额

项　目	单　位	单价/元	消耗额
1. 原材料			
磷矿粉	吨	51.5	1.826
工业硫酸	吨	135.0	1.327
液氨	吨	500.0	0.136
新鲜水	吨	0.05	50.00
包装袋	个	0.70	40.00
2. 燃料及动力			
无烟煤	吨	40.20	0.115
电	度	0.10	250.00
蒸汽	吨	3.50	1.00
3. 工资及附加费	元		25.00
4. 制造费用	元		70.00
5. 企业管理费	元		10.00
6. 营业费用	元		0.95

3-23. 在题3-22中，若年销售粉状磷铵4000吨，销售价格为610元/吨（含税价）。试估算该产品的年营业收入、营业税金及附加、利润总额、净利润。(该化肥厂建在某县城)。

第四章　化工项目经济评价原理及方法

学习目标

能运用静态和动态评价方法对拟建项目进行经济评价；能利用资金的时间价值进行资金等效值的计算；掌握项目评价的可比性原则，了解计算机迭代法进行内部收益率的计算方法。

第一节　可比原则

为了达到某项目的经济目的，可采用不同的技术方案。在对这些可能的技术方案进行技术经济分析时，一方面需分析这些方案各自的经济效益，另一方面也要分析它们之间的相对经济效益。通过比较和分析，才能确定最佳的技术方案。可比性原则就是研究如何使不同的技术方案能建立在同一基础上进行比较和评价，从而保证技术经济评价结果的科学性和可靠性。

技术经济评价的可比性原则主要包括四个方面，即满足需要可比性、消耗费用可比性、价格可比性和时间可比性。认识和掌握这四项原则是保证技术经济评价结论科学性、正确性的基础。

一、满足需要可比

任何技术经济方案的制定和实施都是为满足预定的需要提出的，例如为了提供一定数量的产品，或者为了提高产品质量，或者为了增加产品的花色品种，或者为了改善生产条件，或者为了提供某种劳动服务。而达到同一目的或满足某一需要，可采用多种多样的选择和方法，即有多个技术方案可以相互替代。技术方案不同，其各自的经济效益就不同，因而就需对这些技术方案进行比较、评价，进而选优。要比较就必须具备相比较的共同基础，其中之一就是满足相同的需要。

通常技术方案主要是以提供产品的产量、质量和产品的品种来满足社会需要。因此，满足需要的可比性，应在产品的产量、质量、品种（功能）等方面可比。

1. 产量可比

产量可比是指相比较的各方案在其他条件都相同的情况下，如果产品产量相等或基本相等，则具有产量可比性，可直接进行技术经济比较和评价。但若各方案生产规模不同、产品产量不相等时，则没有可比性，不能直接进行比较，需进行可比性的产品产量修正。

当相比较的方案产量相差不大时，可用单位产品指标进行比较和评价。可采用的单位产品指标有：单位产品投资额、单位产品经营成本及单位产品净收益等。可采用如下方法计算方案 1、2 的单位产品指标，从而进行比较：

$$p_1=\frac{P_1}{Q_1}\text{，}p_2=\frac{P_2}{Q_2} \tag{4-1a}$$

$$c_1=\frac{C_1}{Q_1}\text{，}c_2=\frac{C_2}{Q_2} \tag{4-1b}$$

$$m_1=\frac{M_1}{Q_1}\text{，}m_2=\frac{M_2}{Q_2} \tag{4-1c}$$

式中　p_1，p_2——方案 1 和方案 2 的单位产品投资额；

c_1，c_2——方案 1 和方案 2 的单位产品经营成本；

m_1，m_2——方案 1 和方案 2 的单位产品净收益；

P_1，P_2——方案 1 和方案 2 的投资总额；

C_1，C_2——方案 1 和方案 2 的年成本总额；

M_1，M_2——方案 1 和方案 2 的年净收益总额；

Q_1，Q_2——方案 1 和方案 2 的年产量。

对于相比较方案的产量指标相差较大时，可用重复建设方案来满足需要可比原则。例如一个年产 10 万吨硫酸厂与一个年产 5 万吨硫酸厂的方案比较时，需用两个年产 5 万吨硫酸厂的方案与一个年产 10 万吨方案作比较，两者满足产量可比。

另外，对于这种产量指标相差较大的情况，也可以根据实际情况，选择一基准方案；以此基准方案的产品产量对其他方案的相应指标进行修正，得到在获得与基准方案相等产量时对应的折算投资总额及折算年成本总额等指标；再对其进行技术经济比较和评价。例如折算投资总额 $P_{折}$ 和折算年成本总额 $C_{折}$ 可用如下公式计算：

$$P_{折}=\frac{Q_{基}}{Q_{修}}P_{修}\left[1-f_{\mathrm{P}}\left(1-\frac{Q_{修}}{Q_{基}}\right)\right] \tag{4-2}$$

$$C_{折}=\frac{Q_{基}}{Q_{修}}C_{修}\left[1-f_{\mathrm{C}}\left(1-\frac{Q_{修}}{Q_{基}}\right)\right] \tag{4-3}$$

式中的下标“基”和“修”分别表示基准方案和修正方案，f_{P} 为总投资中固定费用所占比率，f_{C} 为产品总成本中固定成本所占比率。

2. 质量可比

相对比方案在品种和产量相同的条件下，产品的寿命或有效成分的含量等主要质量指标相同或基本相同，即具备质量可比，可直接进行技术经济比较和评价。但有的时候由于不同技术方案的技术性能有差异，产品质量也不一定相同。为了满足质量可比条件，一般可把质量问题转化为数量问题进行比较。

$$L_2'=\frac{\theta_2}{\theta_1}L_2 \tag{4-4}$$

式中　L_2'——消除质量差别后的产量；

θ_1，θ_2——方案 1 和 2 的质量参数，$\theta_2>\theta_1$；

L_2——方案 2 的产量。

例如，有两个生产化工阀门的方案，方案Ⅰ为国内长期采用的技术，方案Ⅱ为国外引进的新技术。两方案年产量均为 10 万件，规格相同。但方案Ⅰ的产品使用寿命是 1 年，方案Ⅱ的产品使用寿命是 3 年。两方案品种数量相同，但质量不同而不能直接比较。根据式 (4-4) 可得：

$$L_2=\frac{\theta_2}{\theta_1}L_1=\frac{3}{1}\times 10=30\text{（万元）}$$

即3个方案Ⅰ可与方案Ⅱ比较，这样，就满足质量可比的要求。

3. 品种可比

品种可比性是指各技术方案所提供的产品品种或功能相同或基本相同。对于这类技术方案，可直接进行技术经济比较和评价。但是，如果相比较的技术方案的产品品种结构差别较大，各方案满足需要的效果将可能有较大的差别，不能直接相互比较，需要作可比性处理。通常可采用分解法或效果系数进行可比性处理。

分解法，即对于一个单品种方案与一个多品种方案比较，需要把多品种方案分解成多个单品种方案，并合理地把费用分摊到分解出的各个单品种方案上，然后，与相应的品种方案进行比较。例如，方案A满足动力供应需要，方案B则满足动力供应和化工产品的需要，这两个方案不能直接比较，但可以把方案B分解为B_1（动力供应）和B_2（化工产品）两个独立的方案，然后将A与B_1进行比较。

效果系数，是指某些技术方案涉及的产品品种从实物形态上看不相同，但其基本功能相同，用效果系数对这类技术方案进行可比性处理。如，煤炭与燃油不同，若均作为燃料，其功能是相同的，对此可用效果系数加以修正。设一吨煤炭的发热量约为一吨燃油发热量的一半，可计算出煤炭与燃油以发热量相比较的使用效果系数。

$$\alpha=\frac{E_{煤炭}}{E_{燃油}}=\frac{6500}{13000}=0.5$$

然后，用使用效果系数$\alpha=0.5$修正以燃油为燃料的方案的投资总额和年经营成本总额；在此基础上，再与以煤炭为燃料的方案的投资总额和年经营成本额相比较，以此来进行两方案的技术经济分析和评价。

二、消耗费用可比

消耗费用可比是指在计算和比较各技术方案的消耗费用时，必须考虑相关费用，以及各种费用的计算时必须采取统一的规定和方法。

化工行业各技术方案的实施，不仅对自身产生影响，也必然引起原材料供应和产品使用部门费用的变化。考虑相关费用时就是要从整个国民经济出发，计算和比较因实施各技术方案而引起的生产相关环节或部门增加或减少的费用。比如在计算硫酸生产方案的费用时，还应考虑到硫铁矿开采和运输量增加所需的费用，并应分析治理废水、废气和废渣对环境污染而增加的社会费用。

采取统一的规定和方法，是指各方案费用构成项目的范围应当一致，同时各方案费用的计算方法也应一致。例如，在计算项目投资指标时，要将流动资金包括在内。又如，对于上述硫酸生产方案费用计算，是否应将“三废”治理的社会费用考虑进去，各方案应当一致。如果不采用统一的计算范围和方法，计算的投资费用的差别就会很大，也就不满足消耗费用可比。

三、价格可比

价格可比就是要求采用合理、一致的价格。价格合理是指价格能够真实地反映产品的价值、相关产品之间的比价合理。由于我国的价格体系不够完善，存在着价格背离价值、比价不合理的现象。为了避免这些现象对经济效益分析的影响，需要对价格进行修正。

在技术经济分析中，对不可比价格进行可比性修正的有如下方式。

1. 确定合理价格

一些价格与价值严重背离的商品，为了合理地利用资源、保护环境，取得最佳的投入产出效益，使国民经济效益达到最优，可按如下基本方法确定合理价格：

$$合理价格=单位产品社会必要成本+单位产品合理盈利 \tag{4-5}$$

上式中单位产品社会必要成本包括单位产品中合理的劳动者为自己创造的价值，如劳动者工资及附加，也包括单位产品中合理的生产资料转移价值。

2. 采用国际贸易价格

对涉及进出口贸易或利用外资、引进技术等项目的投入品或产出品的价格，可采用国际贸易价格进行方案的分析和评价。这种以国际贸易价格进行的价格可比性修正方式，有利于加速技术进步，优化资源配置及正确地对方案进行国民经济评价。

3. 采用折算费用

折算费用是指对一些投入品或者产品比价不合理的方案，不用现行市场价格，而采用各项相关费用之和来达到价格的对比性。采用折算费用能合理地分析和评价对比方案的经济效益。例如在“用煤方案”与“用电方案”比较时，由于目前我国电力和煤炭比价尚不合理，由此造成经济效益的失真。对这类方案，应采用折算费用，即对“用煤方案”采用煤炭开采、运输的全部消耗费用加上合理利润的煤折算费用，计算其经济效益；对“用电方案”也采用类似的折算费用。这样两种方案的价格具有可比性，从而能正确地比较和评价其经济效益。

4. 采用影子价格

影子价格是在最佳的社会生产环境和充分发挥价值规律作用的条件下，供求达到均衡时的产品和资源的价格，也称为最优计算价格或经济价格。影子价格能比较准确地反映社会平均劳动量的消耗和资源的稀缺程度，达到资源优化配置的目的，是发达国家较为普遍采用的一种价格可比较性修正方式。在我国，对技术方案进行国民经济评价时，应采用影子价格计算项目或方案的效益、费用，并进行各方案的比较和评价。

5. 采用不同时期的变动价格

由于技术进步，劳动生产率提高，产品成本将降低，或者需求变化，价格将随时间的延长而发生变化。因而，在计算和比较方案的经济效益时，应考虑不同时间价格的变化。比如，近期方案相比较时，要采用现行价格或近期价格；远期方案相比较时，应采用预测的远期价格。当不同时期的方案相比较时，则应采用统一的、某一时期的不变价格，或者用价格指数折算成统一的现行价格，从而使相比较方案的价格具有可比性。

采用价格的可比性，对各方案经济评价结果影响较大，由于采用不合理的价格，很可能导致放弃最优的技术方案。方案经济评价结果对价格很灵敏。此外，决定价格的因素很多，有些因素是难以预测或掌握的，因而价格反映的价值只能是相近的或近似的，比价合理也是相对的，在实际工作中，如何得到合理的价格，是一个较复杂的问题。

四、时间可比

时间可比是指经济寿命不同的技术方案进行比较时，应采用相同的计算期。此外，技术方案在不同时期发生的费用支出和收益不能简单地加和，而必须考虑时间因素的影响。

对经济寿命不同的技术方案的比较，可采取它们寿命周期的最小公倍数作为共同的计算期。例如，有甲、乙两方案，甲方案的经济寿命是 3 年，乙方案是 6 年。在两方案比较时，它们共同采用的计算期应为两方案经济寿命周期的最小公倍数 6 年。这就是设想甲方案重复建设一次，即以两个甲方案的费用支出和收益，与一个乙方案的费用支出和收益相比较，从而满足时间可比的要求。

考虑到时间因素的影响，即由于资金具有时间价值，各方案有关费用发生的时间不同，持续的时间长短不一致，各时期发生的数额不一样，因而所产生的费用和经济效益有差别。必须在同时期基准上，考虑资金的复利后才能进行计算和比较。

第二节 资金的等效值

一、资金的时间价值

1. 资金时间价值的概念

假如将一笔资金存入银行或作为投资成功地用于扩大再生产或商业循环周转，随着时间的推移，将产生增值现象，这些增值就是资金的时间价值。资金时间价值最常见的表现形式是借款或贷款利息和投资所得到的纯利润。

资金的时间价值来源于劳动者在社会生产中所创造的价值。如果资金不投入到生产或流通领域周转，不与劳动者的劳动相结合，它就不可能形成增值。或者说，那些没有存入银行，进而没有参与生产和商品流通过程的“呆滞”资金是不可能增值的，这实际上是一种经济损失。因而，认识和树立资金时间价值的观念，注意对资金利用的动态分析，不仅是为了缩减不必要的开支，节约使用资金，也是为了最大限度、合理、充分有效地利用资金，取得最好的经济效益。对方案的评价，不仅要看其投资是否节省，而且要看其投资运用是否合理，投资效益是否良好。这对于提高方案技术经济评价的科学性，促进全社会重视资金的合理利用和有效运作，以及资金运用的优化配置，都具有重要的意义。

2. 资金时间价值的衡量

利息、纯利润或纯收益是体现资金时间价值的基本形式，因而可用此作为衡量资金时间价值的基本尺度。这种尺度可分为绝对尺度和相对尺度。

资金时间价值的绝对尺度是指借贷的利息和经营的纯利润或纯收益，也就是资金使用的报酬，体现了资金在参与生产流通运动过程中的增值。

作为绝对尺度的利息、纯利润或纯收益的数额与本金数额、原投入资金多少以及时间长短有关。在单位时间内的利息额、纯利润或纯收益与本金或原投入资金额的比率，分别称为利率、盈利率或收益率，也统称为资金报酬率，是一种相对指标。这种相对指标反映了单位本金或单位原投入资金额的增值随时间变化，称为相对尺度，体现了资金随时间变化的增值率。技术经济分析中，在分析和计算资金的时间价值时，较多地采用相对尺度，单位时间通常为一年。

3. 利息与利率

(1) 利息与利率的计算

利息是指占用资金所付的代价，如果将一笔资金存入银行或借贷出，这笔资金就称为本金。经过一段时间后，储户或出贷者可在本金之外再得到一笔金额，这就称为利息。这一过程可表示为：

$$F=P+I \tag{4-6}$$

式中　F——第 n 个计息周期末的本利和；

P——本金；

I——利息。

利率是在一个计息周期内所得的利息额与借贷金额或本金之比，一般以百分数表示，其表示式为：

$$i=\frac{I_1}{P}\times100\% \tag{4-7}$$

式中　i——利率；

I_1——一个计息周期的利息。

式（4-7）表明，利率是单位本金经过一个计息周期后的增值额；利息也通常根据利率来计算。

（2）单利和复利

单利是只用本金计算利息，即不把前期利息累加到本金中去计算出的利息。我国银行存款利息实行单利，其计算公式为：

$$F=P(1+ni) \tag{4-8}$$

式中　n——计息周期数。

计息周期是指计算利息的时间单位，如年、季度、月等。

复利是不仅本金要计算利息，而且前一周期中已获得的利息也要作为这一周期的本金计算利息。以这种方式计算出的利息叫做复利。一般复利的计算公式为：

$$F=P(1+i)^n \tag{4-9}$$

我国银行贷款利息为复利。复利计息比较符合资金在社会再生产过程中的实际运动状况，因此在技术经济分析中，没有特别说明的情况下，一般是按复利计息的。

（3）名义利率和实际利率

在技术经济分析中，常采用年利率，即以年为计息周期。但在实际的经济活动中，则可能有各种计息方式，如以季度、月和周甚至于以天为计息周期。如果将这些实际的利率换算成年利率，这种年利率就称为名义利率。实际利率与名义利率的关系为：

$$i=\left(1+\frac{r}{m}\right)^m-1 \tag{4-10}$$

或

$$r=m\left[(1+i)^{\frac{1}{m}}-1\right] \tag{4-11}$$

式中　i——实际利率；

r——名义利率；

m——年计息次数。

按年计息时，名义利率与实际利率是相同的，但当按季度、月、周等计算时，两者则不一致。例如，年利率为12.0%，本金1000元，如果按年计息，一年本利和为：

$$F=P(1+i)^n=1000\times(1+0.12)^1=1120\ (元)$$

实际年利率为：

$$i=\frac{1120-1000}{1000}\times100\%=12.00\%$$

可见，名义利率与实际利率相同；如果仍是年利率为12.0%，本金1000元，但按月计息，即每月的利率为(0.12/12)=1.0%。一年十二个月，即计息十二次，到一年后本利和为：

$$F=1000\times(1+0.01)^{12}=1126.8\ (\text{元})$$

实际年利率为：

$$i=\frac{1126.8-1000}{1000}\times100\%=12.68\%$$

这个12.68%是实际利率，高于名义利率 $r=12.0\%$。

二、现金流量及现金流量图

1. 现金流量的概念

如果将某一技术方案作为一个系统，对其在整个寿命周期内所发生的费用和收益进行分析和计量，则在某一时间上，该系统实际支出的费用称为现金流出，该系统的实际收益称为现金流入，现金流入和流出的净差额称为净现金流量。其计算式为：

$$\text{净现金流量}=\text{现金流入}-\text{现金流出}=\text{收入款}-\text{支出款} \quad (4\text{-}12)$$

净现金流量可以是正、负和零。正数表示经济系统在一定寿命周期内有净收益，负数表示只有净支出或亏损，零表示盈亏平衡。

需要注意的是，技术经济学中的现金流量与会计学中的财务收支有较大的区别，主要表现在如下几个方面：

第一，技术经济中，由于考察的角度和范围不同，现金流量包括的内容也不同。如企业缴纳的税金，从企业角度看是现金流出量，但从整个国民经济角度看则既不是现金流入也不是现金流出，因为社会的资源量没有变化，只是在国家范围内资金分配权和使用权的一种转移。而在会计学中税金则作为企业财务支出。

第二，在技术经济学研究中，现金流量中现金的含义不仅仅是现钞，也包括其他结算凭证，如转账支票等，而会计学中的现金，仅指现钞，即货币现金。

第三，技术经济学中流入或流出的现金流量都视为现金流量而一次性地计入发生的时点。例如固定资产投资和无形资产已在建设时发生的时点，作为一次性支出而列为现金流出，因此，就不应在生产经营期以产品成本费用中的折旧、摊销费的形式再作为现金流出，以免重复计算。但在会计核算中，却以产品成本费用要素的形式远期计提和摊销。

第四，技术经济学研究的是拟建项目未来不同时间即将发生的现金流量。其数值是预测出的，因而预测的准确性很重要。而会计学涉及的是已经发生了的财务收支的实际数据，因而统计记录的完整性和真实性很重要。

2. 现金流量的构成

在项目技术经济分析与评价中，项目寿命周期内现金流量主要构成要素有：

(1) 固定资产投资及其贷款利息 I_P

除了项目固定资产投资在建设期全部投入外，固定资产投资贷款建设期利息实际上也已转为本金投入。所以，在技术经济分析和财务评价中，应将固定资产投资以及其建设期贷款利息都作为项目的现金流出项计算。

(2) 流动资金投资 I_F

在项目建成投产时还需要投入流动资金，以支付试生产和正式投产所需的原料、燃料动力等费用，才能保证生产经营活动的正常进行。因而，在技术经济分析和财务评价中，应将流动资金投资作为现金流出项计算。

(3) 经营成本 C

经营成本是在项目建成投产后的整个运行期内，为生产产品或提供劳务等而发生的经常性成本费用支出，该经营成本应作为现金流出项计算。

(4) 销售收入 S

销售收入是项目建成投产后出售产品或提供劳务的收入。在技术经济分析和财务评价中，应将销售收入作为重要的现金流入项计算。

(5) 税金 R

国家颁布的税种有多种。在技术经济分析中，对项目进行财务评价时，税金作为重要的现金流出项计算。但在项目的国民经济评价时，税金既不属于现金流出，也不属于现金流入。

(6) 新增固定资产投资 I_{ϕ} 与新增流动资金投资 I_W

在项目建成投产后的运行过程中，如果需增加投资，则新增加的固定资产投资和追加的流动资金，在技术经济分析和评价中均作为现金流出项计算。

(7) 回收固定资产净残值 I_s

在项目经济寿命周期结束，固定资产报废时的残余价值扣除清理回收费用之后的余额，称为固定资产的净残值，应将其作为现金流入项计算。

(8) 回收流动资金 I_r

在项目经济寿命周期结束，终止生产经营活动时，应收回投产时以及投产后追加的流动资金，这部分回收的流动资金应作为现金流入项计算。

根据上述现金流量的构成要素、现金流量 CF 在不同时期的计算式可分别表示为

建设期 $CF=I_P+I_F$ (4-13)

生产期 $CF=S-C-R-I_{\phi}-I_W$ (4-14)

最末年 $CF=S-C-R+I_s+I_r$

3. 现金流量图

现金流量图是以图形方式反映技术方案在整个寿命周期内各时间点的现金流入和流出状况，其特点是直观、清晰，便于检查核对，可减少或避免差错。现金流量图以纵轴表示现金流量，以横轴表示时间坐标，其形式如图 4-1 所示。

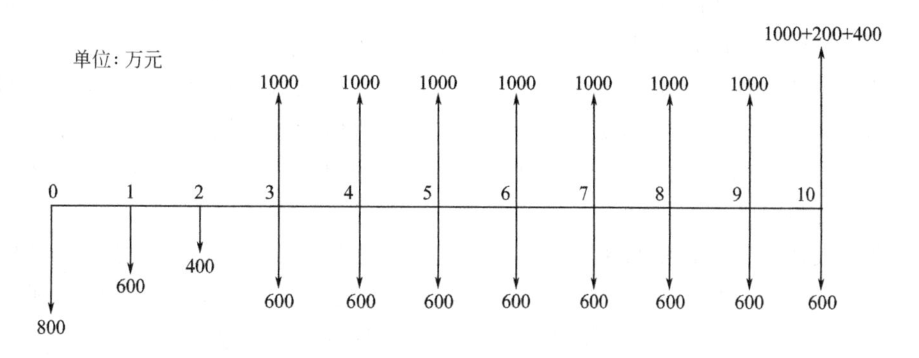

图 4-1 某化工项目现金流量图

绘制现金流量图的规定与方法如下。

① 以横轴为时间坐标，时间间隔相等，时间的单位可根据需要选取为年、季度、月、周、日等，但通常以年为时间单位。

② 以纵轴为现金流量坐标，单位可取元、万元等。

③ 现金流入为正，在横轴的上方，箭头向上；现金流出为负，位于横轴的下方，箭头向下。箭头线段的长短应反映出现金流入流出量的大小，最好能成比例，使其具有直观等优点。

④ 时间坐标的原点通常为项目建设期开始的时点，有时也可根据需要将坐标原点取为投产期开始的时点。

⑤ 为简化和便于比较，通常规定在利息周期发生的现金流量均作为发生在周期终了时，如销售收入、经营成本、利润、税金、贷款利息等发生在各时期的期末。回收固定资产净残值与回收流动资金则在项目经济寿命周期末发生。

现金流量图形象地描述了项目在整个寿命周期内不同时间（年）的现金流收支情况，对于正确地进行经济效益分析和计算很有用。在实际工作中，一般也需将各年的现金流量列入表中再进行计算。图 4-1 反映了某化工项目的现金流量状况。该项目建设周期为 2 年，生产期为 8 年。第 1、2 年初固定资产投资分别是 800 万元和 600 万元，第 3 年初开始投产，投入流动资金 400 万元。投产后，年销售收入 1000 万元，年经营成本和税金支出是 600 万元。生产期最后一年回收固定资产余值 200 万元和流动资金 400 万元。

三、资金的等效值及其计算

1. 资金等效值的概念

由资金的时间价值可知，一笔资金投入社会流通或再生产，随着时间的推移，在不同时间，其绝对值是变化的。假设有人今年存入银行 1000 元，在年利率为 8%时，3 年后可得本利和为：

$$1000\times(1+0.08)^3=1259.7 \text{（元）}$$

5 年后，本利和为：

$$1000\times(1+0.08)^5=1469.3 \text{（元）}$$

尽管资金的绝对数额不等，但在年利率为 8%的条件下，5 年后的 1469.3 元或 3 年后的 1259.7 元的实际经济价值与今年的 1000 元却相同。这表明不同数额的资金，折算到某一相同时点所具有的实际经济价值是相等的，这就是资金的等效值或等值的基本概念。

资金的等效值考虑了资金的时间价值，在同一系列中，不同时点发生的有关资金，即使数额不等，其价值仍可能是相同的。决定资金等效值有三个因素，一是资金的数额，二是资金发生的时间，三是利率。其中，利率是一个关键的因素，资金的等效值是以同一利率为依据的。

资金的等效值在技术经济评价中有着重要的作用。根据这一概念，可将不同时间点的现金流量分别换算成某一时间点的现金流量，并保持其价值相等。把不同时间发生的资金支出和收入换算到同一时间，这样，就可以满足时间可比的原则，便于对不同技术方案的经济情况进行比较和分析。

在资金等效值计算中，把将来某一时间点的现金流量换算成现在时间点的等效值现金流量，称为“折现”或“贴现”。一般把将来时间点的等效值现金流量经折现后的现金流量叫做“现值（present value)”，而把将来时间点与现值具有同等价值的现金流量称为“终值”或“未来值（future value)”。

资金的等效值计算以复利计算公式为基础，并经常使用现金流量图作为重要的辅助计算工具。等效值计算中的基准点一般选取计算期的起点，即最初存款、借款或投资的时间。

资金等效值的计算，根据现金流量的状况即是计算现值还是终值，可分为几种类型，包括一次支付类型等效值的计算、等额分付类型等效值的计算、等差序列现值计算，以及等比序列现值计算。

2. 一次支付类型等效值的计算

一次支付又称为整付，是指流入或流出现金流量均在一个时点处一次发生，其典型的现金流量如图 4-2 所示。在所考虑的资金时间价值的条件下，若流入项目系统的现金流量正好能补偿流出的现金流量。则 F 与 P 就是等值的。一次支付 F 的等效值计算公式有两个，即一次支付终值公式和一次支付现值公式。

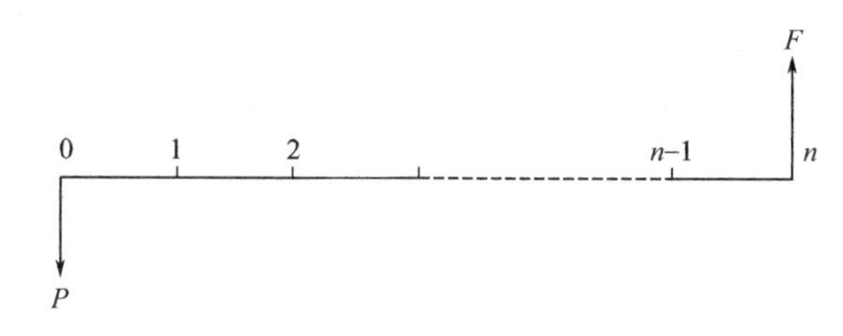

图 4-2 一次支付现金流量图

(1) 一次支付终值公式

一次支付终值公式就是前面求本利和的复利计算公式，亦称为一次支付复利公式，是等效值计算的基本公式，其他计算公式可由此为基础导出。

一次支付终值公式为：

$$F=P(1+i)^n=P(F/P,i,n) \tag{4-15}$$

式中 F——资金的终值；

P——资金的现值；

i——利率；

n——计息周期。

上式在形式上与式（4-9）相同，但 F、P 是等效值概念上的终值和现值。i 可以是银行利率，更一般地说它是用于资金等效值计算的折现率，可取为银行利率，也可取为投资利润率，或者取为社会平均利润率。式中的 $(1+i)^n$ 称为一次支付终值系数，可用符号 $(F/P,i,n)$ 表示。在该类型符号中，斜线“/”右边的 P，i 和 n 为已知条件，其左边的 F 是所求的未知量。

该公式是用了已知支出本金（现值）P，当利率（报酬率或收益率）为 i 时，在复利计息的条件下，求第 n 期期末所取得的本利和，即终值 F。其现金流量图如图 4-3 所示。

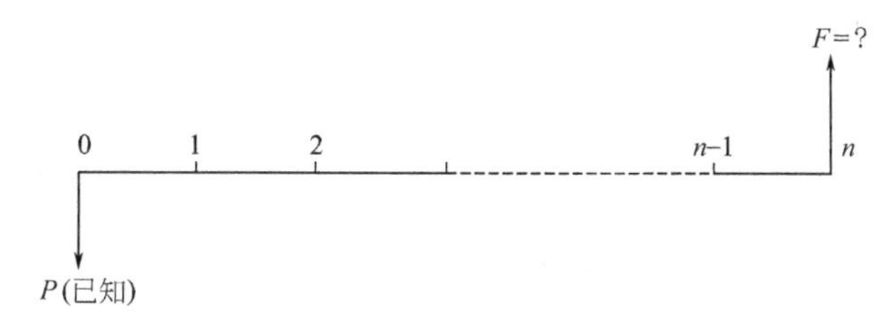

图 4-3 一次支付终值计算现金流量图

【例 4-1】 某化工企业计划开发一项新产品，拟向银行借贷款 100 万元，若年利率为 10%，借期为 5 年。问 5 年后，应一次性归还银行的本利和是多少？

解： $F=P(1+i)^n=100\times(1+0.10)^5=161.1$（万元）

即5年后应一次性归还银行161.1万元。

（2）一次支付现值公式

该公式实际上是一次支付终值公式的逆运算，表示如果欲在未来的第 n 期期末一次收入 F 数额的现金流量，在利率为 i 的复利计算条件下，求出现在应一次投入或支付的本金 P 是多少。其计算公式为：

$$P=F(1+i)^{-n}=F\times\frac{1}{(1+i)^n}=F(P/F,i,n) \quad (4\text{-}16)$$

式中的 $\frac{1}{(1+i)^n}$ 称为一次支付现值系数，或称为折现（贴现）系数，并可用符号（$P/F,i,n$）表示。一次支付现值公式的现金流量图如图4-4所示。

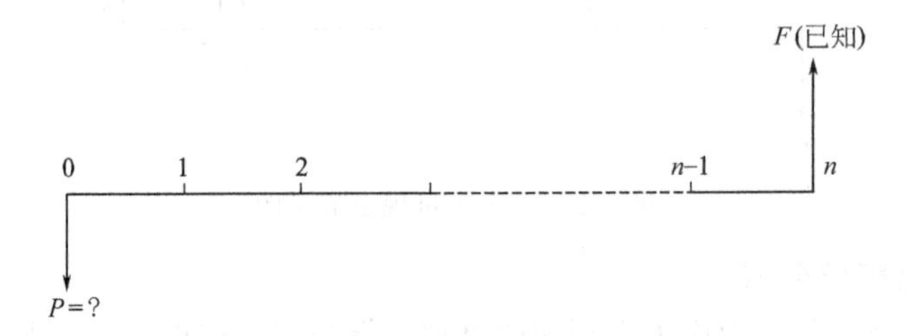

图 4-4　一次支付现值计算现金流量图

【例 4-2】 某化工企业拟在3年后购置一台新的分析仪器，估计费用为2万元。设银行存款利率为10%，现在应存入银行多少元？

解： $P=F(1+i)^{-n}=2\times(1+0.1)^{-3}=1.503$（万元）

即现在应存入1.503万元。

3. 等额分付类型等效值的计算

等额分付是多次支付形式中的一种。多次支付是指现金流入和流出在各个时点上发生，而不是仅在一个时点上。各时点上现金流量的大小可以不相等，也可以相等。当现金流量序列是连续的，并且现金流量大小相等，则为等额系列现金流量。下面介绍等额系列现金流量的四个等效值计算公式。

（1）等额分付终值公式

该公式用于对连续若干周期期末等额支付的现金流量 A，按利率复利计算，求其第 n 周期期末的终值 F，即本利和。该类计算在实际生活中也常常会遇到。例如，银行有一种储蓄称为零存整取，如果每年都存入等额现金 A，利率为 i，n 年后可从银行取得多少现金？这一问题的现金流量图如图4-5所示。

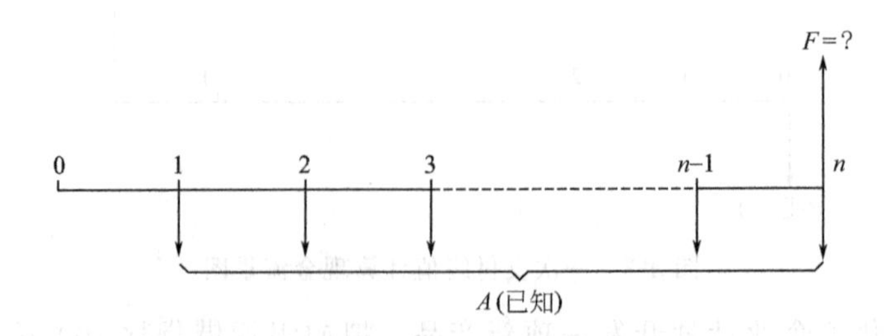

图 4-5　等额分付终值计算现金流量图

从图4-5可知，在 n 期期末一次收回的总未来值（终值）F，应等于每期期末的等额支

付序列值 A 对 n 期期末的终值之和，即

$$F=A(1+i)^0+A(1+i)^1+A(1+i)^2+\cdots+A(1+i)^{n-1}$$
$$=A[1+(1+i)+(1+i)^2+\cdots+(1+i)^{n-1}] \tag{4-17}$$

上式中 $[1+(1+i)+(1+i)^2+\cdots+(1+i)^{n-1}]$ 是一公比为 $(1+i)$ 的等比级数。根据等比级数的求和公式，可求出此等比级数的和为 $\frac{(1+i)^n-1}{i}$，从而得到等额分付终值公式：

$$F=A\left[\frac{(1+i)^n-1}{i}\right] \tag{4-17a}$$

式中，A 是连续的每期期末等额支付的序列值，或称为等额年金序列值。$\frac{(1+i)^n-1}{i}$ 称为等额支付序列终值系数，亦可用符号 $(F/A,i,n)$ 表示。

【例 4-3】 某扩建项目的建设期为 4 年。在此期间，每年末向银行借贷 100 万元，银行要求在第 4 年末一次性偿还全部借款和利息。若年利率为 8%，问第 4 年末一次性偿还的总金额为多少？

解：

$$F=100\left[\frac{(1+0.08)^4-1}{0.08}\right]=450.61(\text{万元})$$

即第 4 年末一次性偿还的总金额为 450.61 万元。

(2) 等额分付偿债基金公式

这种情况与上述等额年金终值计算相反，是等额分付终值的逆运算，即按计划在第 n 年末需要资金 F，采用每年等额筹集的方式，在利率为 i 时，每年要存入多少资金 A？解决这样问题的计算公式为：

$$A=F\left[\frac{i}{(1+i)^n-1}\right]=F(A/F,i,n) \tag{4-18}$$

式中，$\left[\frac{i}{(1+i)^n-1}\right]$ 称为等额分付偿债基金系数，可用符号 $(F/A,i,n)$ 表示。其现金流量图如图 4-6 所示。

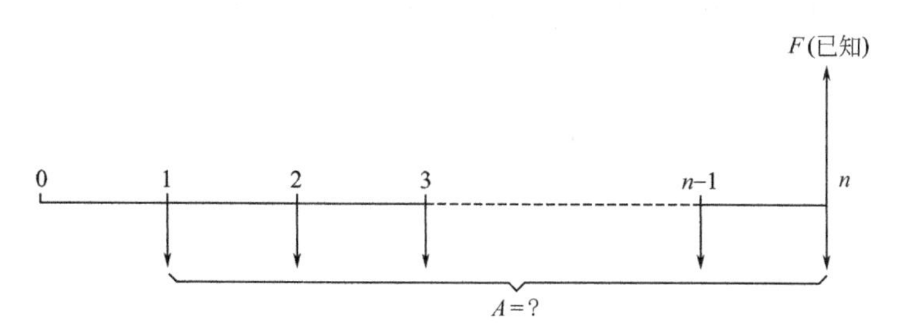

图 4-6 等额分付偿债基金计算现金流量图

【例 4-4】 某企业计划三年后建一职工俱乐部，估计投资额为 300 万元。用每年积累一定数额的福利专项基金解决。假设银行存款利率为 8%，问每年末至少应存入多少资金？

解：

$$A=F\left[\frac{i}{(1+i)^n-1}\right]=300\left[\frac{0.08}{(1+0.08)^3-1}\right]=92.41(\text{万元})$$

即每年至少应存入 92.1 万元。

(3) 等额分付资金回收公式

该公式用于现在投入现金流量现值 P，在利率为 i，复利计算的条件下，在 n 期内与其

等值的连续的等额支付序列值 A 的计算。其现金流量图如图 4-7 所示。

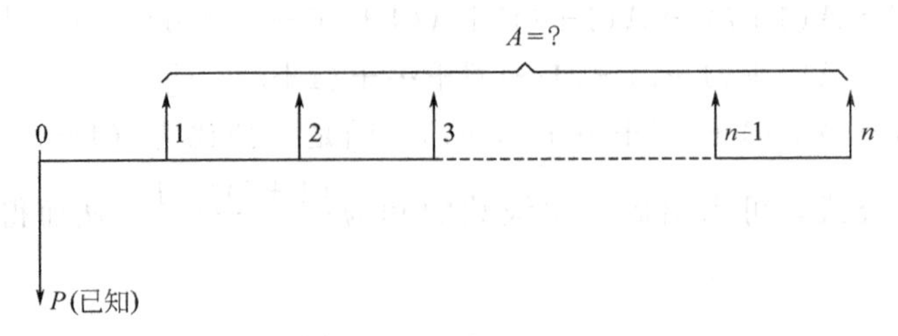

图 4-7　等额分付资金回收计算现金流量图

等额分付资金回收公式，可将一次支付终值公式（4-15）代入等额分付偿债基金公式（4-18）导出。

因 $F=P(1+i)^n$，$A=F\left[\dfrac{i}{(1+i)^n-1}\right]$

故 $A=P(1+i)^n\left[\dfrac{i}{(1+i)^n-1}\right]=P\left[\dfrac{i(1+i)^n}{(1+i)^n-1}\right]=P(A/P,i,n)$

式中的 $\left[\dfrac{i(1+i)^n}{(1+i)^n-1}\right]$ 称为等额分付资金回收系数，可用符号 $(A/P,i,n)$ 表示。上式常用于现在投入一笔资金，在今后若干年的每年年末等额回收，求每笔回收资金 A 的数额。

【例 4-5】 某企业拟建一套水循环再利用系统，需投资 10 万元，预计可用 10 年，设期末无残值。如果在投资收益率不低于 10%的条件下，问该系统投入使用后，每年至少应节约多少费用该方案才合算？

解：已知 $P=10$ 万元，$i=10\%$，$n=10$。

$$A=P\left[\frac{i(1+i)^n}{(1+i)^n-1}\right]=10\left[\frac{0.1(1+0.1)^{10}}{(1+0.1)^{10}-1}\right]=10\times0.16275=1.627(\text{万元})$$

即每年至少应节约 1.627 万元的费用，该方案才合算。

（4）等额分付现值公式

该式表示要在每年末收入相同的金额 A，在利率为 i、复利计息的条件下，现在必须投入多少资金（现金）P。常用于求分期付（收）款的现值，其流量图如图 4-8 所示。

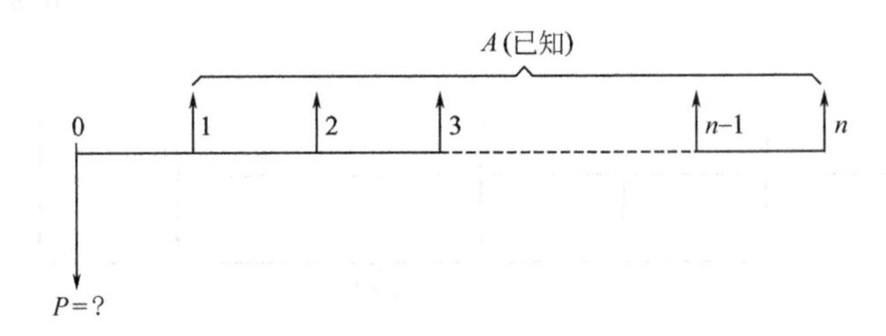

图 4-8　等额分付现值计算现金流量图

等额分付现值实际上是等额分付资金回收的逆运算，所以其计算公式可由式（4-19）得到：

$$P=A\left[\frac{(1+i)^n-1}{i(1+i)^n}\right]=A(P/A,i,n) \tag{4-20}$$

式中的 $\left[\dfrac{(1+i)^n-1}{i(1+i)^n}\right]$ 称为等额分付现值系数，可用符号 $(P/A,i,n)$ 表示。

【例 4-6】 某企业在技术改造中欲购置一台废热锅炉，每年可增加收益 3 万元，该锅炉可使用 10 年，期末残值为 0，若预期年利率为 10%。问该设备投资的最高限额是多少？如果该设备售价为 19 万元，是否应购买？

解：已知 $A=3$ 万元，$i=10\%$，根据式（4-20）得：

$$P=A\left[\frac{(1+i)^n-1}{i(1+i)^n}\right]=3\left[\frac{(1+0.1)^{10}-1}{0.1(1+0.1)^{10}}\right]=18.43\text{（万元）}$$

设备投资最高限额为 18.43 万元，但设备的售价超过该限额，故不宜购买。

4. 等差序列公式

等差序列是指按一个定数增加或减少的现金流量序列。例如，某项费用的支出逐年增加一个相同的数额，或某项收入逐年减少一个相同的数额，这些都是等差序列。图 4-9 表示逐期递增相同数额 G 的等差分付序列现金流量图。

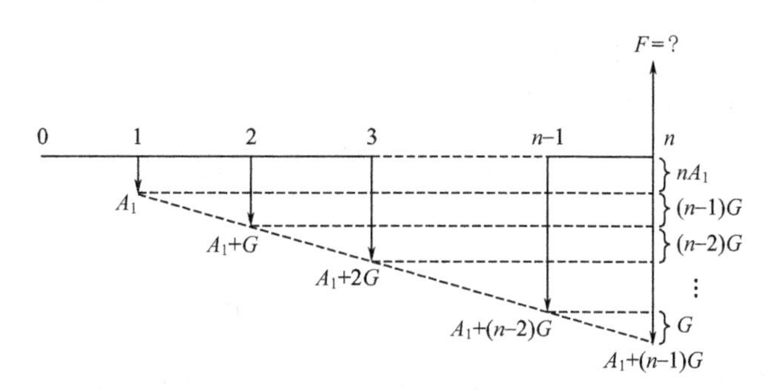

图 4-9 逐期递增等差支付序列终值现金流量图

从图 4-9 可见，等差序列的现金流量可以分解为两部分：第一部分是由第 1 期期末现金流量 A_1 构成的等额分付偿债基金流量图，如图 4-10 所示；第二部分是由等差定额 G 构成的递增等差分付终值现金流量图，如图 4-11 所示。所以，该类序列的计算可分别进行。

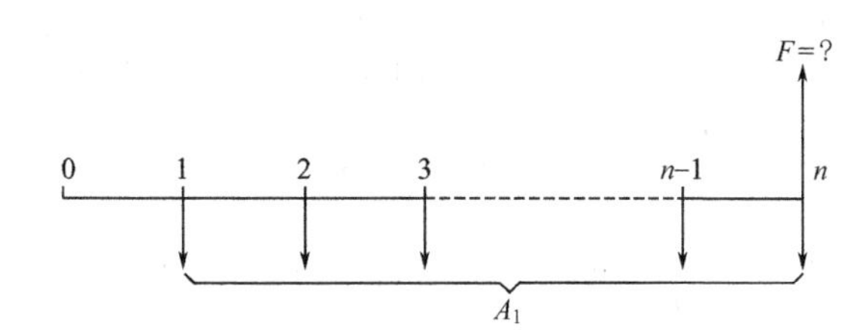

图 4-10 等额值为 A_1 等额分付偿债基金流量图

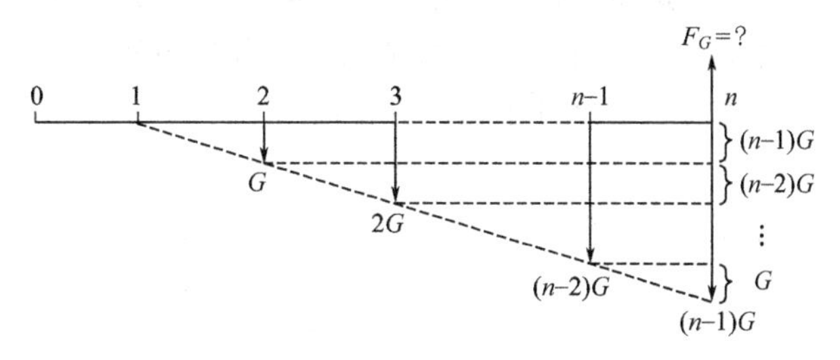

图 4-11 等差额为 G 的递增等差分付序列终值现金流量图

第一部分，如图 4-10 所示的等额值为 A_1 的终值计算式为：

$$F_{A_1}=A_1\left[\frac{(1+i)^n-1}{i}\right]=A_1(P/A_1,i,n)$$

第二部分，如图 4-11 所示的等差额为 G 的等差分付的计算。

（1）等差分付序列终值公式

图 4-11 表示已知等差额 G 和 i，n，求终值 F_G，即等差分付序列终值计算。从图 4-11 可知，第 n 期期末与等差分付序列等值的终值，应为每期期末的等差分付现金流量值对第 n 期期末的终值的累计总和，即

$$\begin{aligned}F_G=&G(1+i)^{n-2}+2G(1+i)^{n-3}+3G(1+i)^{n-4}+\cdots\\&+(n-2)G(1+i)^{n-(n-1)}+(n-1)G(1+i)^{n-n}\end{aligned}\tag{4-21}$$

将上式两边乘以（$1+i$）。

$$\begin{aligned}F_G(1+i)=&G(1+i)^{n-1}+2G(1+i)^{n-2}+3G(1+i)^{n-3}+\cdots\\&+(n-2)G(1+i)^2+(n-1)G(1+i)^1\end{aligned}\tag{4-22}$$

$$\begin{aligned}F_Gi=&G[(1+i)^{n-1}+(1+i)^{n-2}+(1+i)^{n-3}+\cdots\\&+(1+i)^2+(1+i)^1+1]-nG\end{aligned}\tag{4-23}$$

再利用等比差级的求和公式，式（4-23）简化为：

$$F_Gi=G\left[\frac{(1+i)^n-1}{i}\right]-nG$$

即

$$F_G=\frac{G}{i}\left[\frac{(1+i)^n-1}{i}-n\right]=G(F/G,i,n)\tag{4-24}$$

式中，$\frac{1}{i}\left[\frac{(1+i)^n-1}{i}-n\right]$称为等差分付终值系数，可用符号$(F/G,i,n)$表示。

（2）等差分付序列现值公式

用于已知等差额 G 和 i，n，求现值 P。该公式可直接由等差分付序列终值公式（4-24）乘以相同条件下的折现系数导出：

$$\begin{aligned}P&=F_G\times\frac{1}{(1+i)^n}=\frac{G}{i}\left[\frac{(1+i)^n-1}{i}-n\right]\times\frac{1}{(1+i)^n}=G\times\frac{1}{i}\left[\frac{(1+i)^n-1}{i(1+i)^n}-\frac{n}{(1+i)^n}\right]\\&=G\left[\frac{(P/A,i,n)-n(P/F,i,n)}{i}\right]=G(P/G,i,n)\end{aligned}\tag{4-25}$$

式中，$\frac{1}{i}\left[\frac{(1+i)^n-1}{i(1+i)^n}-\frac{n}{(1+i)^n}\right]$称为等差分付序列现值系数，可用符号$(P/G,i,n)$表示。

【例 4-7】 某化工厂在技术改造中第一年的收益额为 100 万元，其后逐年进行技术改造，优化工艺参数等，使收益逐年递增。设第一年以后至第 8 年末收益逐年递增额为 3 万元。试求在年利率 10%的条件下，该厂 8 年的收益现值及等额分付序列收益年金值。

解： 根据题意，这是递增等差分付序列，等差额 $G=30000$ 元，其现金流量图如图 4-12 所示。

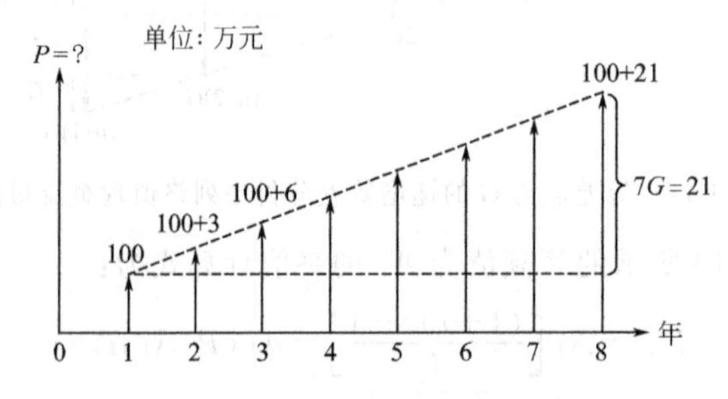

图 4-12 例 4-7 的现金流量图

第一部分：以第一年收益额100万元为等额值A_1的等额分付序列现金流量，如图4-13所示。根据等额分付现值公式（4-23），得

$$P_1=A_1\left[\frac{(1+i)^n-1}{i(1+i)^n}\right]=100\times\left[\frac{(1+0.10)^8-1}{0.10(1+0.10)^8}\right]=100\times5.53=533\text{（万元）}$$

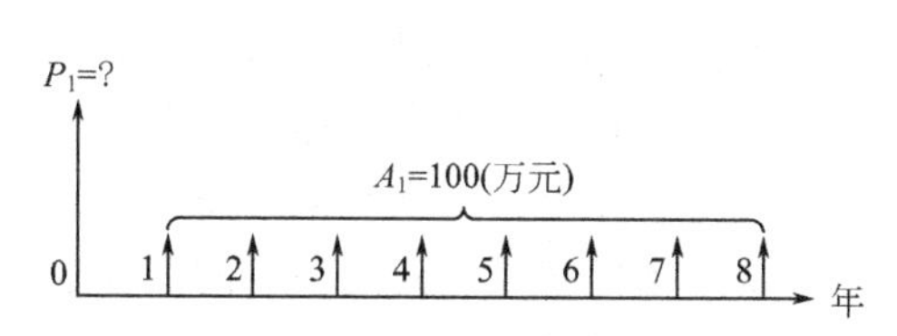

图 4-13 例4-7的分解现金流量图（一）

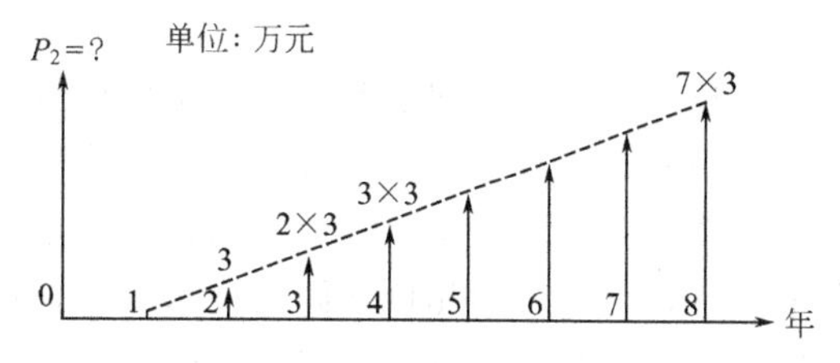

图 4-14 例4-7的分解现金流量图（二）

第二部分：以等差额$G=3$万元的递增等差分付序列现金流量，如图4-14所示。

根据等差分付序列现值公式（4-25），得

$$P_2=G\times\frac{1}{i}\left[\frac{(1+i)^n-1}{i(1+i)^n}-\frac{n}{(1+i)^n}\right]=3\times\frac{1}{0.10}\left[\frac{(1+0.10)^8-1}{0.10(1+0.10)^8}-\frac{8}{(1+0.10)^8}\right]$$

$$=3\times16.03=48\text{（万元）}$$

所以 $P=P_1+P_2=533+48=581$（万元）

因此，该厂通过逐年技术改造在8年内收益现值为581万元。

5. 等比序列现值公式

有些技术方案的收益常呈现以某一固定百分率h逐年递增或递减的情形。这种情况下现金流量就表现为等比序列，也称为几何序列。其现金流量从图4-15可知，等比序列现金流量的通式为：

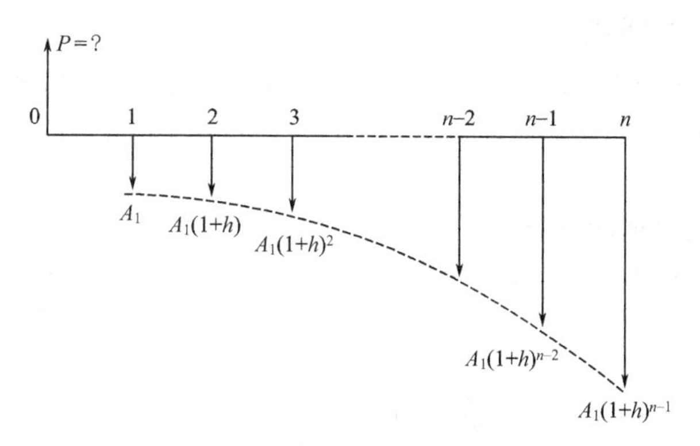

图 4-15 等比序列现金流量图

$$A_t=A_1(1+h)^{t-1}\qquad t=1,2,\cdots,n\tag{4-26}$$

总现值应等于各期等比支付的现值之和，即

$$\begin{aligned}P&=A_1(1+i)^{-1}+A_2(1+i)^{-2}+\cdots+A_n(1+i)^{-n}\\&=A_1(1+i)^{-1}+A_1(1+h)(1+i)^{-2}+\cdots+A_1(1+h)^{n-1}(1+i)^{-n}\\&=A_1(1+i)^{-1}[1+(1+h)(1+i)^{-1}+\cdots+(1+h)^{n-1}(1+i)^{-(n-1)}]\end{aligned}$$

经进一步整理可得：

$$P=\begin{cases}A_1\times\left[\dfrac{1-(1+h)^n(1+i)^{-n}}{i-h}\right] & i\neq h\\A_1\times\dfrac{n}{1+i} & i=h\end{cases}\tag{4-27}$$

其中的$\left[\frac{1-(1+h)^n(1+i)^{-n}}{i-h}\right]$和$\frac{n}{1+i}$称为等比现值系数，可表示为$(P/A,i,n)$。

第三节　化工项目经济评价方法

技术经济分析的重要内容，是对拟将采用的技术方案预先进行经济效益的计算与评价。在经济效益评价中，有单方案经济评价和多方案经济评价。为达到某个既定目标，仅考虑用一种技术方案，对其经济效益的评价即是单方案经济评价。而实际上为了满足某个需要或既定目标，可以采用几种不同的技术方案，这些方案彼此可以互相代替以达到同一目的。在这种情况下，既要研究各方案自身的经济效益，又要分析和比较各方案之间的相对经济效益，从而选出最优方案，这就是所谓的多方案经济评价。

技术方案经济效益计算和评价的方法有多种形式。根据是否考虑资金运用的时间因素，可将这些方法分为两大类，即静态评价方法和动态评价方法，它们在技术经济分析中各有其特点。以上方法是从企业的角度，在现行国家财政税收和价格体系条件下，对技术方案的经济效益进行分析和评价，又称为项目的财务评价。下面将介绍其分析和评价的基本方法。

一、静态评价方法

在评价项目经济效益的指标中，一类不考虑资金时间价值的指标，叫做静态评价指标。利用这类指标对技术方案进行评价，称为静态评价方法。静态评价比较简单、直观、运用方便，但不够准确。静态评价主要用于项目可行性研究初始阶段的粗略分析和评价，以及技术方案的初选阶段。

1. 静态投资回收期法

投资回收期，也称为投资偿还期或投资返本期，是指技术方案实施后的净收益或净利润抵偿全部投资额所需的时间，一般以年表示。不考虑资金时间价值因素的投资回收期，称为静态投资回收期。

(1) 静态投资回收期的计算

投资回收期是反映技术方案清偿能力的重要指标，希望投资回收期越短越好，其一般计算公式为：

$$\sum_{t=0}^{P_t}(CI-CO)_t=0 \tag{4-28}$$

式中　P_t——以年表示的静态投资回收期；

CI——现金流入量；

CO——现金流出量；

t——计算期的年份数。

如果投产后每年的净收益 $(CI-CO)_t$ 相等，即

$$(CI-CO)_1=(CI-CO)_2=\cdots=(CI-CO)_t=Y$$

或者用年平均净收益计算，则静态投资回收期的计算可简化为

$$P_t=\frac{I}{Y} \tag{4-29}$$

式中　I——总投资；

Y——年平均净收益。

投资回收期的起点，一般从建设开始年份算起，也可以从投产年或达产年算起，但应予注明。

对所求得的技术方案的投资回收期 P_t 应与部门或行业的标准投资回收期 P_s 进行比较。当 $P_t < P_s$ 时，认为技术方案在经济上是可行的；当 $P_t > P_s$ 时，认为技术方案在经济上不可取。

【例 4-8】 对某建设项目的计算结果显示，该项目第一年建成，投资 100 万元。第二年投产并获净收益 20 万元，第三年的净收益为 30 万元，此后连续五年均为每年 50 万元。试求该项目的静态投资回收期 P_t。

解：将已知条件代入静态投资回收期计算式（4-28）得

$$\sum_{t=0}^{P_t}(CI-CO)_t = -100+20+30+50=0$$

即该项目的静态投资回收期从建设开始年算起为 4 年，若从投产年算起为 3 年。

静态投资回收期也可用财务现金流量表中累计净现金流量计算：

$$\text{静态投资回收期}(P_t)=[\text{累计净现金流量开始出现正值年份数}]-1+\left[\frac{\text{上年累计净现金流量绝对值}}{\text{当年净现金流量}}\right] \quad (4\text{-}30)$$

【例 4-9】 某项目建设方案的投资和收益情况如表 4-1 所列，若标准投资回收期为 5 年，试用静态投资回收期法评价此方案。

表 4-1 例 4-9 的项目投资、收益情况

年份	投资/万元	净收益/万元	年份	投资/万元	净收益/万元
0	80		5		40
1	20		6		40
2		20	7		40
3		40	8		40
4		40			

解：根据表 4-1 中的数据可计算出项目方案各年净现金流量及累计净现金流量，如表 4-2。根据表 4-2 的结果和式（4-30）可得：

$$P_t=5-1+(|0|/40)=4.0\ (\text{年})$$

由于 $P_t < P_s = 5$，故该项目方案可以接受。

表 4-2 例 4-9 的净现金流量及累计净现金流量

年份	净现金流量/万元	累计净现金流量/万元	年份	净现金流量/万元	累计净现金流量/万元
0	−80	−80	5	40	40
1	−20	−100	6	40	80
2	20	−80	7	40	120
3	40	−40	8	40	160
4	40	0			

（2）静态追加投资回收期

评价单一方案时，可以用静态投资回收期判断该方案在经济上是否可取。当多方案比较时，可以分别计算每一方案的静态投资回收期，判断哪些方案在经济上可行，然后对经济上可行的方案再进行比较和分析。在经济上可行的方案中可以选择一种方案为参比方案，其余的分别与它比较，从而选出最优方案。但当进行两方案比较时，经常会有这样的情况，即投资额大的方案经营费用少，而投资额小的方案经营费用多。这时，可采用追加投资回收期，即用投资额大的方案比投资额小的方案所节约的经营费用，来回收其多追加的投资额所需的时间，叫做追加投资回收期，也称为差额投资回收期。当两方案的生产能力相同时，即 $Q_1=Q_2$，其计算式为：

$$P_{2/1}=\frac{I_2-I_1}{C_1-C_2}=\frac{I_2-I_1}{Y_2-Y_1} \tag{4-31}$$

当两方案的生产能力（即年产量）不同时，即 $Q_1 \neq Q_2$，应当用下式计算：

$$P_{2/1}=\frac{I_2/Q_2-I_1/Q_1}{C_1/Q_1-C_2/Q_2}=\frac{I_2/Q_2-I_1/Q_1}{Y_2/Q_2-Y_1/Q_1} \tag{4-32}$$

式中　$P_{2/1}$——追加投资回收期；

I_1，I_2——方案 1 和方案 2 的投资额，$I_2>I_1$；

C_1，C_2——方案 1 和方案 2 的经营费用，$C_1>C_2$；

Q_1，Q_2——方案 1 和方案 2 的年产量；

Y_1，Y_2——方案 1 和方案 2 的平均净收率。

当用追加投资回收期进行方案优选时，若 $P_{2/1}<P_s$ 时，投资额大的方案 2 较优；反之，则投资额小的方案 1 较优。

【例 4-10】 某企业在扩大生产能力时，有两种技术方案。第 1 种方案是再建一套现有的装置，投资额 $I_1=60$ 万元，年经营费用 $C_1=40$ 万元；第 2 种方案是采用一套新型的装置，投资额 $I_2=80$ 万元，年经营费用 $C_2=32$ 万元。两方案生产能力相同，问哪种方案经济效益较优（设 $P_s=5$ 年）？

解：两方案生产量相同，但 $I_2>I_1$，$C_2>C_1$，应采用追加投资回收期：

$$P_{2/1}=\frac{I_2-I_1}{C_1-C_2}=\frac{80-60}{40-32}=2.5\text{（年）}(<P_s=5)$$

故第 2 种方案较优。

应当注意，追加投资回收期只反映了两方案对比的相对经济效益，没有反映两方案自身的经济效益。为了正确地进行多方案的评价和选优，相比较的方案首先应是经济上可接受的，通常将其中投资额最小的方案作为参比的第 1 方案。

(3) 静态投资回收期法的特点

① 主要优点

a. 经济含义直观、明确，计算方法简单易行。

b. 明确地反映了资金回收的速度，是投资者十分关心的指标之一。投资回收期的长短，在一定程度上反映了投资风险性的程度，也意味着项目盈利能力的大小。

c. 常用于方案的初选或概略评价，是项目评价的重要辅助性指标。

② 主要缺点

a. 由于没有考虑资金的时间价值，所以，计算方法不科学，计算结果不准确，以此为依据的评价有时不可靠。

b. 没有反映投资回收后项目的收益和费用，而任何投资的目的不仅是收回投资，更主要的是要有收益。因此，静态投资回收期没有全面地反映项目的经济效益，难以对不同方案进行正确的评价和选择。

2. 静态投资效果系数法

投资效果系数，又称为投资收益率或投资报酬率，是指项目方案投产后取得的年净收益与项目总投资额的比率。投资效果系数体现了项目投产后，单位投资所创造的净收益额，是考察项目投资盈利水平的重要指标。

在不考虑资金时间价值的条件下，得出的投资效果系数，称为静态投资效果系数。依据静态投资效果系数对项目进行评价，称为静态投资效果系数法。

(1) 静态投资效果系数

静态投资效果系数 E 可按下式计算

$$E=\frac{Y}{I} \tag{4-33}$$

式中 Y——项目年平均净收益；

I——项目总投资额。

根据比较的基准或分析的目的不同，Y 也可以是年平均利润总额，或者年平均利税总额等。

用静态投资效果系数对项目进行评价时，应将计算出的项目静态投资效果系数 E，与部门或行业的标准投资效果系数 E_s 相比较。若 $E \geqslant E_s$，则表明在经济上该项目方案可以接受；反之，则在经济上不可取。投资回收期 P_t 与投资效果系数 E 有直接的联系。由式（4-29）和式（4-33）可得

$$E=\frac{1}{P_t} \quad 或 \quad E_s=\frac{1}{P_s} \tag{4-34}$$

(2) 静态投资效果系数的应用

在对项目进行经济分析工作中，应依据项目的具体情况，主要计算三种静态投资效果系数指标，即投资利润率、投资利税率及资本金利润率。

① 投资利润率　投资利润率是指项目达到设计能力后的一个正常年份的年利润总额或生产期年平均利润总额与项目总投资额的比率，它表示项目正常年份中单位投资每年所创造的利润。其计算公式为：

$$投资利润率=\frac{年利润总额或年平均利润总额}{总投资}\times 100\% \tag{4-35}$$

年利润总额＝年产品销售收入－年总成本费用－年销售税金及附加

年销售税金及附加＝年增值税＋年城市维护建设税＋年教育费附加＋年资源税

总投资＝固定资产投资＋建设期借款利息＋流动资金＋固定资产投资方向调节税

计算出的项目投资利润率应与部门或行业的平均投资利润率进行比较，以判别项目的单位投资盈利能力是否达到本行业的平均水平。若项目的投资利润率大于或等于标准投资利润率或行业平均利润率，则认为项目在经济上是可以接受的；否则一般不可取。

② 投资利税率　投资利税率是指项目达到设计生产能力后正常年份的年利税总额或生产期年平均利税总额与项目总投资的比率，它反映了在正常年份中，项目单位投资每年所创造的利税。其计算公式为：

$$投资利税率=\frac{年利税总额或年平均利税总额}{总投资}\times 100\% \tag{4-36}$$

年利税总额＝年产品销售收入－年总成本费用＝年利润总额＋年销售税金及附加

计算出的项目投资利税率应与标准投资利税率或行业平均投资利税率进行比较。若项目的投资利税率大于或等于标准投资利税率或行业平均投资利税率，表明项目在经济上可接受；否则，一般不可取。

③ 资本金利润率　资本金利润率是指项目达到设计生产能力的正常年份的年利润总额或生产期年平均利润总额与资本金的比率，反映了投入项目的资本金的盈利能力。其计算公式为：

$$\text{资本金利润率}=\frac{\text{年利润总额或平均利润总额}}{\text{资本金}}\times100\% \quad (4\text{-}37)$$

该式中的资本金是指项目的全部注册资金。

计算出的项目资本金利润率，应与标准资本金利润率或行业平均资本金利润率进行比较。若项目的资本金利润率大于或等于标准的或行业的平均资本金利润率，表明该项目在经济上可接受；否则，一般不可取。

【例 4-11】 某拟建项目建设期为 2 年，第一年初投资 150 万元，第二年初投入 225 万元，固定资产投资全部为银行贷款，年利率为 8%。该项目寿命周期为 15 年，生产期第一年达到设计生产能力，正常年份的产品销售收入为 375 万元，总成本费用 225 万元，增值税率为 14%（设已经扣除进项税部分），忽略其他税金及附加，流动资金为 75 万元。若项目的全部注册资金为 950 万元，该项目的投资利润率、投资利税率及资本金利润率各是多少？

解： 项目总投资＝固定资产＋建设期利息＋流动资金

$$=150\times(1+0.08)^2+225\times(1+0.08)+75=493\text{（万元）}$$

正常年份利润＝年销售收入－年总成本费用－年销售税金及附加

$$=375-225-375\times14\%=97.5\text{（万元）}$$

正常年份利税总额＝年销售收入－年总成本费用＝375－225＝150（万元）

由此可计算出：

$$\text{投资利润率}=\frac{\text{年利润总额或年平均利润总额}}{\text{总投资}}\times100\%=\frac{97.5}{493}\times100\%=19.8\%$$

$$\text{投资利税率}=\frac{\text{年利税总额或年平均利税总额}}{\text{总投资}}\times100\%=\frac{150}{493}\times100\%=30.4\%$$

$$\text{资本金利润率}=\frac{\text{年利润总额或平均利润总额}}{\text{资本金}}\times100\%=\frac{97.5}{950}\times100\%=10.3\%$$

(3) 静态追加投资效果系数

静态追加投资效果系数，亦称静态差额投资效果系数，是指在不考虑资金时间价值条件下，相比方案的净收益差额与投资差额的比率，它表示单位差额投资所引起的年成本的节约额或年利润的变化值。在多方案分析中，常用于方案之间的比较和选优。

当两个方案的生产能力相同，即 $Q_1=Q_2$ 时，静态追加投资效果系数可用如下公式计算：

$$F_{2/1}=\frac{C_1-C_2}{I_2-I_1}=\frac{Y_2-Y_1}{I_2-I_1} \quad (4\text{-}38)$$

当两个方案的生产能力不同，但相差不太大时，可用如下公式计算：

$$E_{2/1}=\frac{C_1/Q_1-C_2/Q_2}{I_2/Q_2-I_1/Q_1}=\frac{Y_2/Q_2-Y_1/Q_1}{I_2/Q_2-I_1/Q_1} \tag{4-39}$$

式中，$E_{2/1}$为静态追加投资效果系数，C、I、Q和Y的含义与式（4-32）中相同；$C_1>C_2$，$I_2>I_1$，$Y_2>Y_1$。

计算出的项目追加投资效果系数$E_{2/1}$应与基准或行业的平均投资利润率E_s比较，当$E_{2/1}\geqslant E_s$时，则投资额较大、净收益多、经营成本低的方案2较优；反之，方案1较优。

但需要指出的是，静态追加投资效果系数只反映两方案相对的盈利能力，并没有反映这些方案自身的盈利能力或经济效益是否可接受。所以，相互比较的方案应首先进行绝对经济效益的评价，即均应是在经济上可接受的方案，然后用追加投资效果系数进行这些多方案的比较和选优。

(4) 静态投资效果系数法的特点

① 优点

a. 经济含义明确、计算方法简单、使用方便。

b. 明确地体现了项目的获利能力。投资利润率和投资利税率用单位投资额的利润或利税表示，从而便于同类项目的相互比较。

② 缺点

a. 由于没有考虑资金的时间价值因素，所以计算方法不科学、不准确，评价结论的可靠性、准确性可能受到较大影响。

b. 只反映了项目投资的获利能力，但投资所承担的风险性完全没有体现。一个获利能力很好的项目，若投资回收期较长，在科学技术迅速发展的时代，该项目在收回其投资时，项目的技术经济性能可能已经落后于那时的社会平均指标，从而难以取得原先所预期的盈利水平。

【例4-12】 试用静态追加投资效果系数法，对例4-10的两方案进行经济效益比较。

解：两方案产量相同，由式（4-38）得

$$E_{2/1}=\frac{C_1-C_2}{I_2-I_1}=\frac{40-32}{80-60}=0.4$$

例4-10中$P_s=5$，即$E_s=1/P_s=0.2$，可见$E_{2/1}=0.4>E_s$

故投资额较大的第2种方案较优，这与前述用静态追加投资回收期法的评价结果一致。

3. 评价标准

从前面的分析和评价可见，无论是使用投资回收期还是追加投资回收期对项目方案进行评价、比较和选优时，都需要与标准的指标或参数进行比较。所以，如何保证评价标准的相对统一性、评价标准参数或指标取值的合理性，是决定项目方案评价结论可靠性和可比性的重要因素。表4-3列出了化工行业及部分相关行业财务评价的参数或标准指标，供进行技术经济分析时参考。这些数据主要来源于《建设项目经济评价方法与参数（第二版）》。

表4-3中的基准收益率i_0和标准投资回收期P_s可作为项目财务评价的基准判据；而平均投资利润率与平均投资利税率用来衡量项目的投资利润率和投资利税率是否达到本行业平均水平的依据，不一定作为判别项目是否可行的标准，但可依据行业的平均参数进行估量。

表 4-3　化工及相关行业经济评价参数

行　业	基准收益率 i_0/%	基准投资回收期 P_s/年	平均投资收益率/%	平均投资利税率/%
化工	9～14	9～11	8～22 一般取 8～15	11～28 一般取 11～23
石油化工	10～15	9～12	4～15	10～30 一般取 21～20
石油天然气开采	12	6～8	10～17	12～20
轻工	8～26 一般取 12～26	6～12.6 一般取 6.8～11	7～24 一般取 13～19	10～36 一般取 12～36
纺织	8～14	10.1～13.1	7～11	10～17
建材	8～10	11～13	8～14	12～22
机械	4～25 一般取 7～20	2～17 一般取 8～15	2～24 一般取 5～17	3～35 一般取 7～20
有色金属	3～15 一般取 8～15	6.9～19 一般取 9～15	3～18 一般取 8～15	4～30 一般取 12～25
煤炭	10～17	8～13	14～18	11～19

二、动态评价方法

动态评价，是指对项目方案的效益和费用进行计算时考虑了资金的时间价值因素，用复利计算的方式，将不同时点的支出和收益折算为相同时点的价值，从而完全满足时间可比性的原则，能够科学、合理地对不同项目方案进行比较和评价。而且，动态评价中采用的大多数动态评价指标考虑了项目在整个寿命周期内支出与收益的全部情况，使动态评价比静态评价更加科学、全面，评价结论的科学性、准确性及全面性更好。动态评价方法是现代项目经济评价常用的主要方法。

动态评价方法，是依据项目的一系列动态指标，对项目进行评价。每一动态指标都从不同角度、不同范围体现项目的主要技术经济特点，从而形成了多种动态评价方法，它们各有其特点和适用条件，以下是对一些常用的动态评价方法的介绍。

1. 动态投资回收期法

在采用投资回收期对项目进行评价时，为了克服静态投资回收期法未考虑资金时间价值的缺点，应采用动态投资回收期法。动态投资回收期，是指在考虑资金时间价值条件下，按一定利率复利计算，收回项目总投资所需的时间，通常以年表示。

(1) 动态投资回收期的计算

① 以累计净收益计算　该方法是以现值法计算各时期资金流入与流出的净现值，由此计算出当其累计值正好补偿全部投资额时所经历的时间。这也是动态投资回收期计算。

$$\sum_{t=0}^{P_t}(CI-CO)_t(1+i)^{-t}=0 \tag{4-40a}$$

或

$$\sum_{t=0}^{P'_t}Y_t(1+i)^{-t}=0 \tag{4-40b}$$

式中　P'_t——动态投资回收期；

Y_t——每年的净收益或净现金流量；

i——贷款利率或基准收益率。

动态投资回收期也可直接从财务现金流量表中计算净现金流量现值累计值求出。其计算式为：

$$P_t' = [\text{净现金流量现值累计值开始出现正值的年份数}] - 1 = \left[\frac{\text{上年净现金流量现值累计值的绝对值}}{\text{当年净现值流量现值}}\right] \tag{4-41}$$

② 以平均净收益或等额净收益计算　如果项目每年的净收益可用平均净收益表示，或者能将各年净收益折算为年等额净收益 Y，设 I 为总投资现值，则动态投资回收期 P_t' 的计算可简化为：

$$P_t' = \frac{\lg\left(1 - \frac{Ii}{Y}\right)}{-\lg(1+i)} \tag{4-42}$$

将计算出的项目动态投资回收期 P_t' 与标准投资回收期 P_s 或行业平均投资回收期比较。当 $P_t' \leqslant P_s$ 时，表示项目在经济上可接受；反之，一般认为该项目不可取。

【例 4-13】 试对例 4-9 的项目用动态投资回收期进行评价。

解：根据已知条件，可以利用式（4-41），用计算表计算，见表 4-4。

表 4-4　动态投资回收期计算表　　单位：万元

年份	净现金流量	8%的折现系数	净现金流量现值	净现金流量现值累计值
0	−80	1.000	−80	−80.00
1	−20	0.926	−18.52	−98.52
2	20	0.857	17.14	−81.38
3	40	0.794	31.76	−49.62
4	40	0.735	29.40	−20.22
5	40	0.681	27.24	+7.02
6	40	0.630	25.20	+32.22
7	40	0.583	23.32	+55.54
8	40	0.540	21.60	+77.14

根据表 4-4 的计算结果，利用内插法，由公式（4-41）得：

$$P_t = 5 - 1 + \frac{20.22}{27.24} = 4.74$$

由于该项目现金流量在第二年以后均相同，即每年的净收益相同，因而也可利用式（4-42）计算。其计算过程如下。

以第二年为基准时点的总投资为

$$I = 80 \times (1+0.08)^2 + 20 \times (1+0.08) - 20 = 94.91 \text{（万元）}$$

由于第三年及其以后各年净收益相同，根据式（4-42）得：

$$P_t' = -\frac{\lg\left(1 - \frac{Ii}{Y}\right)}{\lg(1+i)} = -\frac{\lg\left(1 - \frac{94.91 \times 0.08}{40}\right)}{\lg(1+0.08)} = 2.74$$

所以，以建设开始为基准的投资回收期为 $2 + P_t' = 2 + 2.74 = 4.74$（年）

即该项目的动态投资回收期为 4.74 年，比前述的静态投资回收期 $P_t = 4.0$ 年略长，但仍满足 $P_t' < P_s = 5$，所以该项目在经济上是可接受的。

【例 4-14】 某企业需贷款兴建一化工项目，基建总投资（现值）为 800 万元，流动资金（现值）400 万元。投产后每年净收益为 250 万元，贷款年利率为 8%。试分别用静态投资回收期法和动态投资回收期法，对该项目进行评价（设基准投资回收期 $P_s=5$ 年）。

解： a. 静态法。根据题意，由式（4-29）得

$$P_t=\frac{I}{Y}=\frac{800+400}{250}=4.8\text{（年）}$$

b. 动态法。利用式（4-42）

$$P'_t=-\frac{\lg\left(1-\frac{Ii}{Y}\right)}{\lg(1+i)}=-\frac{\lg\left(1-\frac{1200\times 0.08}{250}\right)}{\lg(1+0.08)}=6.3\text{（年）}$$

以上计算表明，用静态投资回收期法评价时，因 $P_t<P_s$，该项目可接受；但用动态投资回收期法评价时，$P'_t>P_s$，则该项目一般不可取。

（2）动态追加投资回收期

动态投资回收期法可用于单一或独立方案的评价，以判别其在经济上是否可行。对于多个方案的比较和评价，与静态方法类似，用动态追加投资回收期法对两方案进行比较并选优。

动态追加投资回收期，是指在考虑资金时间价值的条件下，用投资额大的方案比投资额小的方案所节约的经营费用或增加的年净收益，来回收其多追加的投资额所需的时间，亦称为动态差额投资回收期。其计算式可由等额分付现值公式导出。

$$P'_{2/1}=\frac{\lg\Delta C-\lg(\Delta C-\Delta Ii)}{\lg(1+i)} \tag{4-43}$$

或

$$P'_{2/1}=\frac{\lg\Delta Y-\lg(\Delta Y-\Delta Ii)}{\lg(1+i)} \tag{4-44}$$

式中 $P'_{2/1}$——动态追加投资回收期；

ΔC——相比较方案的经营费用差额，$\Delta C=C_1-C_2$；

ΔI——相比较方案的投资差额，$\Delta I=I_2-I_1$ 且 $I_2>I_1$；

ΔY——相比较方案的净收益差额，$\Delta Y=Y_2-Y_1$ 且 $Y_2>Y_1$；

i——设定的利率。

将上述求出的动态追加投资回收期与基准或行业的平均投资回收期 P_s 相比较。如果 $P'_{2/1}\leqslant P_s$，表明该投资大、经营成本低或净收益高的方案 2 较方案 1 为优；否则，方案 1 较优。

在采用动态追加投资回收期与多方案评价时应注意，动态追加投资回收期 $P'_{2/1}$ 仅反映了两个对比方案相对的经济效益，并不能确认这两个方案本身在经济上是否可以接受。因此，通常是先用动态投资回收期 P'_t 判别多方案中的可行方案；然后在可行方案中，用动态追加投资回收期 $P'_{2/1}$ 进行比较和选择最优方案。动态追加投资回收期法主要用于互斥方案间的相互比较和选优。

【例 4-15】 试用动态追加投资回收期法，对例 4-10 中的两方案进行选优（设 $i=10\%$）。

解： 依据题意，知 $C_1=40$ 万元，$C_2=32$ 万元，$I_1=60$ 万元，$I_2=80$ 万元，$i=10\%$。代入式（4-43），得

$$P'_{2/1}=\frac{\lg\Delta C-\lg(\Delta C-\Delta Ii)}{\lg(1+i)}=\frac{\lg(40-32)-\lg[(40-32)-(80-60)\times 0.10]}{\lg(1+0.10)}=3.0$$

由于 $P'_{2/1}<P_s=5$，即方案2优于方案1。

(3) 动态投资回收期法的特点

① 优点　a. 与静态法相同，经济意义明确、直观。b. 由于考虑了资金的时间价值，计算方法科学、合理，所反映的项目风险性和盈利能力也更加真实、可靠，是对投资方案进行技术经济评价的重要指标。

② 缺点　a. 与静态投资回收期法相比，当年净收益各不相同时，计算方法和过程较为复杂。b. 没有反映投资收回以后项目的收益、项目使用年限和项目的期末残值等，不能全面地反映项目的经济效益。

静态投资回收期法和动态投资回收期法的评价标准相同，均应满足小于或等于 P_s。但前者的计算较简便，所以通常先快捷地计算静态投资回收期。在投资回收期不长的条件下，用静态法也可获得较可靠的结论。若静态投资回收期较长，这时动态投资回收期与静态投资回收期相差较大，应进一步计算动态投资回收期。

2. 动态投资效果系数法

动态投资效果系数，是指在考虑资金时间价值的条件下，按复利法计算出的项目净收益与总投资的比率，较真实地反映了单位投资额所能获得的收益，是项目的重要经济效益指标之一。

由于投资效果系数与投资回收期互为倒数关系，从而可直接由动态投资回收期计算式(4-42)导出。

$$E'=\frac{1}{P'_t}=\frac{\lg(1+i)}{\lg\left(1-\frac{Ii}{Y}\right)} \tag{4-45}$$

式中　E'——动态投资效果系数。

动态投资效果系数法的判别原则，与静态投资效果系数法相同。将 E' 与基准或行业的平均投资收益率 E_s 相比较，当 $E'\geqslant E_s$，则方案可接受；反之，一般不应采纳。动态投资效果系数法主要用于判别单一或独立方案是否可接受以及对盈利和风险程度的大致分析。

3. 净现值法和净现值比率法

(1) 净现值法

净现值法是动态评价方法中最重要的方法之一。它不仅考虑了资金的时间价值，也考虑了项目在整个寿命周期内收回投资后的经济效益状况，从而弥补了投资回收期法的缺陷，是更为全面、科学的技术经济评价方法。

① 净现值的概念及计算　净现值是指技术方案在整个寿命周期内，对每年发生的净现金流量，用一个规定的基准折现率 i_0，折算为基准时刻的现值，其总和称为该方案的净现值(NPV)。

$$NPV=\sum_{t=0}^{n}(CI-CO)_t(1+i_0)^{-t}=\sum_{t=0}^{n}CF(1+i_0)^{-t} \tag{4-46}$$

如果每年的净现金流量相等，投资方案只有初始投资 I，则净现值可用等额分付现值公式导出为：

$$NPV=CF\frac{(1+i_0)^n-1}{i_0(1+i_0)^n}-I=CF(P/A,i_0,n)-I \tag{4-47}$$

式中　NPV——净现值；

i_0——基准折现率；

CI——现金流入；

CO——现金流出；

CF——净现金流量；

n——项目方案的寿命周期。

其中，$(CI-CO)_t=CF_t$ 称为第 t 年的净现金流量；$(1+i_0)^{-t}$ 称为第 t 年的折现因子，$CF_t(1+i_0)^{-t}$ 叫做第 t 年的净现金流量现值。净现值的折算一般以投资开始为基准，一般按以下步骤进行计算。

a. 列表或作图标明整个寿命周期内逐年现金的流入和现金的流出，从而算出逐年的净现金流量；

b. 将各年的净现金流量乘以对应年份的折现因子，得出逐年的净现金流量的现值；

c. 将各年的净现金流量现值求和，即得该项目的净现值。

② 净现值的经济意义及应用　净现值是反映技术方案在整个寿命周期内获利能力的动态绝对值评价指标。对于投资者来说，投资的目的除了要收回全部投资外，主要是期望能获得额外的盈利。净现值 NPV 直观、明确地体现了投资的期望。所以，净现值是表示项目经济效益最重要的综合指标之一。

根据净现值的经济含义，可对项目进行判别。

a. 净现值大于零时，表明该方案的投资不仅能获得基准收益率所预定的经济效益，而且还能获得超过基准收益率的现值收益，说明该方案在经济上是可取的。净现值越大，表明获利能力越强。

b. 净现值等于零时，表明技术方案的经济收益刚好达到基准收益水平，说明在经济上是合理的，一般可取。

c. 净现值小于零时，表明方案的经济效益没有达到基准收益水平，说明方案一般不可取。

将净现值指标用于单方案评价时，如果 $NPV\geqslant 0$，方案通常可取；而用于多方案评价时，当各方案投资额的现值相等时，净现值最大的方案最优。因此，也可按净现值的大小对项目排队，优先考虑净现值大的项目。

【例 4-16】 某项目各年净现金流量如表 4-5 所示，试用净现值评价项目的经济性（设 $i=8\%$）。

表 4-5　某项目的现金流量　　单位：万元

项目 \ 年份	0	1	2	3	4～10
投资	40	700	150		
收入				670	1050
其他支出				450	670
净现金流量	−40	−700	−150	220	380

解：根据表 4-5 中的各年的净现金流量和公式（4-46），可计算净现值为：

$$
\begin{aligned}
NPV &= \sum_{t=0}^{n} CF_t(1+i_0)^{-t} \\
&= -40-700(P/F,8\%,1)-150(P/F,8\%,2)+ \\
&\quad 220(P/F,8\%,3)+380(P/A,8\%,7)(P/F,8\%,3) \\
&= -40-700\times\frac{1}{(1+0.08)}-150\frac{1}{(1+0.08)^2}+220\frac{1}{(1+0.08)^3}+ \\
&\quad 380\times\frac{(1+0.08)^7-1}{0.08(1+0.08)^7}\times\frac{1}{(1+0.08)^3} \\
&= 928.4\ (\text{万元})
\end{aligned}
$$

由于 $NPV>0$，所以项目在经济上是可行的。

③ 基准折现率的影响　从净现值公式可以看出，在项目现金流量一定的条件下，净现值的大小与基准折现率 i_0 密切相关，即

$$NPV=f(i_0)$$

用净现值指标评价和选择方案时，正确选择和确定折现率很重要，这关系到方案评价的正确性和合理确定项目的盈利水平。目前常用的折现率主要有行业财务基准收益率和社会折现率。

行业财务基准收益率，是项目财务评价时计算财务净现值的折现率，以此折现率计算的净现值，称为行业评价的财务净现值。行业财务基准收益率体现了行业内投资应获得的最低财务盈利水平。表 4-3 给出了我国制定的部分行业的财务基准收益率，供使用时参考。有的情况下，也可以投资贷款利率为参考，制定适宜的折现率。

社会折现率，是项目进行国民经济评价时计算经济净现值的折现率，以此折现率计算的净现值，称为国民经济评价的经济净现值。社会折现率反映了从国家角度对资金机会成本、资金时间价值以及对资金盈利能力的一种估量。目前我国一般将社会折现率取为 12%。

(2) 净现值比率法

用净现值评价投资项时，没有考虑其投资额的大小，因而不能直接反映资金的使用效率。为此，引入净现值比率作为净现值的辅助指标。

净现值比率，又称净现值率或净现值指数，它是指净现值与投资额的现值的比值。其计算公式：

$$NPVR=\frac{NPV}{I_P}=\frac{NPV}{\sum_{n=0}^{n} I_t \frac{1}{(1+i_0)^t}} \tag{4-48}$$

式中　$NPVR$——项目方案的净现值比率；

I_P——项目方案的总投资现值；

I_t——项目方案第 t 年的投资。

其余符号意义与式 (4-46) 相同。

净现值比率反映了方案的相对经济效益，即反映了资金的使用效率，它表示单位投资现值所产生的净现值，也就是单位投资现值所获得的超额净效益。

用净现值比率评价方案时：当 $NPVR\geqslant 0$ 时，表示方案可行；当 $NPVR<0$ 时，方案一般不可行。用净现值比率进行方案比较时，以净现值较大的方案为优。

【例 4-17】 设有 A、B 两种方案，它们的各自初始投资额和各年净收益如表 4-6 所列，如果折现率 $i_0=0.1$，试分别用净现值和净现值比率比较方案的优劣。

表 4-6 例 4-17 的已知条件

方案	初始投资/万元	年净收益/万元				
		第 1 年	第 2 年	第 3 年	第 4 年	第 5 年
A	1000	290	290	290	290	290
B	500	150	150	150	150	150

解：用净现值

$$NPV(\mathrm{A})=290\times(P/A,0.1,5)-1000=290\times\frac{(1+0.1)^5-1}{0.1\times(1+0.1)^5}-1000$$

$$=290\times3.7908-1000=99.33\ (\text{万元})$$

$$NPV(\mathrm{B})=150\times(P/A,0.1,5)-500=68.62\ (\text{万元})$$

因为 $NPV(\mathrm{A})>NPV(\mathrm{B})$，故从净现值大小看，方案 A 较优。

用净现值比率

$$NPVR(\mathrm{A})=\frac{NPV(\mathrm{A})}{I_{\mathrm{P}}(\mathrm{A})}=\frac{99.33}{1000}=0.09933$$

$$NPVR(\mathrm{B})=\frac{NPV(\mathrm{B})}{I_{\mathrm{P}}(\mathrm{B})}=\frac{68.62}{500}=0.1372$$

因 $NPV(\mathrm{B})>NPV(\mathrm{A})$，故方案 B 较优。

计算结果表明，两种方法对方案的比较结果截然不同。但认真分析表 4-6 中的数据可知，方案 A 的投资是方案 B 的两倍，而其年净收益现值却不到方案 B 的两倍。根据净现值比率的含义，方案 B 除确保投资得到 10％的基准收益率或偿还贷款利息外，每万元还带来 0.1372 万元的额外经济收益（现值）。而方案 A 仅能带来 0.09933 万元的额外经济收益。实际上，方案 B 优于方案 A。

因此，在进行多方案比较时，有时不能简单地根据净现值的大小来优选。因为净现值只反映了盈利额的多少，并没有指出这种盈利额所花费的投资额，也就是说没有直接反映资金的利用效率。因而，净现值大的方案不一定是经济效果最好的方案。只用净现值指标来评价方案的效益，对投资额大的方案有利，而可能忽略投资额较小、经济效益好的方案。因此，在用净现值评价方案时，还应同时计算净现值比率作为辅助评价指标。尤其是两方案的投资额相差较大时，净现值比率指标在优选方案时更显重要。

(3) 净现值法的特点

① 经济概念清晰、直观、容易理解。

② 不仅考虑了资金的时间价值，而且计算了项目整个寿命周期的现金流量，因而较全面地反映了项目方案的经济效益状况。

③ 评价多方案时，可初选净现值最大的方案较优，但还应计算净现值比率指标，才能正确地反映资金的使用效率，选出效益最优的方案。

④ 用净现值和净现值率评价和比较方案时，各方案的寿命周期应基本相同，才能满足可比性。对不同寿命周期方案的比较，应采用适宜的方式将其寿命周期转换或折算成相同年限。

4. 年值法

当用净现值法比较和评价方案时，如果方案的寿命周期不同，需要转换成相同的年限，其过程较为烦琐。有的情况下，这种年限的处理结果不合理，难以正确地进行方案的比较。

因此，经常采用年值法来解决此类问题。

年值法是将项目方案在寿命周期内不同时间点发生的所有现金流量，均按设定的折现率换算为与其等值的等额分付年金。由于都换算为一年内的现金流量，而且各年现金流量相等，满足时间可比较性，从而可对方案进行评价、比较和选优。年值法一般可分为净年值法和年费用法两种。

(1) 净年值法

净年值是指将方案寿命期内逐年的现金流量换算成均匀的年金系列，就是换算成等额净年金。净年值的计算公式为：

$$NAV=NPV(A/P,i,n)=\left[\sum_{t=0}^{n}CF_t(1+i_0)^{-t}\right]\left[\frac{i_0(1+i_0)^n}{(1+i_0)^n-1}\right] \tag{4-49}$$

当方案只有初始投资 I，每年等额净收益为 CF，而方案寿命周期结束时的残值为 F 时，上式可简化为

$$NAV=CF+F(A/F,i_0,n)-I(A/P,i_0,n) \tag{4-50}$$

用净年值法来评价对比方案时，一般是以净年均值为标准，故也称为净年均值法。

项目方案的净年值 $NAV\geqslant0$，表明方案可行；当 $NAV<0$，则方案一般不可接受。在比较多方案时，因为净年值的大小体现了方案在寿命周期内每年除了能获得设定收益率的收益外，所获得的等额超额收益。所以，净年值法对于寿命不相等的各个方案进行比较和选择，是最便捷的方法。

【例 4-18】 某化工企业拟建一套生产装置，现提出两种方案，有关的经济情况列于表 4-7。如果选样 $i_0=12\%$，试比较和选择两方案。

表 4-7　例 4-18 的已知条件

方案	初始投资/万元	年收益/万元	寿命期/年
A	400	150	13
B	300	100	15

解：用净年值指标选择方案，因投资方案仅有初始投资 I，故根据式（4-50）

$$NAV(\text{A})=150-400(A/P,0.12,13)=150-400\times\frac{0.12\times(1+0.12)^{13}}{(1+0.12)^{13}-1}=87.73\ (\text{万元})$$

$$NAV(\text{B})=100-300(A/P,0.12,15)=100-300\times0.1468=55.96\ (\text{万元})$$

$NAV(\text{A})>NAV(\text{B})$，故方案 A 优于方案 B。

在上例中，两方案的寿命周期不同。如果用以前介绍的净现值法，就需将计算期扩大到两方案寿命 13 年和 15 年的最小公倍数 13×15=195 年。在这样条件下计算出的结果很难保证有实际意义。而采用净年值法，在对寿命期不同的多方案比较时，则避免了净现值法的不足。这是净年值法较其他评价方法独特的优点。

(2) 年费用法

在对多个方案进行比较和评价时，如果各方案只有费用的差异，而产出效果相同，或者满足相同需要的程度基本相同，但其效益难以用价值形态计量（如教育、卫生保健、环境保护、国防等），可采用年费用法。

年费用法也称年费用比较法，是按设定的收益率将各方案寿命周期内、不同时间点发生的所有支出费用换算为与其等值的等额分付序列年费用，从而以此年费用比较、评价和选择

方案。其计算式为：

$$AC=PC(A/P,i_0,n)=\left[\sum_{t=0}^{n}CO_t(P/F,i_0,t)\right](A/P,i_0,n) \quad (4\text{-}51)$$

式中 AC——年费用或费用年值；

CO_t——第 t 年现金流出；

PC——费用现值。

其他符号意义与式（4-46）相同。

年费用通常只用于多方案的比较和选择，其评判准则是：年费用或费用现值最小者为最优方案。

【例 4-19】 某拟订项目有三个方案可供选择，它们都满足同样的需求，其费用如表 4-8 所示。在基准折现率 $i_0=8\%$的条件下，试用年费用法和费用现值法选择最优方案。

表 4-8 三个方案的费用情况 单位：万元

方案	总投资(第 0 年)	年运营费用(第 1 年至第 10 年末)
A	200	60
B	250	50
C	300	30

解：依据题意和式（4-51），各方案的费用现值为：

$$PC_A=200+60\times\frac{(1+0.08)^{10}-1}{0.08(1+0.08)^{10}}=602.6\text{（万元）}$$

$$PC_A=250+50\times\frac{(1+0.08)^{10}-1}{0.08(1+0.08)^{10}}=585.5\text{（万元）}$$

$$PC_A=300+30\times\frac{(1+0.08)^{10}-1}{0.08(1+0.08)^{10}}=501.3\text{（万元）}$$

可进一步计算各方案的年费用为：

$$AC_A=602.6\times\frac{0.08(1+0.08)^{10}}{(1+0.08)^{10}-1}=89.81\text{（万元）}$$

$$AC_B=585.5\times\frac{0.08(1+0.08)^{10}}{(1+0.08)^{10}-1}=87.26\text{（万元）}$$

$$AC_C=501.3\times\frac{0.08(1+0.08)^{10}}{(1+0.08)^{10}-1}=13.00\text{（万元）}$$

根据选优准则，费用现值和年费用的计算结果都表明，方案 C 最优，方案 B 其次，方案 A 最差。

费用现值与年费用的关系，类似于前述净现值与净年值的情况，两者是等效评价指标，但各有其计算特点及适用范围。

5. 内部收益率法

内部收益率，也称为内部报酬率。在技术经济评价方法中，除净现值法以外，内部收益率法是另一种最为重要的动态评价方法。

（1）内部收益率的概念

对于任何一项技术方案，在寿命周期内，其净现值通常随着折现率的增大而减小。当折现率增大到某一特定的数值 $i_0=IRR$ 时，净现值 $NPV=0$。这种使技术方案净现值为零时

的折现率 IRR，称为该技术方案的内部收益率。内部收益率的表达式如下：

$$\sum_{t=0}^{n} CF_t(1+IRR)^{-t}=0 \tag{4-52}$$

如果投资现值为 I，投产以后每年都取得相等的年净收益 CF，内部收益率 IRR 只可如下计算：

$$CF(P/A,IRR,n)=I \tag{4-53}$$

将计算得到的内部收益率 IRR 与项目的基准收益率 i_0 相比较。当 $IRR \geqslant i_0$ 时，则表示项目方案的收益率已超过或者达到基本的或通常的水平；若 $IRR < i_0$，表明项目方案的收益率未达到设定的收益水平，不应接受。

内部收益率反映技术方案在该收益率的条件下，整个寿命周期内的净收益刚够补偿全部投资的本息。因而，内部收益率表示技术方案可能承受的最高贷款利率。当 IRR 等于或大于基准收益率 i_0 时，说明该方案的净收益达到或超过最低的要求。因此，内部收益率也可以理解为投资项目对占用资金的一种回收能力，其值越高，经济效益越好。

（2）内部收益率的计算及方案评价

由于式（4-52）是一个高次方程，难以直接求解，常采用试差法求得 IRR 的值。一般的计算程序是：先假设一个初值 i 代入式（4-52），当净现值即式（4-52）的左边为正时，增大 i 值；如果净现值为负，则减少 i 值。直到净现值等于零，这时的折现率即为所求的内部收益率 IRR。

常采用的试差法有手算试差法和计算机迭代法两类。

① 手算试差法　先给定一初值 i 试算，直到两个相连折现率 i_1 和 i_2 之差不超过 2%～5%，且 i_1 和 i_2 所对应的净现值 NPV_1 和 NPV_2 分别为正和负，可以用以下公式计算 IRR。

$$\frac{IRR-i_1}{i_2-i_1}=\frac{|NPV_1|}{|NPV_1|+|NPV_2|} \tag{4-54}$$

即

$$IRR=i_1+\frac{|NPV_1|}{|NPV_1|+|NPV_2|}(i_2-i_1) \tag{4-55}$$

② 计算机迭代法　用计算机试差求内部收益率更快捷、准确，通常采用牛顿迭代法（如图 4-16 所示）。其迭代公式为：

$$X_{K+1}=X_K-\frac{F(X_K)}{F'(X_K)} \tag{4-56}$$

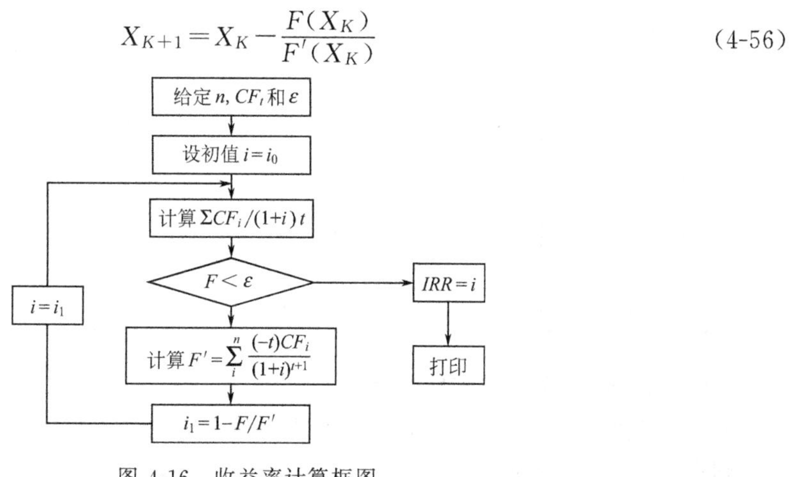

图 4-16　收益率计算框图

【例 4-20】 某技术方案在其寿命周期（$n=7$ 年）内各年的净收入列于表 4-9 中。试求该方案的内部收益率。

解：用试差法计算基本步骤为

a. 先假设一折现率 i，计算出各年的折现系数 $1/(1+i)^t$

b. 计算出各年的现值

$$NPV_t = CF_t \frac{1}{(1+i)^t}$$

c. 将各年的现值加和而得到净现值

$$NPV = \sum NPV_t$$

d. 如果计算出的 NPV 大于零，则增大原假设的折现率 I 再从头计算，一直到新的折现率 i_2 使 NPV_2 小于零。前一个折现率为 i_1，净现值为 $NPV_1>0$。

e. 代入式（4-55），计算出内部收益率 IRR。

对本例，设 $i=14\%$时，各年的折现系数及现值分别为

第一年：折现系数$=\frac{1}{(1+0.14)}=0.887$　现值$=-1000\times0.887=-887$

第二年：折现系数$=\frac{1}{(1+0.14)(1+0.14)}=0.769$　现值$=200\times0.769=154$

…… …… …… ……

各年的折现系数、现值列于表 4-9 的第三、四列中，将各年的现值加和，得：

$$NPV_1 = \cdots 887 + 154 + \cdots = 25.0(\text{万元}) > 0$$

又设 $i=15\%$，此时也可算出各年的折现系数、现值等，相应的净现值 $NPV_2=-3.0$ 万元<0，如表 4-9 的第五、六列所示。以上表明，使 $NPV=0$ 的 IRR 一定位于 14%～15% 之间。用插值公式（4-55）计算：

$$IRR = i_1 + \frac{|NPV_1|}{|NPV_1|+|NPV_2|}(i_2-i_1) = 0.14 + \frac{25.0}{|25.0|+|-3.0|}(0.15-0.14)$$

$$=0.149=14.9\%$$

表 4-9　例 4-20 的计算表

年份	各年净收入	折现率 $i_1=14\%$		折现率 $i_2=15\%$	
	CF_t/万元	折现系数$\frac{1}{(1+i)^t}$	现值 NPV_t/万元	折现系数$\frac{1}{(1+i)^t}$	现值 NPV_t/万元
1	−1000	0.877	−877	0.870	−870
2	200	0.769	154	0.756	151
3	250	0.675	169	0.658	165
4	310	0.592	184	0.572	177
5	290	0.519	151	0.497	144
6	280	0.456	128	0.432	121
7	290	0.400	116	0.376	109
净现值 NPV		$NPV_1=25.0$		$NPV_2=-3.0$	

（3）内部收益率方程多解的问题

内部收益率方程式（4-52）是一元高次方程。为清楚起见，令 $(1+IRR)^{-1}=X$，$CF_t=a_t$，则式（4-52）可变为：

$$a_0+a_1X+a_2X^2+\cdots+a_nX^n=0$$

即上式为 n 次方程，n 次方程有 n 个复数根，其正数根的个数可能不止一个，可能出现多个解的情况，也可能出现无解。

内部收益率方程有、无解，或出现多解，与项目现金流量的变化状况有关，一般有如下几种情况。

① 净现金流量序列的正负号变化一次，故只有一个正实数根。如例 4-20 中的净现金流量，见表 4-9。这类项目称为常规项目，内部收益率可得到有物理意义的唯一解。

② 净现金流量序列都是正值或负值，净现值曲线与水平轴不相交，内部收益率无解。这种情况极少出现。这是非常规项目的一种，不适宜用内部收益率法评价。

③ 净现金流量序列正负号变化一次以上，内部收益率仅有一个正实数根。例如表 4-10 中的方案 A，其净现金流量正负号变化三次，从而内部收益率计算式可解出三个实数根分别为：$r_1=0.1297$，$r_2=-2.30$，$r_3=-1.42$。作为内部收益率方程的解，负数无实际经济意义，只有实根正数 r_1 可能为内部收益。

④ 现金流量序列正负号变化一次以上，内部收益率方程有多个正实数根。例如表 4-10 中的方案 B，其中现金流量变化三次，经计算求出三个正实数根分别为：$r_1=0.20$，$r_2=0.50$，$r_3=1.0$，如图 4-17 所示。这三个正实数根是否都是内部收益率，或者某些是内部收益率？这需要依据内部收益率的经济含义对这些根进行分析才能确定。

表 4-10　具有不同实数根的两个方案净现金流量

方案	年份					
	0	1	2	3	4	5
A	−100	60	50	−200	150	100
B	−100	470	−720	360	0	0

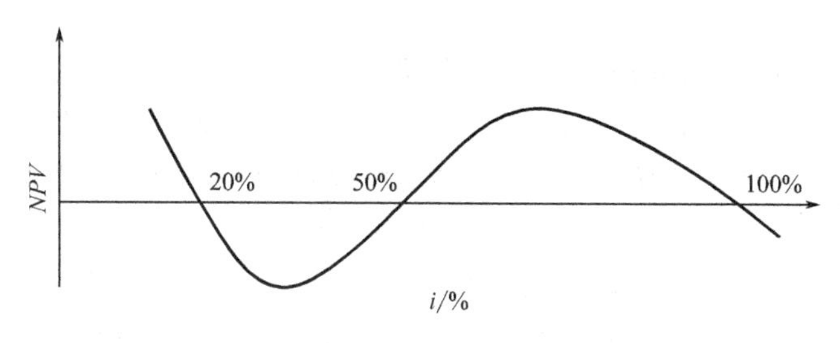

图 4-17　方案 B 的净现金流量曲线

对于多解时，判别或检验方程的根是否为内部收益率的法则为：

在现率（实根）条件下，项目寿命期内是否始终存在未被收回的投资，且只有在寿命周期末才完全收回。

依据上述法则，对表 4-10 中的方案 A 进行判别，计算在 $r_1=0.1297=12.97\%$ 条件下的净现金流量现值及其累计值，即资金回收状况，见表 4-11。

表 4-11　方案 A 的净现金流量现值及其累计值　　单位：万元

年　份	0	1	2	3	4	5
净现金流量	−100	60	50	−200	150	100
净现金流量现值	−100	53.1	39.2	−138.7	92.1	54.3
净现金流量累计值	−100	−46.9	−7.7	−146.4	−54.3	0

从表 4-11 可见，各年的净现金现值累计值在第 5 年刚好为零，即收回投资外，其余各年的累计值均为负，即均有未收回的投资余额。所以，方案 A 的解 $r_1=0.1297$ 是内部收益率。

依据上述判别法则，对方案 B 的三个正实根分别进行检验，可知它们均不符合内部收益率的经济意义，所以那不是方案 B 的内部收益率。

（4）差额投资内部收益率的概念及计算

差额投资内部收益率，又称为追加投资内部收益率或增量投资内部收益率，是两个方案净现值差额为零时的折现率。其计算式为：

$$\sum_{t=0}^{n}(CF_{t2}-CF_{t1})(1+\Delta IRR_{2/1})=0 \tag{4-57}$$

如果方案各年的净收益相同，式（4-57）可简化为

$$\Delta CF(P/A,\Delta IRR_{2/1},n)-\Delta I=0 \tag{4-58}$$

式中　CF_{t2}——投资额大的方案第 t 年的净现金流量；

CF_{t1}——投资额小的方案第 t 年的净现金流量；

$\Delta IRR_{2/1}$——差额投资内部收益率。

$$\Delta CF=CF_2-CF_1$$

$$\Delta I=I_2-I_1$$

由上式可导出：

$$NPV_2-NPV_1=0$$

即

$$NPV_2=NPV_1$$

因此，差额投资内部收益率也是两方案净现值相等时的内部收益率。式（4-57）也是一个高次方程，所以，求解差额投资内部收益率 $\Delta IRR_{2/1}$ 的方法与上述介绍的求解内部收益率 IRR 的方法相同。

（5）差额投资内部收益率用于多方案评价

设有两个技术方案，它们的内部收益率 i_1 和 i_2 均大于基准收益率 i_0，方案 2 的投资额比方案 1 的投资额大。如果 $\Delta IRR_{2/1}>i_0$，则表明投资额大的第 2 方案优于第 1 方案；如果 $\Delta IRR_{2/1}<i_0$，则表明投资额小的第 1 方案优于第 2 方案。

当用于多方案评选时，首先，从所有可供考虑的方案中选出 $IRR\geqslant i_0$ 的方案。然后，对选出的方案，按初始投资额多少从小到大的顺序排列，从投资额最小的方案开始，与后一个投资额较大的方案进行比较，即计算前后两方案的差额投资内部收益率 $\Delta IRR_{j+1/j}$，如果 $\Delta IRR_{j+1/j}>i_0$，则选择投资额较大的方案；反之，则选择投资额较小的方案。将选出的方案再与后一个投资额较大的方案比较，计算出它们的 $\Delta IRR_{j+1/j}$。按上述方式顺次比较，直到选出最优方案为止。

应当注意，用差额投资内部收益率法比较和评选方案时，相比较的方案必须具有相同的寿命周期，即相同的计算期，这样才能保证方案的时间可比性。差额投资内部收益率也只能体现两个对比方案的相对经济能力或经济效益。这些对比的方案在经济上是否可以接受，应用内部收益率判别。

【例 4-21】 某化工厂拟处理生产中排放的废水并回收其中的有用成分，有如下三种技术方案可供选择（如表 4-12）。设基准折现率为 11.0%，方案寿命周期均是 5 年。试比较并选优。

表 4-12　例 4-21 的已知条件表

技术方案	1	2	3
投资/万元	500	1000	1300
年净收益/万元	150	290	370

解：

① 三种技术方案每年的净收益相同，根据式（4-58），各方案的内部收益率可计算如下。

方案 1：

$$150/(P/A,IRR_1,5)=0$$

即
$$150\times\frac{(1+i_1)^5-1}{(1+i_1)^5}-500=0$$

$i_1=0.15$，$NPV_1=2.83$

$i_2=0.16$，$NPV_2=-8.86$

所以

$$IRR_1=0.15+\frac{|2.83|}{|2.83|-|-8.86|}\times(0.16-0.15)=0.1524=15.24\%>11.0\%$$

方案 1 的投资内部收益率大于基准收益率，故方案 1 可行。

方案 2： $290(P/A,IRR_2,5)-1000=0$

用与方案 1 同样的试差法和插值公式解得：

$$IRR_2=13.82\%>11.0\%$$

故方案 2 也是可行的。

方案 3：
$$370(P/A,IRR_3,5)-1300=0$$

解得：
$$IRR_3=13.04\%>11.0\%$$

方案 3 也是可行的，并且

$$IRR_1>IRR_2>IRR_3$$

② 尽管上述表明三种方案都是可行的，但它们的投资额不同，有的甚至相差较大，应计算差额投资内部收益率。

方案 2 与方案 1 相比较：

$$\Delta CF(P/A,\Delta IRR_{2/1},5)-\Delta I=0$$

即
$$(290-150)(P/A,\Delta IRR_{2/1},5)-(100-500)=0$$

$$140(P/A,\Delta IRR_{2/1},5)-500=0$$

用试差法解得：

$$\Delta IRR_{2/1}=12.38\%>11.0\%$$

说明投资额大的方案 2 优于方案 1，故取方案 2。

方案 3 与方案 2 比较：

$$(370-290)(P/A,\Delta IRR_{2/1},5)-(1300-100)=0$$

即
$$80(P/A,\Delta IRR_{3/2},5)-300=0$$

解得：

$$\Delta IRR_{3/2}=10.43\%<11.0\%$$

此差额投资内部收益率小于基准收益率，应选择方案 2。所以，方案 2 是最优方案。

需要注意的是，当用 NPV 和 IRR 对多方案进行评价和选优时，可能出现矛盾的情况，即 $NPV_1>NPV_2$，$IRR_1<IRR_2$。由于相比较方案的投资额不同，应用差额投资内部收益率 ΔIRR 来比较，其与用净现值大小比较、选优的结果一致。

但对例 4-21，因为：$IRR_1>IRR_2>IRR_3$，若依据内部收益率大小选优，应认为方案 1 为最优方案。但它们的净现值分别为：

$$NPV_1=150\times\frac{(1+0.11)^5-1}{0.11(1+0.11)^5}-500=54.4\text{（万元）}$$

$$NPV_2=290\times\frac{(1+0.11)^5-1}{0.11(1+0.11)^5}-1000=71.8\text{（万元）}$$

$$NPV_3=370\times\frac{(1+0.11)^5-1}{0.11(1+0.11)^5}-100=17.5\text{（万元）}$$

可见，$NPV_2>NPV_3>NPV_1$，方案 2 为最优，这与用差额投资内部收益率选优的结果吻合，但却与内部收益率法的选优结果不一致。所以，内部收益率一般不作为方案比较和选优的指标，即不能以内部收益率大小排序，来判别各方案的优劣。

思考题及习题

4-1. 进行技术经济评价时为什么要遵循可比性原则？可比性原则包括哪些方面？

4-2. 要满足需要可比性，应在哪些方面做到可比？如果存在不可比因素，有什么方法进行修正？

4-3. 在技术经济分析中，对不可比价格进行可比性修正的方法有哪些？它们的适用对象和特点是什么？

4-4. 什么是资金的时间价值？任何资金都具有时间价值吗？为什么？

4-5. 如何衡量资金的时间价值？这些方法各有何特点？

4-6. 单利和复利有何不同？化工技术经济分析中常用哪一种计算方式？

4-7. 名义利率与实际利率的含义是什么？它们之间有什么联系？

4-8. 试述现金流量的含义及构成。技术经济分析中的现金流入、流出与财会学中的收支有什么区别？

4-9. 什么是现金流量图？绘制现金流量图有哪些规定？

4-10. 简述资金等效值的含义。影响资金等效值的要素有哪些？

4-11. 资金等效值计算有哪些类型？各有什么特点？

4-12. 某化工企业拟向国外银行商业贷款 1500 万美元，5 年后一次性还清。现有一家美国银行可按年利率 17%贷出，按年计息。另有一家日本银行愿按年利率 16%贷出，按月计息。问该企业从哪家银行贷款较合算？

4-13. 一化工企业年初从银行贷款 120 万元，并计划从第二年开始，每年年末偿还 25 万元。已知银行利率为 6%，问该企业在第几年时，才能还完这笔贷款？

4-14. 某化工企业拟购买一套分析检测设备，若贷款一次付清，需 10 万元；若分 3 年，每年年末付款 4 万元，则共付款 12 万元。如果利率为 10%，选择哪种支付方式经济上更有利？

4-15. 一化工企业计划5年后更新一台设备，预计那时新设备的售价为8万元，若银行利率为10%，试求：

（1）从现在开始，企业每年应等额存入多少钱，5年后才能够买一台新设备？

（2）现在企业应一次性存入多少钱，5年后刚够买一台新设备？

4-16. 现在市场上新出现一种性能更好的高压泵，售价为5.4万元。如果用该新型的高压泵取代现有的同类设备，估计每年可增加收益2万元，使用期为7年，期末残值为0。若预期年利率为10%，现用的老式设备的现在残值为0.4万元。问从经济上看，能否购买新设备取代现有设备？

4-17. 某工厂拟更换一台设备，其新增的收益额第一年为10000元，以后连续5年，因设备磨损、维护费用增大，使年收益逐年下降，设每年收益下降额均为300元，年利率为10%，试求该设备5年的收益现值。

4-18. 在题4-17中，若每年的收益均比上一年降低8%，试求在其他相同条件下，该设备5年的收益现值。

4-19. 什么是静态评价方法？静态评价方法有什么特点？常用的有哪些静态评价指标？

4-20. 静态投资回收期的经济含义是什么？它有何优点和不足？

4-21. 静态投资效果系数的经济含义是什么？它包括哪几项具体的指标？这些指标各有何含义，如何计算？

4-22. 当对多个方案进行比较和评价时，有哪些静态评价指标或方法可以采用，用这些指标评判多方案优劣的准则是什么？

4-23. 与静态评价方法相比，动态评价方法有何特点？它包括哪些常用的方法或指标？

4-24. 试简述动态投资回收期法和动态投资效果系数法的含义。当用于多方案比较和选择时，应采用相应的何种指标？

4-25. 净现值的含义是什么？为什么说净现值弥补了动态投资回收期的不足？用净现值对项目进行判别的准则是什么？

4-26. 将净现值用于多方案比较和评价时，这些方案应满足什么条件才具有可比较性？

4-27. 将净现值的概念用于比较和评价投资额不同的两个或两个以上方案时，可采用何指标？该指标的经济含义是什么？

4-28. 与净现值法相比较，年值法有何优点？年值法包括哪两种具体方法？如何用这些方法评价项目？

4-29. 内部收益率的经济含义是什么？如何用于方案的评价？

4-30. 当用内部收益率方程求解项目的内部收益率时，是否求出的解一定是项目的内部收益率？如何判别？

4-31. 将内部收益率概念用于多方案比较时，能否以各方案的内部收益率大小判别方案的优劣？应该用什么指标或方法？

4-32. 为了更准确地控制和调节反应器的温度，提高产率，有人建议采用一套自动控制调节设备。该套设备的购置及安装费用为5万元，使用寿命为10年，每年维修费为2万元。采用此设备后，因产率提高，每年增加净收入为1万元。设折现率为10%，试计算此项投资方案的静态和动态投资回收期，以及内部收益率。

4-33. 某项目有两个可供选择的方案。方案A应用一般技术，投资额为4000万元，年均经营成本为2000万元；方案B应用先进技术，投资额为6500万元，年均经营成本为

1500 万元。设折现率为 10%，基准投资回收期为 6 年。试用动态差额投资回收期法计算差额投资回收期，并选择最佳方案。

4-34. 某项目建设期为 2 年，第一年初和第二年初分别投资 1500 万元和 2200 万元。固定资产投资全部为银行贷款，年利率 8%。项目寿命周期估计为 20 年，开始生产的第一年即达到设计能力 1.3 万吨/年，总成本费用 2250 万元。增值税率为 14%（设已经扣除进项税部分）。产品售价为 2500 元/吨，项目流动资金 750 万元。如果项目的全部注册资金为 1500 万元，试计算该项目的投资利润率、投资利税率和资本金利润率。

4-35. 购买某台设备需 8000 元，若每年净收益为 1260 元，忽略设备残值，试求：

（1）若使用 8 年后报废，其内部收益率为多少？

（2）若希望内部收益率为 10%，则该设备至少应使用多少年才值得购买？

4-36. 某工程项目设计方案的现金流量如表 4-13 所示。设基准收益率为 10%，要求：

（1）画出现金流量图；

（2）计算该方案的净现值、净现值比率；

（3）计算该方案的内部收益率；

（4）若基准投资回收期 $P_s=4$，试判断该方案是否可行。

表 4-13 设计方案现金流量图 单位：万元

年份	0	1	2	3	4	5
年收入	0	5	25	100	100	100
年支出	−100	−20	−5	−5	−5	−5

4-37. 现有 A、B 两套方案，其现金流量如表 4-14 所列，设 $i_0=12\%$，$P_s=3$ 年。试分别求 A、B 方案的如下内容：

（1）净现值；

（2）静态和动态投资回收期；

（3）内部收益率，并判断方案是否可行。

表 4-14 A、B 方案现金流量 单位：元

年份	0	1	2	3	4	5
方案 A	−10000	5000	5000	5000	5000	5000
方案 B	−1000	100	200	300	400	500

第五章　化工项目财务分析与评价

学习目标

能根据国家现行财税制度、价格体系和我国对建设项目经济评价工作的有关规定，从项目的财务角度，分析计算项目的直接效益和直接费用，编制财务报表，并据此分析项目的盈利能力、偿债能力、财务生存能力及风险。考察项目在财务上的可行性，为投资决策提供科学的依据。

化工项目财务分析与评价，是化工项目决策分析与评价中为判定项目财务可行性所进行的一项重要的工作，是化工项目经济评价的重要组成部分，也为化工项目投融资决策提供了重要的依据。

第一节　概　　述

一、财务分析与评价的含义

化工项目财务分析与评价是在现行会计准则、会计制度、税收法规和价格体系下，通过财务效益与费用的预测，编制财务报表，计算评价指标，对化学工业领域的建设项目进行财务盈利能力分析、偿债能力分析、财务生存能力分析，以及不确定性分析和风险分析，判断项目的财务可行性，明确项目对财务主体的价值以及对投资者的贡献，为投资决策、融资决策以及银行审贷提供依据。

二、财务分析与评价的作用

① 是项目决策分析与评价的重要组成部分。在化工项目的决策分析与评价的各个阶段中，无论是机会研究、项目建议书、初步可行性研究还是可行性研究，财务分析与评价都是其中的重要组成部分。

② 是投资决策的重要依据。财务分析与评价中的盈利能力分析结论是投资决策的基本依据，其中项目资本金盈利能力分析结论也是融资决策的依据；偿债能力分析结论不仅是债权人决策贷款与否的依据，也是投资人确定融资方案的重要依据。

③ 在项目和方案比选中起着重要的作用。项目决策分析与评价的精髓是方案比选。在规模、技术、工程等方面都必须通过方案比选予以优化，财务分析与评价的结果是方案比选的重要依据。

④ 财务分析与评价中的财务生存能力分析对项目，特别是非经营性项目的财务可持续性的考察起着重要的作用。

三、财务分析与评价的内容

① 在明确项目评价范围的基础上，根据项目性质和融资方式选取适宜的方法。

② 选取必要的基础数据进行财务效益与费用的估算，包括营业收入、成本费用估算和相关税金估算等，同时编制相关辅助报表。以上内容是在为财务分析进行准备，也称财务分析基础数据与参数的确定、估算与分析。

③ 进行财务分析，即编制财务分析报表和计算财务分析指标。进行盈利能力、偿债能力和财务生存能力分析。

④ 在对初步设定的建设方案进行财务分析后，还应进行不确定性分析（包括盈亏平衡分析和敏感性分析）和风险分析（本章重点介绍概率分析）。常常需要将财务分析的结果反馈，优化原先设定的建设方案，有时甚至会对原方案做较大的调整。

四、财务分析与评价的步骤

财务分析的步骤以及各部分的关系，包括财务分析与投资估算和融资方案的关系，见图 5-1。

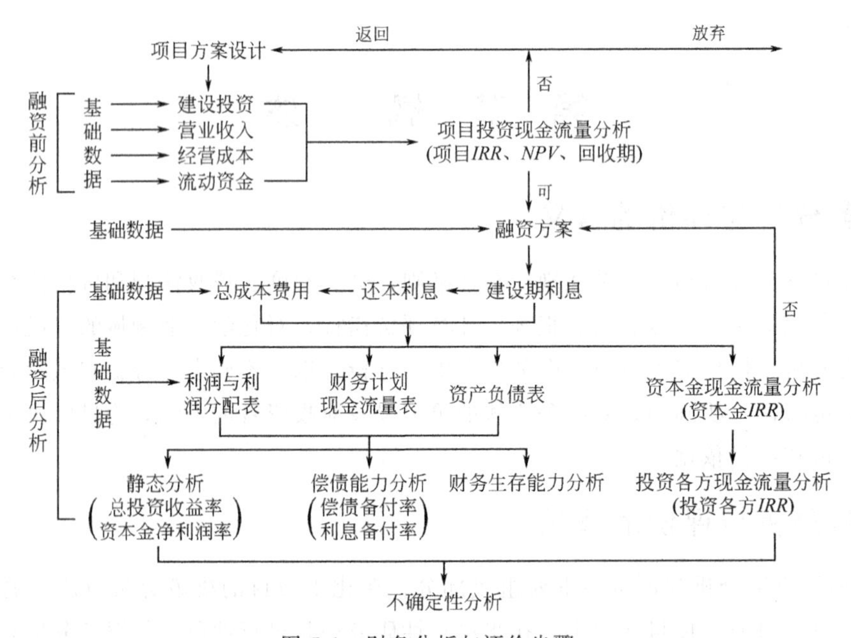

图 5-1　财务分析与评价步骤

如图 5-1 所示，项目财务分析与评价可分为融资前分析和融资后分析。融资前分析是指在考虑融资方案前，即不考虑债务融资条件下进行的财务分析。融资后分析是指以设定的融资方案为基础进行的财务分析。在项目决策中，一般先进行融资前分析，在融资前分析结论满足要求的情况下，初步设定融资方案，再进行融资后分析。

融资前分析只进行盈利能力分析，并以项目投资折现现金流量分析为主，计算项目投资内部收益率和项目净现值指标，也可计算投资回收期指标（静态）。融资后分析主要是针对项目资本金折现现金流量和投资各方折现现金流量进行分析。包括项目的盈利能力分析、偿债能力分析和财务生存能力分析，进而判断项目方案在融资条件下的合理性。融资后分析是比选融资方案，进行融资决策和投资者最终决定出资的依据。可行性研究阶段必须进行融资后分析，但只是阶段性的。实践中，在可行性研究报告完成之后，还需要进一步深化融资后分析，才能完成最终融资决策。

第二节　财务盈利能力分析

财务盈利能力分析是化工项目财务分析与评价的重要组成部分，包括现金流量分析（动态分析）和静态分析。按先后顺序分又可分为融资前分析和融资后分析。

一、融资前盈利能力分析

融资前盈利能力分析，又称项目投资现金流量分析或全部投资现金流量分析。它是在不考虑债务融资条件下进行的融资前分析（before funding），是从项目投资总获利能力的角度，考察项目方案设计的合理性。其分析结论可满足方案必选和初步投资决策的需要，也是设定初步融资方案的基础。

1. 融资前盈利能力分析依据的报表

融资前盈利能力分析主要依据的财务报表是项目投资现金流量表（表5-1）。

表5-1　项目投资现金流量表　　单位：万元

序号	项　　目	合计	计　算　期			
			1	2	……	n
1	现金流入					
1.1	营业收入					
1.2	补贴收入					
1.3	回收固定资产余值					
1.4	回收流动资金					
2	现金流出					
2.1	建设投资					
2.2	流动资金					
2.3	经营成本					
2.4	营业税金及附加					
2.5	维持运营投资					
3	所得税前净现金流量(1－2)					
4	累计所得税前净现金流量					
5	调整所得税					
6	所得税后净现金流量(3－5)					
7	累计所得税后净现金流量					
计算指标：						
项目投资财务内部收益率(所得税前)/%						
项目投资财务内部收益率(所得税后)/%						
项目投资财务净现值(所得税前)(i_c=　%)						
项目投资财务净现值(所得税后)(i_c=　%)						
项目投资回收期(所得税前)/年						
项目投资回收期(所得税前)/年						

由于该报表是在不考虑债务融资条件下编制的，故所涉及的现金流量均应不考虑利息支出。表中项目投资现金流量分析的现金流入主要包括营业收入、补贴收入、回收固定资产余值及回收流动资金；现金流出主要包括建设投资、流动资金、经营成本、营业税金及附加及维持运营投资。值得注意的是，该表中调整所得税应根据不受利息因素影响的息税前利润（$EBIT$）乘以所得税税率计算。

息税前利润($EBIT$)＝利润总额＋利息支出

或　　　　息税前利润＝营业收入－经营成本－营业税金及附加－折旧和摊销

2. 融资前盈利能力分析的指标

融资前盈利能力分析的指标是在编制项目投资现金流量表的基础上，通过计算三组（六个）指标来完成的，前两组为动态分析指标，后一组为静态指标。

(1) 项目投资财务内部收益率 *FIRR*（所得税前，所得税后）

在上一章中我们已经介绍过内部收益率的计算。这里所说的项目财务内部收益率是指能够使某一具体的项目在整个计算期内各年累计净现金流量现值等于零时的折现率。计算公式为：

$$\sum_{t=1}^{n} NCF_t(1+FIRR)^{-t}=0 \tag{5-1}$$

如果是计算所得税前 $FIRR$，公式中的 NCF 应取值于项目投资现金流量表中第 3 行（所得税前净现金流量）数据；如果是计算所得税后 $FIRR$，则应取值于表中第 6 行（所得税后净现金流量）数据。

项目投资内部收益率是考察项目盈利能力的相对量指标，求出的项目投资财务内部收益率与设定的基准折现率比较，当 $FIRR \geqslant i_c$ 时，即认为项目的营利性能够满足要求，该项目财务效益可以被接受。

(2) 项目投资财务净现值 *FNPV*（所得税前，所得税后）

项目财务净现值是指按设定的折现率 i_c 计算的项目计算期内各年的净现金流量现值之和。计算公式为：

$$FNPV=\sum_{t=1}^{n} NCF_t(1+i_c)^{-t} \tag{5-2}$$

同理，如果是计算所得税前 $FNPV$，公式中的 NCF 应取值于项目投资现金流量表中第 3 行（所得税前净现金流量）数据；如果是计算所得税后 $FNPV$，则应取值于表中第 6 行（所得税后净现金流量）数据。

项目财务净现值是考察项目盈利能力的绝对量指标，它反映项目在满足按设定折现率要求的盈利之外所能获得的超额盈利的现值。项目投资财务净现值等于或大于零，表明项目的盈利能力达到或超过了设定折现率所要求的盈利水平，该项目财务效益可以被接受。

(3) 项目投资回收期 P_t（所得税前，所得税后）

项目投资回收期是指以项目的净收益回收项目投资所需要的时间。这里所提到的是静态投资回收期，即以未经折现的净现金流量为依据计算的投资回收期。计算公式为：

$$\sum_{t=1}^{P_t} NCF_t=0 \tag{5-3}$$

如果是计算所得税前 P_t，应依据项目投资现金流量表中第 4 行（累计所得税前净现金流量）数据计算，如果是计算所得税后 P_t，则应依据表中第 7 行（累计所得税后净现金流量）数据计算，表中累计所得税前（后）净现金流量由负值变为零的时点，即为项目投资回收期。

投资回收期短，表明投资回收快，抗风险能力强。当投资回收期小于或等于项目设定的基准投资回收期时，表明投资回收速度符合要求。基准投资回收期的取值可根据行业水平或投资者的要求确定。

二、融资后盈利能力分析

融资后的盈利能力分析，是指当项目通过了融资前分析的检验，进一步考虑融资方案后，继续进行的盈利能力分析，包括动态分析（折现现金流量分析）和静态分析（非折现现金流量分析）。

1. 动态分析

融资后的动态分析可分两个层次：一是项目资本金现金流量分析；二是投资各方现金流量分析。

(1) 项目资本金现金流量分析

项目资本金现金流量分析是从项目权益投资者整体的角度来考察项目的盈利能力的。它与融资前所做的项目投资现金流量分析不同的是，项目资本金现金流量分析是在拟订了融资方案的基础上进行的息税后分析，而项目投资现金流量分析是在假定所有资金均为投资者投入，过程中无借款的前提下进行的。项目资本金现金流量分析指标是比较和取舍融资方案的重要依据。

① 项目资本金现金流量分析依据的报表项目资本金现金流量分析所依据的报表是项目资本金现金流量表（见表 5-2）。

表 5-2　项目资本金现金流量表　　单位：万元

序号	项　　目	合计	计　算　期			
			1	2	……	n
1	现金流入					
1.1	营业收入					
1.2	补贴收入					
1.3	回收固定资产余值					
1.4	回收流动资金					
2	现金流出					
2.1	项目资本金					
2.2	借款本金偿还					
2.3	借款利息支付					
2.4	经营成本					
2.5	营业税金及附加					
2.6	所得税					
2.7	维持运营投资					
3	净现金流量(1－2)					
计算指标：						
资本金财务内部收益率/%						

该表的现金流入的构成和项目投资现金流量表一致，现金流出主要包括项目资本金（为建设投资和流动资金中的资本金部分）、借款本金偿还、借款利息支付、经营成本、营业税金及附加、所得税和维持运营投资。值得注意的是，这里的所得税不同于项目投资现金流量表中的调整所得税，而应等同于利润和利润分配表中的所得税。从现金流量的组成可以看出，表中的净现金流量反映了项目缴税和还本付息之后的净收益，又是投资者的权益性收益。

② 项目资本金现金流量分析的指标　按照《建设项目经济评价方法与参数》第三版中的要求，项目资本金现金流量分析需计算的指标是项目资本金内部收益率。

$$\sum_{t=1}^{n} NCF_t(1+FIRR)^{-t}=0 \tag{5-4}$$

其计算公式和项目投资财务内部收益率相同。公式中的 NCF 应取值于表 5-2 中第 3 行（净现金流量）数据。

项目资本金内部收益率的判别基准是项目投资者整体对投资获利的最低期望值，即最低可接受收益率。当项目资本金内部收益率大于或等于该最低可接受收益率时，说明在该融资方案下，项目资本金获利水平超过或达到了要求，该融资方案是可以接受的。最低可接受收益率的确定主要取决于当时的资本收益水平以及投资者对权益资金收益的要求。它与资金机会成本和投资者对风险的态度有关。

（2）投资各方现金流量分析

一般地，投资各方是按股本比例分配利润和分担亏损及风险的，故投资各方的利益应是均等的，没有必要再进行投资各方的现金流量分析。只有投资者中的各方有股权之外的不对等的利益分配时，投资各方的收益率才会有差异。此时就需要编制投资各方现金流量表（见表 5-3），并计算出投资各方内部收益率。从而可以看出各方收益的非均衡性是否在一个合理的水平上，有助于促成投资各方在合作谈判中达成平等互利的协议。

表 5-3　投资各方现金流量表　　单位：万元

序号	项　目	合计	计　算　期			
			1	2	……	n
1	现金流入					
1.1	实分利润					
1.2	补贴收入					
1.3	回收固定资产余值					
1.4	回收流动资金					
2	现金流出					
2.1	项目资本金					
2.2	借款本金偿还					
2.3	借款利息支付					
2.4	经营成本					
2.5	营业税金及附加					
2.6	所得税					
2.7	维持运营投资					
3	净现金流量(1−2)					
计算指标：						
投资各方财务内部收益率/%						

2. 静态分析

融资后盈利能力分析的静态分析主要有两个指标的计算。它们是：总投资收益率 ROI 和项目资本金净利润率 ROE。

(1) 总投资收益率（ROI） 表示总投资的盈利水平，系指项目达到设计能力后正常年份的年息税前利润或运营期内年平均息税前利润（$EBIT$）与项目总投资（TI）的比率。

$$ROI=\frac{EBIT}{TI}\times 100\% \tag{5-5}$$

总投资收益率高于同行业的收益率参考值，表明总投资收益率表示的盈利能力满足要求。

(2) 项目资本金净利润率（ROE） 表示项目资本金的盈利水平，系指项目达到设计能力后正常年份的年净利润或运营期内年平均净利润（NP）与项目资本金（EC）的比率。

$$ROE=\frac{NP}{EC}\times 100\% \tag{5-6}$$

项目资本金净利润率高于同行业的净利润率参考值，表明用项目资本金净利润率表示的盈利能力满足要求。

以上两个比率的计算中，项目总投资（TI）和项目资本金（EC）可从“项目总投资使用计划与资金筹措表”中获得。项目年息税前利润（$EBIT$）和项目年净利润（NP）可从利润与利润分配表中获得。

第三节　偿债能力分析

众所周知，化工项目的特点之一就是资金规模大，投资额高。项目投资中除了投资者出资外（资本金），还有相当一部分来源于借款。对于这些项目，我们必须通过编制相关报表，计算利息备付率、偿债备付率等指标，考察其对借款的偿还能力，即偿债能力分析。

一、偿债能力分析依据的报表

1. 借款还本付息计划表

应根据与债权人商定的或预计可能的债务资金偿还条件和方式计算并编制借款还本付息计划表，格式如表 5-4 所示。

表 5-4　借款还本付息计划表　　单位：万元

序号	项　目	合计	计　算　期			
			1	2	……	n
1	借款 1					
1.1	期初借款余额					
1.2	当期还本付息					
1.2.1	其中：还本					
1.2.2	付息					
1.3	期末借款余额					
2	借款 2					
…	…					

续表

序号	项　　目	合计	计 算 期			
			1	2	……	n
3	债券					
…	…					
4	借款和债券合计					
4.1	期初余额					
4.2	当期还本付息					
4.2.1	其中：还本					
4.2.2	付息					
4.3	期末余额					
计算指标	利息备付率					
	偿债备付率					

2. 利润与利润分配表

见表 5-5。

表 5-5　利润与利润分配表　　单位：万元

序号	项　　目	合计	计 算 期			
			1	2	……	n
1	营业收入					
2	营业税金及附加					
3	总成本费用					
4	补贴收入					
5	利润总额(1－2－3＋4)					
6	弥补以前年度亏损					
7	应纳税所得额(5－6)					
8	所得税					
9	净利润(5－8)					
10	期初未分配利润					
11	可供分配利润(9＋10)					
12	提取法定盈余公积金					
13	可供投资者分配的利润(11－12)					
14	应付优先股股利					
15	提取任意盈余公积金					
16	应付普通股股利(13－14－15)					
17	各投资方利润分配					
18	未分配利润(13－14－15－17)					
19	息税前利润(5＋利息支出)					
20	息税折旧摊销前利润(19＋折旧＋利息)					

3. 总成本费用估算表

见表 5-6。

表 5-6 总成本费用估算表 单位：万元

序号	项目	合计	计算期			
			1	2	……	n
1	外购原材料费					
2	外购燃料及动力费					
3	工资及福利费					
4	修理费					
5	其他费用					
6	经营成本(1+2+3+4+5)					
7	折旧费					
8	摊销费					
9	利息支出					
10	总成本费用合计(6+7+8+9)					
	其中：可变成本					
	固定成本					

4. 资产负债表

见表 5-7。

表 5-7 资产负债表 单位：万元

序号	项目	计算期			
		1	2	……	n
1	资产				
1.1	流动资产总额				
1.1.1	货币资金				
1.1.2	应收账款				
1.1.3	预付账款				
1.1.4	存货				
1.1.5	其他				
1.2	在建工程				
1.3	固定资产净值				
1.4	无形及其他资产净值				
2	负债及所有者权益(2.4+2.5)				
2.1	流动负债总额				
2.1.1	短期借款				
2.1.2	应付账款				
2.1.3	预收账款				
2.1.4	其他				
2.2	建设投资借款				
2.3	流动资金借款				
2.4	负债小计(2.1+2.2+2.3)				
2.5	所有者权益				
2.5.1	资本金				
2.5.2	资本公积				
2.5.3	累计盈余公积金				
2.5.4	累计未分配利润				

二、偿债能力分析的指标

1. 利息备付率（ICR）

系指在借款偿还期内的息税前利润与应付利息的比值。它从付息资金来源的充裕性角度反映项目偿付债务利息的保障程度，计算式为：

$$ICR=\frac{EBIT}{PI} \tag{5-7}$$

式中 $EBIT$——息税前利润；

PI——计入总成本费用的应付利息。

$EBIT$ 应取值于利润与利润分配表中第 19 行（息税前利润）数据。PI 应取值于总成本费用估算表中第 9 行（利息支出）数据或借款还本付息计划表第 4.2.2 行（付息）数据。

利息备付率应分年计算，利息备付率高，表明利息偿付的保障程度高。对于正常经营的企业利息备付率至少应当大于 1，一般不宜低于 2，并结合债权人的要求确定。若利息备付率低于 1，表示没有足够资金支付利息，偿债风险很大。

2. 偿债备付率（DSCR）

系指在借款偿还期内，用于计算还本付息的资金与应还本付息金额的比值，它表示可用于计算还本付息的资金偿还借款本息的保障程度，计算式为：

$$DSCR=\frac{EBITAD-T_{AX}}{PD} \tag{5-8}$$

式中 $EBITAD$——息税折旧摊销前利润；

T_{AX}——企业所得税；

PD——应还本付息金额。

$EBITAD$ 应取值于利润与利润分配表中第 20 行（息税折旧摊销前利润）数据。T_{AX} 应取值于利润与利润分配表中第 8 行（所得税）数据。PD 应取值于借款还本付息计划表中第 4.2 行（当期还本付息）数据。

偿债备付率应分年计算，偿债备付率高，表明可用于还本付息的资金保障程度高。偿债备付率应大于 1，一般不宜低于 1.3，并结合债权人的要求确定。若指标小于 1，表示可用于计算还本付息的资金不足以偿付当年债务。

3. 资产负债率（LOAR）

系指各期末负债总额同资产总额的比率，计算式为：

$$LOAR=\frac{TL}{TA}\times 100\% \tag{5-9}$$

式中 TL——期末负债总额；

TA——期末资产总额。

TL、TA 分别取值于资产负债表中第 2.4 行（负债小计）数据及第 1 行（资产）数据。

资产负债率表示企业总资产中有多少是通过负债得来的，是评价企业负债水平的综合指标。适度的资产负债率既能表明企业投资人、债权人的风险较小，又能表明企业经营安全、稳健、有效，具有较强的融资能力。国际上公认的较好的资产负债率指标是 60%。但是难以简单地用资产负债率的高或低来进行判断，因为过高的资产负债率表明企业财务风险太大，过低的资产负债率则表明企业对财务杠杆利用不够。实践表明，行业间资产负债率差异也较大。

第四节　财务生存能力分析

根据我国2006年出版的《建设项目经济评价方法与参数》第三版，项目在进行了盈利能力和偿债能力分析之后还要进行财务生存能力的分析。财务生存能力分析旨在考察项目在整个计算期内资金的充裕程度和持续生存的能力。项目的财务生存能力分析可从以下几个方面进行。

一、分析项目的净现金流量

一个项目只有能够从各种经济活动中获得足够的净现金流量，项目才能生存。财务生存能力分析中应根据财务计划现金流量表，考察项目计算期内各年的投资活动、融资活动和经营活动所产生的各项现金流入和流出，计算净现金流量和累计盈余资金，分析项目是否有足够的净现金流量维持正常运营。

二、分析项目的经营净现金流量

拥有足够的经营净现金流量是财务上可持续的基本条件，特别是在运营初期。一个项目具有较大的经营净现金流量，说明项目方案比较合理，实现自身资金平衡的可能性大，不会过分依赖短期融资来维持运营；反之，一个项目不能产生足够的经营净现金流量，或经营净现金流量为负值，说明维持项目正常运行会遇到财务上的困难，实现自身资金平衡的可能性小，有可能要靠短期融资来维持运营，有些项目可能需要政府补助来维持运营。

三、结合偿债能力分析，均衡各期债务负担

财务生存能力分析应结合偿债能力分析进行，如果拟安排的还款期过短，致使还本付息负担过重，导致为维持资金平衡必须筹措的短期借款过多，可以调整还款期，减轻各年还款负担。因项目运营前期还本付息的负担较重，故应特别注重运营前期的财务生存能力分析。

四、分析各年累计盈余资金

各年累计盈余资金不出现负值是财务上可持续的必要条件。在整个运营期间，允许个别年份的净现金流量出现负值，但不能容许任一年份的累计盈余资金出现负值。一旦出现负值时应适时进行短期融资，该短期融资应体现在财务计划现金流量表中，同时短期融资的利息也应纳入成本费用和其后的计算。较大的或较频繁的短期融资，有可能导致以后的累计盈余资金无法实现正值，致使项目难以持续运营。

第五节　不确定性及分析风险

化工项目财务评价所采用的数据大部分来自预测和估算，因而具有不确定性。这种不确定性有来自于决策者对建设投资、流动资金投资等估算不准确的主观原因，也有来自于建设工期的改变，产品市场需求量、原材料及产品市场价格以及利率的波动及其他不可预测事件的发生等客观原因。由于这些不确定性因素的存在，投资方案的实际经济效果可能会和预期

值产生偏差，如果实际经济效益高于预期的效益，及产生正偏差，可为项目获得意外的收益。但是如果实际经济效益低于预期的效益，及产生了负偏差，就会使项目达不到预期收益，甚至发生亏损，导致该项目“有风险”。这时，就需要决策者通过不确定性分析找出影响项目效益的敏感因素，确定其敏感程度，然后借助风险分析来估计这些敏感因素发生的可能性以及给项目带来经济损失的大小。

根据《建设项目经济评价方法与参数》第三版的规定，建设项目不确定性分析一般包括盈亏平衡分析和敏感性分析，风险分析包括专家调查法、层次分析法、概率树分析、CIM模型及蒙特卡罗模拟等分析方法。

一、盈亏平衡分析

1. 盈亏平衡分析的定义

盈亏平衡分析旨在判断项目对产出品数量变化的适应能力和抗风险能力。随着相关因素的变化，投资项目的盈利与亏损会有一个转折点，称为盈亏平衡点（break-even point，BEP）。在这一点上，营业收入（扣除营业税金及附加和增值税）等于总成本费用，刚好盈亏平衡。盈亏平衡分析就是在项目达到设计生产能力的条件下，通过求取盈亏平衡点，分析项目成本与收益的平衡关系。

盈亏平衡分析可以分为线性盈亏平衡分析和非线性盈亏平衡分析。投资项目决策分析与评价中一般仅进行线性盈亏平衡分析。

2. 线性盈亏平衡分析的条件

进行线性盈亏平衡分析要符合以下四个条件：

① 产量等于销售量，即当年生产的产品（服务）当年销售出去；

② 产量变化，单位可变成本不变，从而总成本费用是产量的线性函数；

③ 产量变化，产品售价不变，从而营业收入是销售量的线性函数；

④ 只生产一种产品，当生产多种产品时，应换算为单一产品，不同产品的生产负荷率的变化应保持一致。

3. 线性盈亏平衡点的计算

根据以上假定，在正常生产状况下，年营业收入 S、年总成本费用 TC、年营业税金及附加 TX 都是产量的线性函数。

$$S=PQ \tag{5-10}$$

$$TC=C_F+C_vQ \tag{5-11}$$

$$TX=T_rQ \tag{5-12}$$

式中 P——单位产品售价（含税价）；

Q——项目年产量；

C_F——年总固定成本；

C_v——单位产品可变成本；

T_r——单位产品营业税金及附加和增值税。

根据盈亏平衡点的定义，我们可以列出项目的盈亏平衡状态方程，即

$$PQ-T_rQ=C_F+C_vQ \tag{5-13}$$

盈亏平衡点的表达形式有多种，可以用产量、产品售价、单位可变成本和年固定成本等

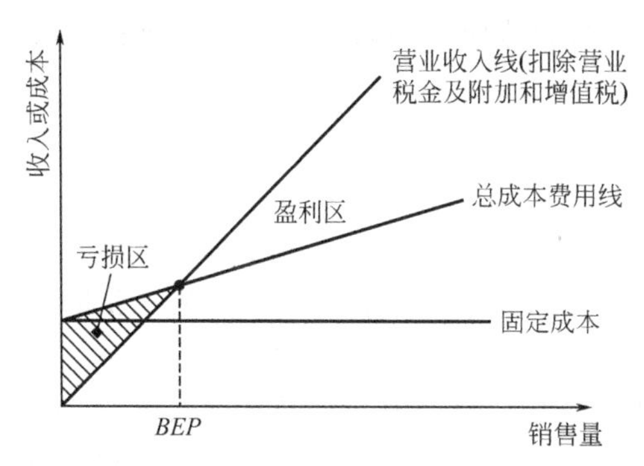

图 5-2 线性盈亏平衡分析图

绝对量表示，也可以用某些相对值表示。投资项目决策分析与评价中最常用的是以产量和生产能力利用率表示的盈亏平衡点，有时也会采用产品售价表示。用产量和生产能力利用率表示的盈亏平衡点越低，表明企业适应市场需求变化的能力越大，抗风险能力越强；用产品售价表示的盈亏平衡点越低，表明企业适应市场价格下降的能力越大，抗风险能力越强。

(1) 图解法

盈亏平衡点可以采用图解法求得。

图 5-2 中营业收入线与总成本费用线的交点即为盈亏平衡点，这一点所对应的产量即为 BEP（产量），也可换算成 BEP（生产能力利用率）

(2) 公式计算法

由盈亏平衡方程式 $PQ-T_rQ=C_F+C_vQ$ 可推导得到盈亏平衡点的计算式：

$$BEP_{生产能力利用率}=\frac{C_F}{S-C_vQ-T_rQ}\times100\% \tag{5-14}$$

$$BEP_{产量}=\frac{C_F}{P-C_v-T_r} \tag{5-15}$$

$$BEP_{售价}=\frac{C_F}{Q_s}+C_v+T_r \tag{5-16}$$

式中 Q_s——项目设计生产能力。

由于盈亏平衡点应表示的是相对于设计生产能力下，达到多少产量或负荷率多少才能达到盈亏平衡，或为保持盈亏平衡最低价格是多少，故必须按项目达产年份的销售收入和成本费用数据计算，如按计算期内的平均数据计算，就失去了意义。通常，会选择项目还款期间的第一个达产年份和还完借款以后的年份分别计算，以便分别给出最高盈亏平衡点和最低盈亏平衡点。计算的数据可取自于利润与利润分配表和总成本费用表。

【例 5-1】 假设某项目达产第一年的营业收入为 31389 万元（不含税），营业税金及附加为 392 万元，年总固定成本 10542 万元，年总可变成本 9450 万元，营业收入与成本费用均采用不含税价表示，该项目设计生产能力为 100 吨，求盈亏平衡点。

解：

$$BEP_{生产能力利用率}=\frac{年总固定成本}{年营业收入-年总可变成本-年营业税金及附加}\times100\%$$

$$=\frac{10542}{31389-9450-392}\times100\%=48.93\%$$

$$BEP_{产量}=\frac{10542}{(31389/100)-(9450/100)-(392/100)}=48.93（吨）$$

或

$$BEP_{产量}=48.93\%\times100=48.93（吨）$$

$$BEP_{售价}=\frac{10542}{100}+\frac{9450}{100}+\frac{392}{100}=204（元/吨）$$

因为计算的是还款期间内第一个达产年份的盈亏平衡点，由于此时项目利息负担较重，固定成本较高，该盈亏平衡点为项目计算期内各年的较高值。计算结果表明，在生产负荷达到设计能力的48.9%时即可盈亏平衡，说明项目对市场的适应能力较强。而为了维持盈亏平衡，允许产品售价最低降至204元/吨。

二、敏感性分析

敏感性分析是考察项目涉及的各种不确定因素对项目基本方案经济评价指标的影响，找出敏感因素，估计项目效益对它们的敏感程度，粗略预测项目可承担的风险，为进一步的风险分析打下基础。

敏感性分析通常是改变一种或多种不确定性因素的数值，计算其对效益指标的影响，通过计算敏感度系数和临界点，估计项目效益指标对它们的敏感程度，进而确定关键的敏感因素。通常将敏感性分析的结果汇总于敏感性分析表，也可通过绘制敏感性分析图来表示。

敏感性分析包括单因素敏感性分析和多因素敏感性分析。单因素敏感性分析是指每次只改变一个因素的数值来进行分析，而同时改变两个或两个以上因素进行分析的称为多因素敏感性分析。一般，为了找出关键因素，通常多进行单因素敏感性分析。

1. 敏感性分析的步骤

(1) 选取不确定因素

进行敏感性分析，首先应根据项目的特点，结合经验判断选择对项目效益影响较大且重要的不确定因素进行分析。通常会选择产出物价格、建设投资、主要投入物价格或可变成本、生产负荷、建设工期及汇率等因素进行。

(2) 确定所选择的不确定因素变化程度

一般地选择不确定因素变化的百分率为±5%、±5%、±10%、±15%、±20%等；对于不方便用百分数表示的因素，如建设工期，可采用延长一段时间表示，例如延长一年。

(3) 计算经济效果指标的变动结果

计算各不确定因素不同幅度的变化所导致的项目经济效果评价指标的变动结果。最基本的评价指标是内部收益率和净现值，根据需要有时也可选择投资回收期等其他评价指标。

通常财务分析与评价的敏感性分析中必选的分析指标是项目投资财务内部收益率，经济分析与评价中必选的分析指标是经济净现值或经济内部收益率。

(4) 编制敏感性分析表、绘制敏感性分析图

查找敏感因素，进行综合评价。

2. 敏感性指标的计算

(1) 敏感度系数

敏感度系数是项目效益指标变化的百分率与不确定因素变化的百分率之比。计算公式如下：

$$S_{AF}=\frac{\Delta A/A}{\Delta F/F} \tag{5-17}$$

式中 S_{AF}——评价指标 A 对于不确定因素 F 的敏感度系数；

$\Delta F/F$——不确定因素 F 的变化率；

$\Delta A/A$——不确定因素 F 发生 ΔF 变化率时，评价指标 A 的相应变化率。

$S_{AF}>0$，表示评价指标与不确定因素同方向变化；$S_{AF}<0$，表示评价指标与不确定因素反方向变化。$|S_{AF}|$较大者敏感度系数高，表示项目效益对该不确定因素敏感程度高，应予以重视。

（2）临界点（转换值 switch value）

临界点是指不确定因素的极限变化率，即不确定因素的变化使项目由可行变为不可行的临界数值。也可以说是某一不确定因素使内部收益率降至基准收益率或净现值降为零时的变化率。当不确定因素为费用科目时，即为其增加的百分率；当其为效益科目时，为降低的百分率。

临界点的高低与计算临界点的指标的初始值有关。若选取基准收益率为计算临界点的指标，对于同一个项目，随着设定基准收益率的提高，临界点就会变低（即临界点表示的不确定因素的极限变化变小）；而在一定的基准收益率下，临界点越低，说明该因素对项目评价指标影响越大，项目对该因素就越敏感。

在敏感性分析图中，不确定性因素变化曲线与直线 $NPV=0$ 或 $IRR=i_c$ 的交点即为临界点。也可以用试差法、函数法或借助计算机软件求取。

3. 敏感性分析结果表述

将敏感性分析的结果进行汇总，编制敏感性分析表和敏感度系数与临界点分析表，绘制敏感性分析图。将不确定因素变化后计算的经济评价指标与基本方案评价指标进行对比，结合敏感度系数及临界点的计算结果，按不确定因素的敏感程度进行排序，找出最敏感的因素，分析敏感因素可能造成的风险，提出应对措施。当不确定因素的敏感度很高时，应进一步进行风险分析，判断其发生的可能性及对项目的影响程度。

【例 5-2】 某项目财务现金流量表如表 5-8，表中数据均为预测值。估计产品产量、产品价格（含税）和建设投资这三个因素可能在 20%的范围内变化。基准收益率为 15%。试对上述三个不确定因素分别进行单因素敏感性分析。

表 5-8　项目财务现金流量表　　单位：万元

序号	项　目	计算期		
		1	2～9	10
1	现金流入			
1.1	营业收入		1000×8	1000
1.2	回收固定资产余值			32
1.3	回收流动资金			200
2	现金流出			
2.1	建设投资	800		
2.2	流动资金	200		
2.3	经营成本		600×8	600
	其中：固定成本		130×8	130
	可变成本		470×8	470
2.4	营业税金及附加		110×8	110
3	净现金流量	−1000	290×8	522

解：（1）根据题意，不确定性因素为产品价格、产品产量、建设投资，其变化范围为±20%。

（2）以财务净现值和财务内部收益率为敏感性分析的经济效益指标。

（3）计算经济效益指标 $FNPV$ 的变动情况。

由表 5-8 中数据可求得：

$FNPV=-1000(P/F,15\%,1)+290(P/A,15\%,9)(P/F,15\%,1)+232(P/F,15\%,10)$

经计算得：$FNPV(i_c=15\%)=391.1$ 万元；$FIRR=26.2\%$

设产品价格、产品产量和建设投资变化的百分数分别为 X、Y、Z，则有：

$$FNPV=[-800(1+Z)-200](P/F,15\%,1)+[(1000-110)(1+X)(1+Y)-130-470(1+Y)](P/A,15\%,9)(P/F,15\%,1)+232(P/F,15\%,10)$$

上式经化简得：

$$FNPV=391.1+3692.79X+1742.66Y+3692.79XY-695.62Z$$

利用上式，可以很方便地进行单因素敏感性分析。如讨论产品价格因素时，根据题意，X 可取±5%、±10%、±15%、±20%，此时 Y 和 Z 都为零，分别代入上式即可求得产品价格变动时，对财务净现值的影响。同理，可以求出其他两个因素分别变动时对净现值的影响。计算结果如表 5-9。

表 5-9 不确定因素变化对财务净现值的影响 单位：万元

不确定性因素	变动率/%								
	−20	−15	−10	−5	0	5	10	15	20
产品价格	−347.5	−162.9	21.8	206.4	391.1	575.7	760.3	945.0	1129.6
产品产量	42.5	129.7	216.8	303.9	391.1	478.2	565.3	652.5	739.6
建设投资	530.2	495.4	460.6	425.8	391.1	356.3	321.5	286.7	251.9

(4) 根据表 5-9 中数据，可绘制以财务净现值为目标的敏感性分析图（图 5-3）。

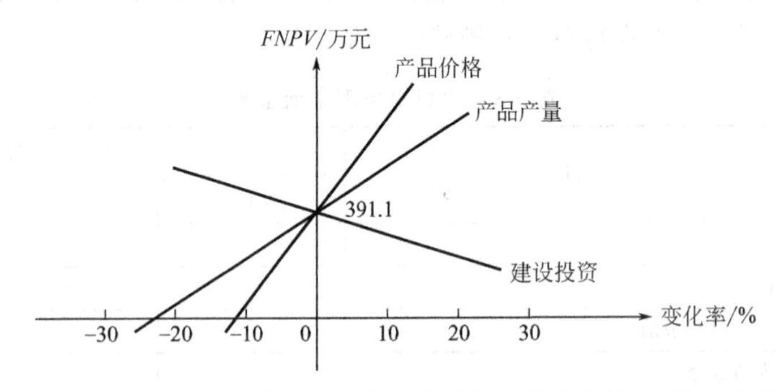

图 5-3 以财务净现值为目标的敏感性分析图

由图可见，产品价格线斜率最大，产品产量线次之，建设投资线斜率最小。

(5) 计算敏感度系数及临界点，编制敏感性分析表（表 5-10）。

表 5-10 敏感性分析表

序号	不确定性因素	变化率/%	财务净现值/万元	敏感度系数	临界点
	基本方案		391.1		
1	产品价格	10%	760.3	9.44	−10.59%
		−10%	21.8		
2	产品产量	10%	565.3	4.46	−22.44%
		−10%	216.8		
3	建设投资	10%	321.5	−1.78	56.22%
		−10%	460.6		

令 $FNPV=391.1+3692.79X+1742.66Y+3692.79XY-695.62Z=0$。当 Y、Z 为零时，可以求得产品价格变化的临界点 $X=-10.59\%$；同理，可以求得产品产量和建设投资变化的临界点：$Y=-22.44\%$，$Z=56.22\%$。

表中数据计算示例：以产品价格为例，当价格下降 10%时，*FNPV* 由基本方案的 391.1 下降到 21.8 万元，所以有：

$$S_{AF}=\frac{\Delta A/A}{\Delta F/F}=\frac{\frac{391.1-21.8}{391.1}\times 100\%}{10\%}=9.44$$

其余数据以此类推，此处不再一一细述。

(6) 综合分析

① 产品价格是最为敏感的因素。为此，就应该对未来产品价格的变动情况作进一步的分析，如果产品价格降低 10%以上的概率较大，那么这个方案就有较大的风险，应慎重考虑。

② 产品产量对经济目标也是比较敏感的因素，产品产量下降 22%以上也会导致方案不可行。所以，对于未来的决策者、经营者，一定要努力做到满负荷运行，不断开拓市场，加强营销工作，以便保证其经济效果。

③ 建设投资属不敏感因素，其变化不会引起项目太大风险。

按以上步骤还可以求解出单因素变化对财务内部收益率的影响，并能绘制出以财务内部收益率为目标的敏感性分析图（图 5-4）。

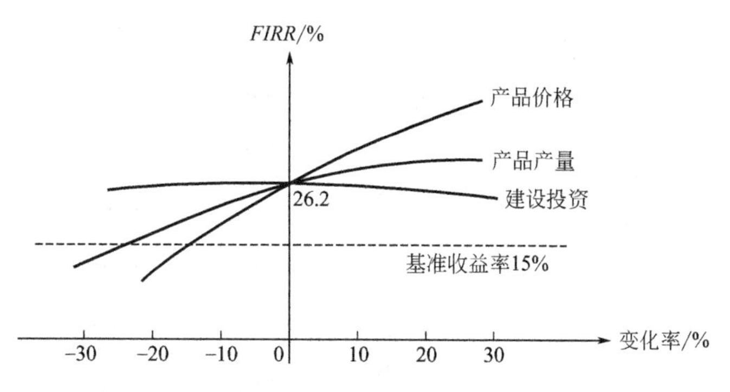

图 5-4 以财务内部收益率为目标的敏感性分析图

三、概率分析

通过敏感性分析找出了对项目经济效益较敏感的因素之后，就需要进一步估计这些较敏感因素发生变动的可能性以及可能造成的影响，即进行风险分析。

风险分析的方法很多，有专家调查法、层次分析法、CI 方法、概率树分析、蒙特卡罗模拟法等。本章仅介绍概率树分析法。

概率树分析，假定风险变量之间是相互独立的，在构造概率树的基础上，将每个风险变量的各种状态取值组合计算，分别计算每种组合状态下的评价指标值及相应的概率，得到评价指标的概率分布，并统计出评价指标低于或高于基准值的累计概率，计算评价指标的期望、方差、标准差和离散系数。用概率树计算项目净现值的期望和净现值大于或等于零的累计概率的计算步骤：

① 通过敏感性分析，确定风险变量；

② 判断风险变量可能发生的情况；

③ 确定每种情况可能发生的概率，每种情况发生的概率之和应等于 1；

④ 求出可能发生事件的净现值、加权净现值，然后求出净现值的期望值；

⑤ 用插入法求出净现值大于或等于零的累计概率。

【例 5-3】 某项目需投资 20 万元，建设期 1 年。根据预测，项目生产期的年收入（各年相同）为 5 万元、10 万元和 12.5 万元的概率分别为 0.3、0.5 和 0.2。在每一收入水平下生产期为 2 年、3 年、4 年和 5 年的概率分别为 0.2、0.2、0.5 和 0.1。折现率为 10%，试进行概率分析。

解： 根据已知条件，可以画出图 5-5，从图中可以看出，年收入有 3 种可能性，每年年收入又有 4 种生产期，这样总共有 12 种可能发生的事件。图 5-5 计算出了每一种事件的净现值，用其发生的概率乘以该净现值即可得到加权净现值，加权净现值之和为方案现值的期望值，本例为 47916.0 元。

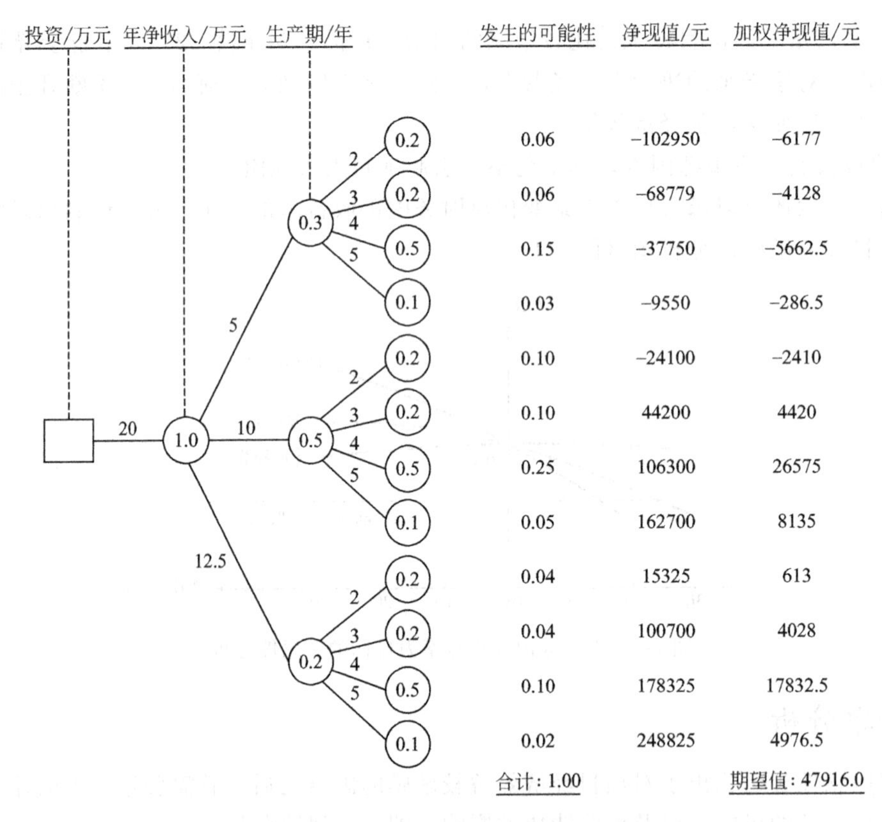

图 5-5 净现值期望计算

将各个事件的净现值从小到大顺序排列，再将它们的发生概率累加，可得到净现值累计概率表（表 5-11）。根据净现值累计概率表可绘制出净现值累计概率图（图 5-6）。

从表 5-11 和图 5-6 中可以看出，净现值大于或等于零的累计概率 $P(NPV \geqslant 0)$ 为：

$$P(NPV \geqslant 0)=1-P(NPV<0)=1-0.4=0.6$$

从这一结果可看出，该项目的净现值的期望值为 47916 元，应当说方案是可行的。但是，净现值小于零的累计概率约为 0.4～0.42，即该项目有 40%的可能性会亏损，故风险是相当大的。

表 5-11　净现值累计概率表

净现值/元	累计概率
−102950	0.06
−68779	0.12
−37750	0.27
−9550	0.37
−24100	0.4
44200	0.44
106300	0.54
162700	0.58
15325	0.83
100700	0.88
178325	0.98
248825	1.00

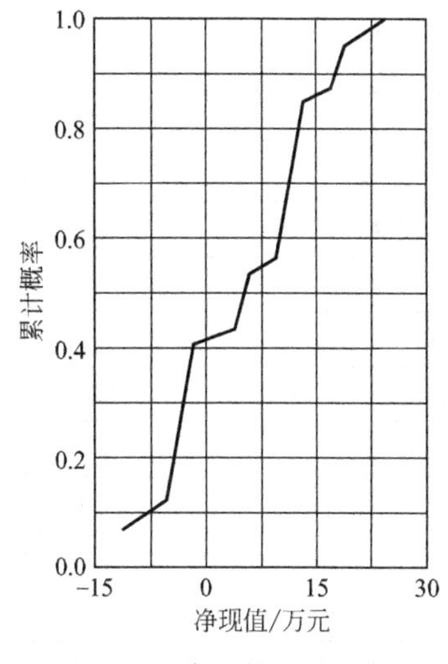

图 5-6　净现值累计概率图

思考题及习题

5-1. 化工项目财务分析与评价的含义是什么？它的作用有哪些？

5-2. 化工项目财务分析与评价工作包括哪些内容，有哪几个步骤？它们之间有什么关系？

5-3. 融资前分析和融资后分析有什么区别与联系？

5-4. 融资前盈利能力分析依据的财务报表有哪些？需要计算哪些财务指标？如何计算？如何分析与评价？

5-5. 融资后盈利能力分析依据的财务报表有哪些？需要计算哪些财务指标？如何计算？如何分析与评价？

5-6. 财务偿债能力分析依据的财务报表有哪些？需要计算哪些财务指标？如何计算？如何分析与评价？

5-7. 财务生存能力分析从哪几个方面进行？

5-8. 某公司预投资生产一种电子新产品，设计生产能力为 250 万只。项目的营业收入和总成本费用数据见表 5-12、表 5-13，由于营业收入和总成本费用数据按不含税价格计算，所以利润表中不体现增值税，但需估算营业税金及附加，根据项目具体情况，其中城市维护建设税按增值税的 7%计算，教育费附加按增值税的 3%计算，合计营业税金及附加费率为 10%。假定投入和产出的增值税率都为 17%，所得税率为 25%，项目总投资为 6000 万元，项目资本金为 3000 万元。

表 5-12　营业收入表

年　　份	1	2	3	4	5	6	7	8
生产负荷/%	0	30%	69%	90%	90%	70%	50%	10%
销售量/万只	0	75	172.5	225	225	175	125	25
产品售价/(元/只)	50	39	36	35	35	26	20	18
营业收入/万元	0	2925	6210	7875	7875	4550	2500	450

表 5-13　总成本费用估算表　　单位：万元

序号	项　目	计　算　期						
		2	3	4	5	6	7	8
1	外购原材料费	810	1620	2430	2430	1890	1350	270
2	外购燃料及动力费	90	180	270	270	210	150	30
3	工资及福利费	200	200	200	200	200	200	200
4	修理费	100	100	100	100	100	100	100
5	其他费用	50	50	50	50	50	50	50
6	经营成本(1+2+3+4+5)	1250	2150	3050	3050	2450	1850	650
7	折旧费	950	950	950	950	950		
8	摊销费	10	10	10	10	10		
9	利息支出	160	130	100	70	40	10	10
10	总成本费用合计(6+7+8+9)	2370	3240	4110	4080	3450	1860	660
其中：可变成本		900	1800	2700	2700	2100	1500	300
固定成本		1470	1440	1410	1380	1350	360	360

根据以上资料编制简化的利润表，不包括所得税后利润分配部分，并计算总投资收益率和项目资本金净利润率指标。同时求出各年的 $BEP_{生产能力利用率}$（年营业税金及附加忽略不计）。

5-9. 某新建项目现金流量表如表 5-14 所示。根据表中数据：

（1）求项目静态投资回收期；

（2）求项目财务内部收益率；

（3）求项目财务净现值并判别项目是否可行（$i_c=10\%$）。

表 5-14　项目投资现金流量表　　单位：万元

序号	项　目	计　算　期						
		1	2	3	4	5	6～14	15
1	现金流入							
	营业收入			8190	10530	11700	11700×9	11700
	回收固定资产余值							85.8
	回收流动资金							2000
2	现金流出							
	建设投资	1300	860					
	流动资金			1400	400	200		
	经营成本			6193.6	7691.2	8440	8440×9	8440
	营业税金及附加			47.1	60.6	67.3	67.3×9	67.3
	增值税			428.4	550.8	612	612×9	612
3	净现金流量							
4	累计净现金流量							

5-10. 某产品的营业收入和总成本与产量呈线性关系，设计生产能力为年产 10000 吨，产品价格为 5000 元/吨，固定成本每年为 1000 万元，单位产品可变成本为 2500 元/吨，单

位产品营业税金及附加和增值税为 800 元/吨，其他营业税种不计。试分别以产量、生产能力利用率、销售价格、单位产品可变成本表示盈亏平衡点。

5-11. 某项目有关数据如表 5-15 所示。基准收益率为 10%，估计产品产量、产品价格和建设投资三个因素可能在 10%的范围内变化。试分别分析这三个因素变化对财务净现值的影响。

表 5-15 某项目有关数据 单位：万元

序号	项 目	年 份		
		1	2～11	12
1	营业收入		2500×10	2500
2	回收固定资产余值			100
3	回收流动资金			500
4	建设投资	2000		
5	流动资金	500		
6	经营成本 其中：变动成本		1500×10 1100×10	1500 1100
7	营业税金及附加和增值税		250×10	250

第六章　化工项目的国民经济分析

学习目标

能够按照资源合理配置的原则，从国家整体的角度考察和确定项目的效益和费用，用影子价格、影子汇率和社会折现率等国民经济评价参数，分析计算项目对国民经济带来的净贡献，以评价项目经济上的合理性。

众所周知，化学工业是一个资源密集、能源密集、资金密集型的工业，是一个关系国计民生的行业。化学工业的发展与人民生活息息相关，与综合国力密不可分，与其他各个产业部门也都有着千丝万缕的联系。因此，对于拟上马的化工项目，在对其进行财务分析，评价其经济效果的基础上，还需站在一个更高的角度来考察项目对整个国家或社会的贡献。

例如，某拟建项目的主要原料之一是氯碱厂提供的氯气。假定根据市场价格，财务评价的结论表明该项目是不可行的。但是从宏观上考虑，由于国内氯气不仅供大于求，而且已成为增加氯碱产量的一个主要制约因素（氯气是作为烧碱的联产品按比例得到的，不能随便放入空气以防对环境造成污染），因而国家每年只好花大量外汇进口烧碱，以满足国内的需要。实际上，如果该项目上马，使用了氯气，则客观上提高了烧碱的产量，节省了外汇，对我国资源的整个利用会更加合理。因而该项目应该是可行的，这就是本章要讨论的经济分析。

第一节　概　　述

一、国民经济分析的含义

国民经济分析，是按合理配置资源的原则，采用社会折现率、影子汇率、影子工资和货物影子价格等经济分析参数，从项目对社会经济所做贡献以及社会为项目付出代价的角度，考察项目的经济合理性。

二、国民经济分析与财务分析的区别与联系

1. 国民经济分析与财务分析的区别

① 分析的角度和出发点不同。财务分析是站在项目的层次上，从项目的财务主体、投资者、未来的债权人角度，分析项目的财务效益和财务可持续性，分析投资各方的实际收益或损失，分析投资或贷款的风险及收益；国民经济分析则是站在国家的层次上，从全社会的角度分析评价比较项目对社会经济的效益和费用。

② 效益和费用的含义及范围划分不同。财务分析只根据项目直接发生的财务收支，计算项目的直接效益和费用；国民经济分析则从全社会的角度考察项目的效益和费用，不仅要考虑直接的效益和费用，还要考虑间接的效益和费用。从全社会的角度考虑，项目的有些收

入和支出不能作为费用或效益。例如企业向政府缴纳的大部分税金和政府给予企业的补贴、国内银行贷款利息等。

③ 使用的价格体系不同。财务分析使用预测的财务收支价格，而国民经济分析则使用影子价格。

④ 财务分析要进行盈利能力、偿债能力和财务生存能力分析；而国民经济分析只进行盈利能力分析，即经济效益分析。

2. 国民经济分析与财务分析的共同点

两者都使用效益与费用比较的理论方法；遵循效益和费用识别的有无对比原则；根据资金时间价值原理，进行动态分析，计算内部收益率和净现值等指标。

3. 国民经济分析与财务分析的联系

通常，国民经济分析是在财务分析的基础上进行的，利用财务分析中已经使用的数据，以财务分析为基础进行必要的调整计算，得到国民经济分析的结论。当然，必要时国民经济分析也可以独立进行。

第二节　国民经济分析的效益与费用识别

和财务分析不同，在国民经济分析中，项目的效益是指项目对国民经济所作的贡献，分为直接效益和间接效益；项目的费用是指国民经济为项目付出的代价，分为直接费用和间接费用。

一、直接效益和直接费用

1. 直接效益

项目直接效益是指由项目产出物产生的并在项目范围内计算的经济效益，一般表现为项目为社会生产提供的物质产品、科技文化成果和各种各样的服务所产生的效益。化工项目直接效益有多种表现：

① 项目产出物用于满足国内新增加的需求时，项目直接效益表现为国内新增需求的支付意愿。

② 项目的产出物用于替代其他厂商或项目的产品或服务，使被替代厂商或项目减产或停产，从而使社会有用资源得到节省，项目的直接效益表现为这些资源的节省。

③ 项目的产出物直接出口或者可替代进口商品导致进口减少，项目直接效益表现为国家外汇收入的增加或支出的减少。

以上所述的项目直接效益大多在财务分析中能够得到反映，尽管有时这些反映会有一定程度的价值失真。对于价值失真的直接效益在经济分析中应按影子价格重新计算。

2. 直接费用

项目直接费用是指项目投入物所产生的并在项目范围内计算的经济费用，一般表现为投入项目的各种物料、人工、资金、技术以及自然资源、社会资源的消耗。化工项目直接费用也有多种表现：

① 社会扩大生产规模用以满足项目对投入物的需求时，项目直接费用表现为社会扩大生产规模所耗用的社会资源价值。

② 社会不能增加供给时，导致其他人被迫放弃使用这些资源来满足项目的需要，项目直接费用表现为社会因其他人被迫放弃使用这些资源而损失的效益。

③ 项目的投入物导致进口增加或出口减少时，项目直接费用表现为国家外汇支出的增加或外汇收入的减少。

直接费用一般在项目的财务分析中已经得到反映，尽管有时这些反映会有一定程度的价值失真，对于价值失真的直接费用在经济分析中应按影子价格重新计算。

二、间接效益和间接费用

间接效益是指项目为国民经济做出了贡献，但在直接效益中未得以反映的部分，例如技术扩散效果、项目对上下游企业带来的相邻效果以及乘数效果等。

间接费用是指国民经济为项目付出了代价，但在项目的直接费用中未得到反映的部分，例如项目造成的环境污染和生态破坏、项目产品大量出口引起国内相同产品出口价格的下降等。

化工项目显著的间接效益主要有：化肥项目增加国内化肥供应量，促使农业增产的效益；钢丝子午胎项目节油和提高行驶里程等给用户增加的效益；原材料工业带动下游行业乃至地区经济发展的效益等。但是，如果项目产品化肥按替代进口处理，国内供应量没有增加，或钢丝子午胎确定影子价格时已考虑了对用户增加的效益时，就不应另计间接效益了。原材料工业带动下游行业乃至地区经济发展效益一般在产出物影子价格中已有所反映，则应对未能得以反映的部分予以考虑。

化工项目显著的间接费用主要是指项目排放的废水、废气和废渣引起的环境污染。由于当前在可行性研究的同时开展环境预测评价，且在可行性研究报告中已包括有关环境保护的内容，要求提出污染物的治理措施，以实现达标排放，同时又将环保措施所需花费的投资计入项目建设投资中，所以，一般情况下可不必另计间接费用，但情况特殊时需另行考虑。

三、转移支付

项目的有些财务收支是社会经济内部成员之间的“转移支付”，即接受方所获得的效益和付出方所发生的费用相等。从社会经济角度看，并没有造成资源的实际增减，不应计作经济效益和费用。化工项目经济分析中，转移支付主要包括：

1. 税金

项目向国家缴纳的增值税、所得税、关税等是政府调节分配和供求关系的手段之一。对于项目财务评价来说，确实是一项费用支出，但是对于经济分析来说，它仅仅表示项目对社会的贡献有一部分转移到政府手中，由政府再分配。项目对社会的贡献的大小不会随税金的多少而变化，因而它属于社会经济内部的转移支付。土地税、城市维护建设税、资源税等是政府为了补偿社会耗费而代为征收的费用，这些税种包含了很多政策因素，并不代表社会为项目付出的代价。因此这些税种也视为项目与政府间的转移支付，不是经济分析中的费用或效益。

2. 补贴

政府对项目的补贴，仅仅表示社会为项目所付出的代价中有一部分来自政府财政支出中的补贴这一项。但是整个社会为项目所付出的代价并不以这些代价来自何处为计算依据，更不会由于有无补贴或补贴多少而改变。因此，补贴也不是经济分析中的费用或效益。

3. 国内贷款利息

国内贷款利息在项目财务评价中资本金现金流量表中是一项费用。对于经济分析来说，它表示项目对社会的贡献有一部分转移到了政府或国内贷款机构。项目对社会所作贡献的大小与所支付的国内贷款利息多少无关。因此，它也不是经济分析中的费用。

第三节　国民经济分析的重要参数

一、影子价格

影子价格是一种能够确切地反映社会的效益和费用的合理价格，它是在社会最优生产组织情况下，供需达到均衡时的产品和资源的价格，是进行项目国民经济分析的专用计算价格。

影子价格是一个内涵丰富、不断深化的概念，它最初来自于求解数学规划问题。在不同的经济问题中，影子价格也有着不同的含义。在以最少费用为目标时，它表现为增加单位产品所耗费的边际成本；在以最大收益为目标时，它表现为增加单位资源投入所获得的边际收益；在以消费者最大效用为目标时，它表示增加单位物品供应所增加的边际效用，或消费者为了获取效用愿意支付的价格。

西方经济学认为，在完全竞争条件下，由市场供需状况调节的价格能反映其社会价值，因而这种情况下的价格就是影子价格。但是，完全竞争的条件在各国国内市场都是不存在的。而国际市场的价格受垄断、干预、控制的情况较少，因而常以国际市场价格代表影子价格。

下面介绍几种货物（广义的货物，指项目的各种投入物和产出物）影子价格的确定方法。

1. 外贸货物的影子价格

项目使用或生产的外贸货物，将直接或间接影响国家对这种货物的进口或出口。一是，项目产出物直接出口、间接出口和替代进口；二是，项目投入物直接进口、间接进口和减少出口。

原则上，对于那些对进出口有不同影响的货物，应当根据不同情况，采取不同的影子价格定价方法。但在实践中，为了简化工作，可以只对项目投入物中直接进口的和产出物中直接出口的，采取进出口价格测定影子价格。对于其他几种情况仍按国内市场价格定价。

直接进口投入物的影子价格（到厂价）＝到岸价（*CIF*）×影子汇率＋进口费用　　(6-1)

直接出口产出物的影子价格（出厂价）＝离岸价（*FOB*）×影子汇率－出口费用　　(6-2)

其中，影子汇率是指外汇的影子价格，应能正确反映国家外汇的经济价值，由国家指定的专门机构统一发布。

进口费用和出口费用是指货物进口环节在国内所发生的各种相关费用，包括货物的交易、储运、再包装、短距离倒运、装卸、保险、检验等物流环节上的费用支出；也包括物流环节中的损失、损耗以及资金占用的机会成本；还包括工厂与口岸之间的长途运输费用。进口费用和出口费用应采用影子价格估值，用人民币计价。

【例 6-1】 货物甲进口到岸价为 120 美元/吨，货物乙出口离岸价也为 120 美元/吨，用影子价格估算的进口费用和出口费用分别为 55 元/吨和 40 元/吨，影子汇率 1 美元＝7.38 元人民币，试计算货物甲的影子价格（到厂价）以及货物乙的影子价格（出厂价）。

解：货物甲的影子价格（到厂价）＝120×7.38＋55＝940.6 元/吨

货物乙的影子价格（出厂价）＝120×7.38－40＝845.6 元/吨

2. 非外贸货物的影子价格

非外贸货物影子价格的确定分两种情况，一种是对国内市场没有价格管制的产品或服务，以市场价格为基础进行影子价格的测算；另一种是对由政府进行价格调控的产品或服务，以成本分解法、消费者支付意愿和机会成本来进行影子价格的测算。

（1）市场定价的非外贸货物的影子价格

投入物影子价格（到厂价）＝市场价格＋国内运杂费 （6-3）

产出物影子价格（出厂价）＝市场价格－国内运杂费 （6-4）

投入物和产出物的影子价格中是否含税（增值税），应分析货物的供求情况，采取不同的处理方法。

① 项目产出物　当项目产出物需求空间较大，项目的产出对市场价格影响不大时，可按消费者支付意愿确定影子价格，即采用含税的市场价格。

当项目的产出物顶替了原有的市场供应，挤占了其他生产厂商的市场份额时，应该用由此节约的社会成本作为影子价格，对于市场定价的货物，其不含税的市场价格可以看作其社会成本。

② 项目投入物　对投入物的生产能力较为富裕的或较容易扩容来满足项目需要，可通过新增供应来满足项目需求的，采用社会成本作为影子价格，即不含税的市场价格。

对于投入物供应紧张，短期内无法通过增产或扩容，只能排挤原有用户来满足项目的需要时，影子价格按支付意愿确定，即采用含税的市场价格。

③ 简化处理　如果无法判断产出物是增加供给还是挤占原有供给，投入物供应是否紧张，那么也可以简化处理：产出物的影子价格采用含税的市场价格；投入物的影子价格采用不含税的市场价格。但这种方法要慎用。

【例 6-2】 某项目生产的产品中包括市场急需的聚丙烯产品，预测的目标市场价格为 9000 元/吨（含税价），项目到目标市场运杂费为 100 元/吨，在进行经济分析时，聚丙烯的影子价格如何确定？

解：由于聚丙烯是市场急需的产品，市场需求空间较大，项目的产出对市场价格影响不大，应该按消费者支付意愿确定影子价格，即采用含税的市场价格为基础计算影子价格，9000－100＝8900（元/吨）。

（2）政府调控价格货物的影子价格

① 电价　电力作为项目投入物时，可按完全成本分解定价，电力过剩时按可变成本分解定价；作为项目产出物时，可按电力对当地经济边际贡献率定价。

② 水价　水作为项目投入物时，按后备水源的成本分解定价，或者按恢复水功能的成本定价；作为产出物时，按消费者支付意愿或者按消费者承受能力加政府补贴定价。

③ 铁路运价　铁路运输作为项目投入物时，可按完全成本分解定价，对运能富裕的地区，按可变成本分解定价，在铁路运输紧张地区，应当按被挤占用户的支付意愿定价。铁路运输作为项目产出物时，按替代运输量运输成本的节约、诱发运输量的支付意愿等测量。

3. 特殊投入物的影子价格

(1) 劳动力的影子价格

劳动力作为一种资源，项目使用了劳动力，社会要为此付出代价，国民经济分析中用“影子工资”来表示这种代价。影子工资是指项目使用劳动力，社会为此付出的代价，它包括劳动力的机会成本和劳动力转移而引起的新增资源消耗两个部分。

劳动力机会成本是影子工资的主要组成部分，技术熟练程度要求高的，稀缺的劳动力，其机会成本高，反之机会成本低。

新增资源消耗是指劳动力在本项目新就业或由原来的岗位转移到本项目而发生的经济资源消耗，包括迁移费、新增的城市交通、城市基础设施配套等相关投资和费用。

影子工资一般是通过影子工资换算系数计算的。影子工资换算系数是影子工资与财务分析中劳动力的工资之比。

$$影子工资=名义工资\times影子工资换算系数 \tag{6-5}$$

式中，名义工资为财务分析中的工资及福利之和。影子工资换算系数的取值：对于技术性的劳动力，换算系数为1；对于非技术劳动力，换算系数在0.25～0.8之间。

(2) 土地的影子价格

土地是一种特殊投入物，在我国是一种稀缺资源。项目使用了土地，就造成了社会费用，无论是否实际需要支付费用，都应根据机会成本或消费者支付意愿计算土地影子价格。

① 非生产性用地的土地影子价格　项目占用住宅区、休闲区等非生产性用地，市场完善的，应根据市场交易价格作为土地影子价格；市场不完善或无市场交易价格的，应按消费者支付意愿确定土地影子价格。

② 生产性用地的土地影子价格　项目占用生产性用地，主要指农业、林业、渔业及其他生产性用地，按照这些生产用地的机会成本及因改变土地用途而发生的新增资源消耗计算。

$$土地影子价格=土地机会成本+新增资源消耗 \tag{6-6}$$

式中，土地机会成本按照项目占用土地而使社会成员由此损失的该土地“最佳可行替代用途”的净效益计算。通常该净效益应按影子价格重新计算，并用项目计算期各年净效益的现值表示。

新增资源消耗应按照在“有项目”情况下土地的占用造成原有地上附属物财产的损失及其他资源耗费来计算。土地平整等开发成本通常应计入工程建设投资中，在土地影子价格中不再重复计算。

(3) 自然资源的影子价格

在国民经济分析中，各种有限的自然资源也被归为特殊投入物。项目使用了自然资源，社会经济就为之付出了代价。如果该资源的市场价格不能反映其经济价值，或者项目并未支付费用，该代价应该用表示该资源经济价值的影子价格表示，而不是市场价格。矿产等不可再生资源的影子价格应当按该资源用于其他用途的机会成本计算，水和森林等可再生资源的影子价格可以按资源再生费用计算。为方便测算，自然资源影子价格也可以通过投入物替代方案的费用确定。

二、影子汇率

影子汇率是指能正确反映外汇真实价值的汇率，即外汇的影子价格。在国民经济分析中，影子汇率通过影子汇率换算系数计算。影子汇率换算系数是影子汇率与国家外汇牌价的比值，由国家统一测定和发布。根据我国外汇收支情况、进出口结构、进出口环节税费及出口退税补贴等情况，目前我国的影子汇率换算系数的取值为1.08。

$$影子汇率=外汇牌价\times影子汇率换算系数 \tag{6-7}$$

【例6-3】 美元兑人民币的外汇牌价为：1美元＝6.83人民币，试计算美元的影子汇率。

解：美元的影子汇率＝6.83×1.08＝7.38（元人民币/美元）

影子汇率换算系数越高，外汇的影子价格越高，产品是外贸货物的项目效益较高，评价结论会有利于出口方案。同时外汇的影子价格较高时，项目引进投入物的方案费用较高，评价结论会不利于引进方案。

三、社会折现率

社会折现率表示从国家角度对资金机会成本和资金的时间价值的估量，它反映了资金占用的费用，其存在的基础是不断增长的扩大再生产。

社会折现率是根据社会经济发展多种因素综合测定，由专门机构统一测算发布的，我国目前的社会折现率一般取值为8%。

社会折现率是经济分析的重要通用参数，既用作经济内部收益率的判别基准，也用作计算经济净现值的折现率。适当的社会折现率有助于合理分配建设资金，引导资金投向对社会经济贡献大的项目，调节资金供需关系，促进资金在短期和长期项目间的合理配置。当国家需要缩小投资总规模时，可以提高社会折现率，反之则减低社会折现率。同样，在方案或项目比选时，社会折现率越高，越不利于初始投资大而后期费用节约或收益增大的方案或项目，因为后期的效益折算为现值时折减率较高。当社会折现率较低时，情况正好相反。

第四节　国民经济分析的评价指标

国民经济分析中，当费用和效益流量识别和估算完毕后，应编制经济费用效益分析表，并根据报表计算经济内部收益率和经济净现值，进行经济费用效益分析（经济盈利能力分析），判断项目的经济合理性。

一、经济费用效益分析指标

1. 经济净现值

经济净现值（$ENPV$）是指用社会折现率将项目计算期内各年的经济净效益流量折算到项目建设期初的现值之和，是经济费用效益分析的主要指标。计算公式为：

$$ENPV=\sum_{t=1}^{n}(B-C)_t(1+i_s)^{-t} \tag{6-8}$$

式中　B——经济效益流量；

C——经济费用流量；

$(B-C)_t$——第t年的经济净效益流量；

n——计算期，以年计；

i_s——社会折现率。

经济净现值是反映项目对社会经济净贡献的绝对量指标。项目的经济净现值等于或大于零，表示社会经济为拟建项目付出代价后可以得到符合或超过社会折现率所要求的以现值表示的社会盈余，说明项目的经济盈利达到或超过了社会折现率的基本要求，认为从经济效率看，该项目可以被接受。经济净现值越大，表明项目带来的以绝对数值表示的经济效益越大。

2. 经济内部收益率

经济内部收益率（$EIRR$）是指能使项目在计算期内各年经济净效益流量的现值累计等于零时的折现率，是经济费用效益分析的辅助指标。经济内部收益率可由下式表达：

$$\sum_{t=1}^{n}(B-C)_t(1+EIRR)^{-t}=0 \tag{6-9}$$

式中　$EIRR$——经济内部收益率，其余符号意义同前式。

经济内部收益率的计算同财务内部收益率，可采用手算试差法或借助计算机软件进行。

经济内部收益率是从资源配置的角度反映项目经济效益的相对量指标，表示项目占用的资金所能获得的动态收益率，反映资源配置的经济效率。项目的经济内部收益率等于或大于社会折现率时，表明项目对社会经济的净贡献达到或者超过了社会折现率的要求。

二、经济费用效益分析报表

经济费用效益分析的主要报表是“项目投资经济费用效益流量表”（表 6-1）。该表综合反映项目计算期内各年的按项目投资口径计算的各项经济效益与费用流量及净效益流量，并可用来计算项目投资经济净现值和经济内部收益率指标。

表 6-1　项目投资经济费用效益流量表　　单位：万元

序　号	项　　目	合计	计算期			
			1	2	……	n
1	效益流量					
1.1	项目直接效益					
1.2	资产余值回收					
1.3	项目间接效益					
2	费用流量					
2.1	建设投资					
2.2	维持运营投资					
2.3	流动资金					
2.4	经营费用					
2.5	项目间接费用					
3	净效益流量(1－2)					
计算指标：						
经济内部收益率/%						
经济净现值(i_s=　%)						

经济费用效益分析报表可以按照前述效益和费用流量识别和计算的原则和方法直接进行编制，也可以在财务现金流量表的基础上进行调整编制。调整过程中，可能还需要编制“经

济费用效益分析投资费用估算调整表”、“经济费用效益分析经营费用估算调整表”、“项目直接效益估算调整表”、“项目间接费用估算表”、“项目间接效益估算表”，这里就不再细述。如需编制，具体可参照国家发改委和建设部编制的《建设项目经济评价方法与参数》第三版。

思考题及习题

6-1. 国民经济分析的含义是什么？它与财务分析的区别与联系体现在哪些方面？

6-2. 国民经济分析中效益与费用如何识别？

6-3. 什么是影子价格？各类货物的影子价格如何确定？什么是影子汇率？如何计算？

6-4. 什么是社会折现率？它在经济评价中有何作用？

6-5. 国民经济评价的报表有哪些？评价指标有哪些？与财务分析有何不同？

第七章　技术改造和设备更新的经济分析

学习目标

能计算设备经济寿命。能对设备的更新与大修进行经济分析和判断。掌握技术改造项目经济评价的方法。

固定资产投资建设主要包括新建、扩建和技改。新建和扩建都是以增加生产要素的数量来增加社会生产能力，主要反映为外延型扩大再生产。技术改造是在不增加生产要素的基础上，通过对落后的技术、工艺、设备等的改造来提高现有各种生产要素的质量，以达到增加产品品种、提高产品质量、扩大生产能力、降低生产成本、提高企业和社会经济效益的目的。所以，技术改造是以内涵为主的扩大再生产，体现集约型的增长。

第一节　技术改造的经济分析

以科学技术进步为前提，将科学技术成果应用于企业生产的各个环节，用先进的技术改造落后的技术，用先进的工艺和装备代替落后的工艺和装备，达到提高质量、节约能源、降低原材料消耗、全面提升社会综合效益的目的行为称为技术改造。

一、技术改造的特点

技术改造项目与一般新建项目相比，具有以下特点。

1. 强调技术进步

技术改造项目更多地必须体现在技术的进步上，必须有新的技术因素，而不是单纯地扩大生产能力和复制原有技术，是为了挖掘现有企业的生产潜力，提高生产效率，降低消耗而进行的技术改革。新项目的基本建设也强调技术进步，但由于是新建，它的技术水平不存在自身比较，一般不属于技术改造的范畴；设备更新的方式中现代化改装也属技术改造。但如果设备更新仅是原水平的重复，则不属于技术改造；在设备的大修理过程中，如果大修理仅是恢复设备原来的技术性能和技术水平，不是技术改造。但若有新的技术因素加入，能提高设备的技术水平，则应视为技术改造。

2. 建设目标的多样性

技术改造项目的建设目标往往呈现局部性和多样性，如为了降低生产能耗、改善产品结构，或提高产品质量、提高技术装备水平，或减轻劳动强度、改善工作条件，或治理“三废”污染、保护环境等；而新建项目的目标比较单一，就是为了扩大生产规模，或开发新产品。

3. 强调以现有条件为主

技术改造是以现有企业或现有的生产过程、设备为对象，通过技术改造提高效益、扩大再生产，不涉及新建项目，通常不需要或很少需要增加新的基础设施和服务设施。因而，土建工程量较少，安装工程量也较少。反之对于此类项目的建设或多或少要受到企业现有生产条件的影响，在项目的规模和布局上一定程度会受到现有空间和现有设施的制约。

4. 强调持续及系统性

在不同的发展时期，对技术改造的内容和要求是不同的，这是由科学技术的不断进步和生产力不断发展所决定的。只要有新的科学技术出现，企业就应该为应用这些技术而不断地进行技术改造。另外，技术的含义包括实物形态的硬技术，也应包括智力形态的软技术。技术改造是要使原来比较落后的设备、工艺技术和产品更新为比较先进的设备、工艺技术和产品，同时也要使技术人员和技术工人的技术素质和技能不断地提高，适应新设备、新工艺的运用和新产品生产的更高要求。所以，技术改造不是单方面的设备和工艺技术改造，而是综合技术的提高，是系统的技术改造。

二、技术改造的内容

技术改造按照改造的程度可分为全面的技术改造、专业的技术改造及局部技术改造。全面的技术改造是指企业对生产过程的各个环节和单元进行整体的技术改造；专业的技术改造是指企业以专业性的项目，如环保、节能、改善工艺、降低原材料消耗等为内容的技术改造；局部的技术改造是指企业在局部进行的小规模技术改造。例如，挖潜改造项目，填平补齐项目或者成套配套项目等。

技术改造的主要内容有：

1. 产品更新换代，增加花色品种

产品都具有其生命周期，陈旧、落后的产品就会失去竞争力。随着社会经济和文化生活的发展，人们对产品的需求更趋多样化、个性化，对产品性能有多种层次的要求。在科学技术迅速发展的时代，产品的寿命周期大大缩短；技术的发展也为新品种、新功能产品的开发提供了技术基础。只有不断地更新产品，才能提高竞争能力，保持长期、稳定的发展。所以，产品的更新对化工行业，特别是精细化工、制药、日用化工行业等尤为重要，应作为技术改造的核心内容。

2. 技术装备的改装更新

技术装备的改装更新，是用不断出现的先进设备取代落后的设备，提高生产效率，降低能源、原材料的消耗，稳定或提高产品质量。要能够采用先进的装备，必须掌握技术发展的方向，了解最新的技术成果。因此，人员素质的不断更新和提高，是重要的基础条件。结合工艺设备技术改造，对人员进行继续教育和再培训，应引起足够的重视。

3. 生产方法和工艺的改革

生产方法和工艺的改革，是指用新的生产方法或先进的工艺技术路线，取代原有落后的生产方法和工艺。对于不少化工产品的生产，只有采用先进的生产技术路线，才能显著地降低成本，从根本上减少或消除环境污染，或者能根据市场需求及时调整产品结构，增强竞争能力，保持稳定、可靠的发展。生产方法和工艺的技术改造涉及的工作量较大，与技术装备的改革应配套进行，也是产品更新的重要保证。

4. 三废的治理和综合利用

废水、废气和废渣是化工过程常见的问题，也是影响企业可持续发展甚至生存的重要因素。所以，治理三废污染，减少或消除污染是技术改造的重要内容。对有的企业可能因没能有效地解决这类问题，而被主管部门关闭，或者其产量受到限制。治理污染的方法除了采用新工艺、新装备外，对三废物的回收和综合利用以及原料的综合利用，也是技术改造的内容之一。

5. 生产环境的改造

生产环境或劳动条件的状况，对劳动者的心理状态和身体健康有很大的影响，从而对产品质量和产量等产生影响。生产环境或劳动条件的改善，是技术改造的一项重要内容。

三、技术改造项目经济评价的特点及内容

技术改造项目的经济评价，除应遵循一般新建项目经济评价的原则和基本方法外，还必须充分考虑技术改造项目的特点。

技术改造项目以现有企业为对象，是在现有企业和技术的基础上进行的，它在不同程度上利用了企业现有的资产和资源，以增量资产调动存量资产，以较小的新增投入换取较大的新增产出。这是技术改造项目经济评价的一大特点。同时，由于技术改造项目的建设往往与现有企业未改造部分的生产经营同步进行且生产经营的状况还会变化，因此技术改造项目的效益与费用的识别与计算与一般新建项目不同，对于一些效益与费用不能独立计算的项目应采用“有无对比法”进行计算。

技术改造项目的经济评价也分为财务评价和国民经济评价两部分。财务评价主要进行盈利能力分析、偿债能力分析。财务评价的指标有财务内部收益率、财务净现值、投资回收期、投资利润率、投资利税率、资本金利润率、资产负债率、固定资产投资借款偿还期、流动比率、速动比率等。

国民经济评价一般只进行盈利能力分析，涉及产品出口创汇及替代进口节汇的项目，还应进行外汇效果分析。国民经济评价的指标主要有经济内部收益率、经济净现值、经济外汇净现值、经济换汇（节汇）成本等。

四、技术改造项目经济评价的方法

技术改造项目的经济评价应着重考察项目建设和不建设两种情况下的效益与费用的差别，这种差别就是技术改造项目的效果。技术改造项目经济效果的评价方法通常有总量效果评价法（简称总量法）和增量效果评价法（简称增量法）两种。

1. 总量法

技术改造项目的建设与不建设是有待决策的两个方案。这两个方案是互斥的。对于这两个互斥方案，可以首先计算各个方案的绝对效果，然后进行比较，这就是总量法。总量法的含义是从总量上衡量各方案的效果，不涉及效益与费用的划分，即不需要判断它们是属于新增的还是属于原有的。

总量法虽然具有同时显示方案绝对效果和相对效果的优点，但往往需要将原有资产视为投资，从而需要对原有资产进行评估。而资产评估是一项十分复杂和困难的工作，其工作量和难度往往超过项目评价本身。另外，总量法也不能反映用于技术改造的投资可达到的收益水平，因而只能对项目建设与不建设的相对优劣进行判断，但无法反映当存在其他投资机会时技术改造是否最优。

2. 增量法

技术改造项目的经济评价多数采用增量法。增量法是对改扩建和技术改造项目产生的增量

效果进行评价，即对增量效益和增量费用进行比较，从而确定改扩建和技术改造的经济效果。

增量法评价技术改造项目时，其经济效益根据技术改造项目的目标不同表现也多种多样。对于以扩大生产规模为目标的项目，其经济效益主要表现为由于产品销售量增加，以及由于产量增加而使成本降低所获得的实际效益；对于以提高产品质量为目标的项目，其经济效益表现为由于产品质量提高而使得产品销售对象、销售量、销售价格或生产成本变化所获得的实际效益；对于以改进原有工艺、更新陈旧设备为目标的项目，其经济效益主要表现为由于劳动生产率提高、设备使用费用和修理费减少、单位产品成本下降所获得的实际效益。在费用认定上，技术改造项目的费用包括新增固定资产投资、可利用的原有固定资产的投入、新增流动资金、新增经营费用，以及技术改造过程中的停产或减产损失、废弃固定资产的拆除费用等。

技术改造项目的盈利能力分析一般采用增量法。用增量法进行盈利能力分析的基本程序为：首先计算技术改造产生的增量现金流量，然后根据增量现金流量进行盈利能力分析指标的计算，最后根据计算结果做出决策判断。

增量现金流量的计算是增量法的关键步骤。增量现金流量的计算应采用有无对比法，即用有项目的未来现金流量减无项目的未来现金流量。用增量法进行盈利能力分析所采用的经济效果指标主要是增量净现值和增量内部收益率，也可以根据实际情况和需要运用增量投资利润率、增量投资利税率、资本金利润率、增量投资回收期等。

【例 7-1】 某企业现有固定资产、流动资产 800 万元。技改前（即现在，第 0 年末）及不进行技改的未来 8 年的有关预测数据如表 7-1；若进行技改，需投资 180 万元，且改造当年收益及其未来 8 年的有关预测数据如表 7-2。如果基准收益率 $i_0=10\%$，而且该厂不存在关停并转问题，试分析该厂是否进行技改。

表 7-1 技改前及不进行技改的未来 8 年的有关预测数据 单位：万元

年　末	0	1	2	3	4	5	6	7	8
销售收入	600	600	600	550	550	500	500	500	500
资产回收									200
经营成本和其他收入	430	340	430	440	420	390	390	390	390

表 7-2 改造当年收益及未来 8 年的有关预测数据 单位：万元

年　末	1	2	3	4	5	6	7	8
销售收入	650	650	650	650	650	650	650	650
资产回收								250
经营成本和其他收入	450	450	450	460	460	460	460	460

解： 首先根据改扩建投资及有无项目计算增量现金流量，如表 7-3 所列。

表 7-3 增量现金流量的计算 单位：万元

年　末	0	1	2	3	4	5	6	7	8
销售收入		50	50	100	100	150	150	150	150
资产回收									50
投资	180								
经营成本和其他收入		20	10	30	40	70	70	70	70
增量效益		50	50	100	100	150	150	150	200
增量费用	180	20	10	30	40	70	70	70	70
增量净现金流量	−180	30	40	70	60	80	80	80	130

根据表 7-3 所列的增量现金流量，其增量净现值为 170.43 万元，增量内部收益率为 27.53%。因为增量净现值大于零，增量内部收益率大于基准收益率，所以改扩建投资在经济上是合理的，企业应进行改扩建。

第二节　设备更新经济分析

设备更新是指对在技术上或经济上不宜继续使用的设备，用新的、比较先进的设备进行更换，或用先进的技术进行改造。设备更新和技术改造有密切的联系，它是技术改造的主要内容，当技术改造是以生产设备的更新改造为基本内容时，两者就趋于一致。但一般来说，技术改造的含义比设备更新更加广泛，设备更新可以认为是技术改造的一类形式。

一、设备的磨损

设备在使用或闲置过程中，由于物理作用（如冲击力、摩擦力、振动、扭转、弯曲等）、化学作用（如锈蚀、老化等）或技术进步的影响等，使设备遭受了损耗，称为设备的磨损。设备的磨损分为有形磨损和无形磨损两种形式。

1. 有形磨损

设备有形磨损是设备在使用或闲置过程中发生的实物形态的变化。根据有形磨损的原因不同，可将其分为两种。第一种有形磨损是设备在使用过程中，在外力作用下，零部件产生摩擦、振动和疲劳，引起设备实体的磨损。通常表现为：零部件原始尺寸的改变，形状的改变，公差配合性质的改变及精度的下降，零部件的损坏等。第二种有形磨损是设备在闲置时，由于自然力的作用而发生的金属件锈蚀，橡胶、塑料件老化，使设备原有精度和工作能力下降。

2. 无形磨损

设备无形磨损有两种形式：第一种无形磨损是由于设备制造技术的改进，劳动生产率的提高，使同类设备再生产价值降低，原设备相对贬值；第二种无形磨损是由于新技术的开发利用，生产出性能更完善、效率更高的设备，使原有设备显得陈旧落后从而贬值。

设备在使用过程中发生的磨损实际上是由有形磨损和无形磨损同时作用而产生的，也称为综合磨损。虽然两种磨损的共同点是两者都会引起设备原始价值的贬值，但不同的是有形磨损比较严重的设备，在修复补偿之前，往往不能正常运转，大大降低了作用性能；而遭受无形磨损的设备，如果其有形磨损程度比较小，则无论其无形磨损的程度如何，均不会影响正常使用，但其经济性能必定发生变化，需要经过经济分析以决定是否继续使用下去。

二、设备更新的经济分析

为维持设备正常工作所需要的特性和功能，必须对已遭磨损的设备进行及时合理的补偿，补偿的方式有大修理、更换、现代化改装。其补偿方式随不同的磨损情况而有所不同。若设备磨损主要是有形磨损所致，则应视有形磨损情况而决定补偿方式。如磨损较轻，则可通过大修理进行补偿；如磨损较重，修复时需花费较多的费用，这时选择更新还是修理，则应对其进行经济分析比较，以确定恰当的补偿方式；若磨损太严重，根本无法修复，或虽修复，但其精度已达不到，则应该以更新作为补偿手段。对于由于无形磨损所致，则应采用局部更新（设备现代化改装）或全部（整台设备）更新。

1. 设备寿命

设备的寿命是指设备从投入使用开始，由于磨损，直到设备在技术上或经济上不宜使用为止的时间。由于受到有形磨损和无形磨损的影响，设备寿命有几种不同的形态：

① 物理寿命　物理寿命也称为自然寿命，是指设备从投入使用开始，直到不再具有正常功能而报废时为止的整个时间过程。设备抵抗有形磨损的能力，与无形磨损无关。

② 技术寿命　技术寿命是指设备能维持其使用价值的时间过程，即从设备投入使用开始，随着技术进步和性能更好的新型设备的出现，使其因技术落后而丧失了使用价值，它的长短主要取决于无形磨损的影响，一般短于物理寿命。科学技术发展越快，设备技术寿命越短。

③ 折旧寿命　折旧寿命即为设备的折旧年限，它是指按国家财务通则和财务制度规定的折旧原则和方法，将设备的原值通过折旧方式转入产品成本，直到设备的折旧余额达到设备注销时所经历的时间。

④ 经济寿命　经济寿命是指设备从投入使用开始到如果继续使用经济上已经不合理为止的整个时间过程。它是由有形磨损和无形磨损共同作用决定的。

2. 设备经济寿命的确定

经济寿命是从经济的角度考察设备使用的合理时间界限。设备在使用过程中，从经济上看，一方面随着使用时间的延长，设备的磨损程度逐渐增大，造成设备的技术性能也逐渐劣化，效率降低，维修量加大，平均年运行费用逐渐增大，从而使平均年收益逐渐减少。另一方面，随着时间的延长，设备投资分摊到每年的数额，即平均折旧额减少。可见，年平均维持费和年平均折旧费对平均年净收益有着不同的影响，并随着设备使用时间的延长发生相应的变化。如图 7-1 所示。

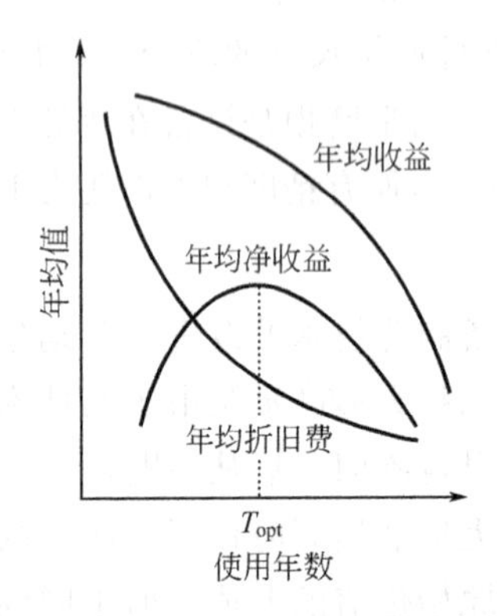

图 7-1　年均净收益的变化示意图

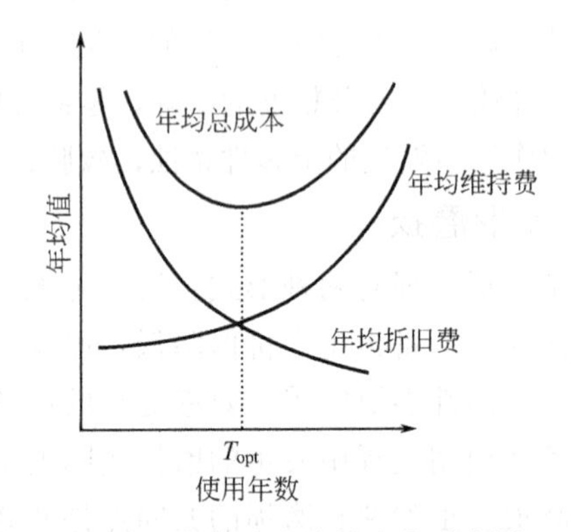

图 7-2　年均总成本的变化示意图

年均净收益曲线是年均收益曲线与年均折旧费曲线之差，故是一条上凸的曲线，存在着极大值。极大值所对应的设备使用年限 T_{opt}，即是设备的经济寿命。它表明，当设备的使用年限等于设备的经济寿命时，设备产生的年均净收益最大；而超过经济寿命，由于年均净收益下降，就可考虑设备的更新或更换。此外，如果设备的使用年限不到设备的经济寿命，由于平均分摊到各年的折旧费用增大，致使设备的年均净收益受到不利的影响，这时，更换设备也可能是不合适的。

为了计算设备的经济寿命，也可以从设备的平均年总成本的变化来考察。在图 7-2 中，年均总成本曲线是年均折旧费曲线和年均维持费曲线之和，是一条下凹的曲线，有极小值存在。该极小值所对应的设备使用年限 T_{opt}，也即设备的经济寿命。从上述分析可知，年均净收益和年均总成本都随着设备使用年限而变化，且有极大值或极小值存在。只要求出极大值或极小值所对应的年限，即可知道设备的经济寿命。

设备经济寿命的计算通常可采用年均费用法和低劣化数值法。

(1) 年均费用法

年均费用法是通过计算出设备在使用年限中各年的总费用，以及到某年为止的年平均费用。最小年平均费用所对应的年限即为设备的经济寿命。

在不考虑资金的时间因素时，设备使用的年均费用为：

$$AC_t=\frac{\sum_{t=1}^{n}C_t+D_t}{t}$$

式中 AC_t ——设备使用 t 年条件下的年均费用；

C_t ——设备第 t 年的维持费；

D_t ——设备使用至第 t 年的累计折旧费。

如果考虑资金的时间因素，计算公式为：

$$AC_t=[I_0-S_t\ (P/F,i,t)+\sum_{t=1}^{n}C_t(P/F,i,t)](A/P,\ i,\ t)$$

式中 I_0 ——设备原值；

S_t ——第 t 年时设备的残值。

由上述公式计算出设备使用到不同年限时的年均费用 AC_t，其中最小 AC_t 所对应的年限就是设备的经济寿命。

【例 7-2】 某设备原始费用为 20000 元，每年的使用费及年末的残值见表 7-4，试计算这台设备的经济寿命。

表 7-4 某设备每年的使用费及年末的残值 单位：万元

服务年限	年度使用费用	年末残值
1	2200	10000
2	3300	9000
3	4400	8000
4	5500	7000
5	6600	6000
6	7700	5000
7	8800	4000
8	9900	3000
9	11000	2000
10	12100	1000

表 7-5 经济寿命计算 单位：万元

使用年限(1)	年度使用费(2)	年末使用费之和(3)=Σ(2)	年平均使用费(4)=(3)÷(1)	年末的估计残值(5)	年末退出使用的资金恢复费用(6)=[20000−(5)]÷(1)	该年限内的年平均费用(7)=(4)+(6)
1	2200	2200	2200	10000	10000	12200
2	3300	5500	2750	9000	5500	8250
3	4400	9900	3300	8000	4000	7300
4	5500	15400	3850	7000	3250	7100
5	6600	22000	4400	6000	2800	7200
6	7700	29700	4950	5000	2500	7450
7	8800	38500	5500	4000	2286	7786
8	9900	48400	6050	3000	2125	8175
9	11000	59400	6600	2000	2000	8600
10	12100	71500	7150	1000	1900	9050

解：计算列于表 7-5。

从表 7-5 中可看出，第 4 年的年平均费用最低，因此该设备的经济寿命为 4 年。

(2) 低劣化数值法

随着使用时间的增长，设备的磨损程度会不断加剧，使得设备的性能下降，为此维持费用不断增加，这种情况称为设备的低劣化。在对设备的各种费用和分项低劣化数值缺乏的情况下，可以假定设备的低劣化程度逐年线性增加，每年增加值为 λ。如果设备使用 t 年，则第 t 年的运转费用劣化值为 $t\lambda$，而在 t 年内的平均劣化值则是：

$$\frac{\lambda+2\lambda+\cdots+t\lambda}{t}=\frac{t+1}{2}\lambda$$

如不考虑资金的时间价值，设备的年平均总费用将为：

$$AC_t=\frac{t+1}{2}\lambda+\frac{I_0-S}{t}$$

由于经济寿命是年平均总费用最小的使用年限，即 AC_t 值最小时的 t 值，可对 AC_t 进行微分，并令：$\mathrm{d}AC_t/\mathrm{d}t=0$

$$T_{\mathrm{opt}}=\sqrt{\frac{2\ (I_0-S)}{\lambda}}$$

则相应的最低年均费用为：

$$AC_{\min}=\frac{T_{\mathrm{opt}}+1}{2}\lambda+\frac{I_0-S}{T_{\mathrm{opt}}}$$

【例 7-3】 某企业两年前花费 7 万元购买了一台设备，估计可用 7 年，期末残值为 0，现已服务两年，设后期该设备的年低劣化数值为 5000 元/年，求该设备剩余的经济寿命。(设备按直线法折旧)

解：设备使用两年后，按照直线法折旧，设备的价值为 5 万元，即 $I_0=50000$ 元，$S=0$ 元，$\lambda=5000$ 元。

则：$T_{\mathrm{opt}}=[2\times(50000-0)/5000]^{1/2}=4.47$ (年)

第三节　设备大修的经济分析

设备的有形磨损将导致设备性能的低劣化。但是由于设备各零部件所受有形磨损是不均匀的，有轻有重，故这种低劣化可以借助大修理得到全面或局部的抵补。大修时，机器设备要全部解体，更换或修理那些不合格的零部件和主要大件，使其得以基本恢复原有性能。在大修时除了设备主体外，同时修理更换电气部分及外表翻新，从而全面消除设备的现存缺陷，恢复设备原有精度性能和效率。为了提高设备的效能，有时可结合大修进行设备的技术改造和更新。大修理既能在一定程度上恢复原设备的效能水平，又可比更新设备节省资金投入，故有很大的优越性。

一、设备大修

设备在使用过程中，由于有形磨损导致的性能退化虽然可以通过大修理得到补偿，但是长期无止境的修理会导致设备性能的逐步劣化，如图 7-3 所示。

图中 AS 表示标准性能水平，设备在使用过程中性能沿 AB_1 线下降，如不修理，仍继续使用，设备寿命很短。如果在 B_1 对应的时间上进行修理，设备性能可恢复到 B 点水平。

自 B 点起进行第二个周期的使用，设备性能继续劣化，当降至 C_1 点时，进行第二次大修理，性能可恢复至 C 点。如此下去直至 G 点，设备不能再修理了，物质寿命宣告结束。图中 A、B、C、D、E、F、G 各点连线，构成设备性能劣化曲线，反映了设备使用过程中综合质量劣化趋势。同时，随着大修理次数的增加，大修理费用将随之增加，而使用周期却随之缩短。因此，设备大修理是有限度的。所以，必须为大修理确定一个合理的经济界限。

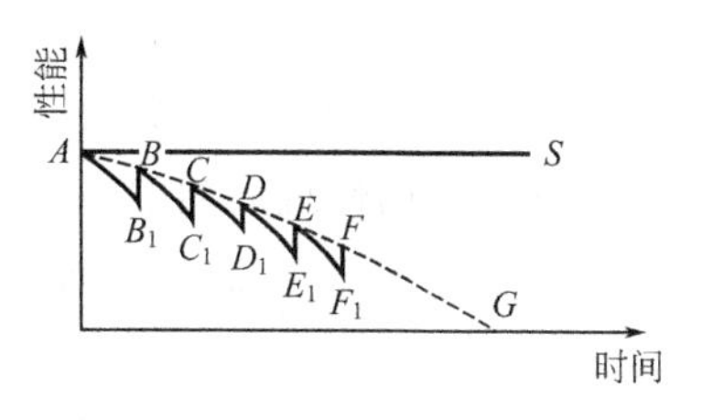

图 7-3 设备性能随时间的劣化

二、设备大修经济界限的确定

常用的设备大修理决策分析由以下两个条件判据构成。

判据 1 一次大修理费用不应超过购置同种新设备所需费用，否则该次大修理不具有经济合理性。具体判别式为：

$$R \leqslant K - D$$

式中 R——一次大修理费用；

K——相同用途新设备的价值；

D——被替换的旧设备的残值。

判据 1 是设备大修理经济合理性的极限条件，而且其成立的前提是设备大修理后的生产技术特性与同种新设备没有区别。然而事实上大修理后的设备综合性能将存在低劣化，当低劣化超过某一幅度时，判据 1 将失去意义。

判据 2 从新旧设备加工单位产品的成本的角度来分析，这个经济界限是：设备经过一次大修理后的单位产品成本不能高于同种新设备的单位产品成本，否则大修理不具有经济合理性。其具体判别式为：

$$C_r / C_n \leqslant 1$$

式中 C_r——在修过的旧设备上加工单位品成本；

C_n——在新设备上加工单位产品成本。

一台设备，大修几次在经济上最合理，这是修理工作中的一个重要经济问题。设备经过不同次数的大修之后，用它加工单位产品的成本（C_r）与两个因素有关：一是与单位产品分摊的设备费用（K/Q）有关。如果设备费用 K 为一个固定值，则生产产品数量 Q 越多，设备使用的时间越长，单位产品所分摊的设备费用就越少。二是与单位产品成本中经营费用（C/Q）有关。将同一周期内的设备费用和经营费用加和则为各修理期内与设备开动有关的成本的大小。

在不同的修理周期内，单位产品分摊的设备费用是不同的。

第一个修理周期为：$\dfrac{K_{m1}}{Q_1} = \dfrac{K_m - D_1}{Q_1}$

第二个修理周期为：$\dfrac{K_{m2}}{Q_2} = \dfrac{D_1 - R_1 - D_2}{Q_2}$

式中 K_{m1}，K_{m2}——第一、二修理周期的设备费用；

Q_1，Q_2——第一、二修理周期的产品产量；

K_m——新设备的价值；

D_1，D_2——第一、二修理周期的设备余值；

R_1——第一次大修理费用。

在不同的修理周期中，与设备开动有关的成本为：

第一个修理周期 $C_{z1}=\dfrac{K_{m1}}{Q_1}+\dfrac{C_1'}{Q_1}$

第二个修理周期 $C_{z2}=\dfrac{K_{m2}}{Q_1}-\dfrac{C_2'}{Q_2}$

在计算周期之后，加以比较，看在哪一个修理周期内这两项费用之和最小，而对应的那个修理周期就是设备最佳使用周期，表示设备应该使用到这个大修理周期。超过这个周期，再进行大修理，或延长使用期限，都是不经济的。

第四节　设备租赁决策分析

设备租赁是随着企业资产所有权和使用权的分离应运而生的设备使用形式。它是指设备的承租者按照租赁契约的规定，定期向出租者支付一定数额的租赁费从而取得设备的使用权，设备的所有权不发生改变，仍然归出租者所有。

设备租赁对双方的有利之处在于：对于出租者，由于出租设备的所有权不发生变化，因而不会伴随如资金贷款形式那么大的投资风险，并且可以避免设备的使用效率低和设备闲置，出租设备所得的租金一般也高于出售设备的价值；对于承租者，可以解决购置设备资金不足和借款受到限制等问题，可以将由租赁节约下来的资金用到更为有利和迫切的生产方面。更重要的是，承租者通过租赁提高了生产能力，从而能获得更多的收益，同时避免承担因技术进步造成的资产过时的报废风险。

一、设备租赁形式

1. 融资性租赁

融资性租赁是一种融资和融物相结合的租赁方式。它是由双方明确租让的期限和付费义务，出租者按照要求提供规定的设备，然后以租金形式回收设备的全部资金。这种租赁方式是以融资和对设备的长期使用为前提的，租赁期相当于或超过设备的寿命期，租赁对象往往是一些贵重和大型设备。由于设备是承租者选定的，出租者对设备的整机性能、维修保养、老化风险等不承担责任。对于承租人来说，融资租赁的设备属于固定资产，可以计提折旧计入企业成本，而租赁费一般不直接列入企业成本，由企业税后支付。但租赁费中的利息和手续费可在支付时计入企业成本，作为纳税所得额中准予扣除的项目。

2. 经营性租赁

经营性租赁亦称业务租赁、使用租赁、管理租赁、操作性租赁等，是由出租者向承租者提供一种特殊服务的租赁，即出租者除向承租者提供租赁物外，还承担租赁设备的保养、维修、老化、贬值以及不再续租的风险。这种方式带有临时性，因而租金较高。承租者往往用这种方式租赁技术较新、租期较短的设备，承租设备的使用期往往也短于设备的寿命期。并且经营性租赁设备的租赁费计入企业成本，可减少企业所得税。承租人可视自身情况需要决定是中止还是继续租赁设备。

二、设备租赁与购置的经济比较

设备租赁与购置的经济比选也是个互斥方案选优问题，一般可用净现值法等进行比选。

经营性租入设备方案的净现金流量为：

净现金流量＝销售收入－经营成本－租赁费－销售税及附加－(销售收入－经营成本－租赁费－销售税及附加)×所得税税率

融资性租赁的设备方案净现金流量为：

净现金流量＝销售收入－经营成本－租赁费－销售税及附加－(销售收入－经营成本－折旧费－租赁费中的手续费和利息－销售税及附加)×所得税税率

而在相同条件下，购置设备方案的净现金流量为：

净现金流量＝销售收入－经营成本－设备购置费销售税及附加－(销售收入－经营成本－折旧费－销售税及附加－利息)×所得税税率

【例 7-4】 某企业需要某种设备，其购置费为 10000 元，以自有资金购买，估计使用期为 10 年，10 年后的残值为 0，如果采用融资租赁，同类设备年租赁费为 1600 元（其中利息部分为 200 元）。当设备投入使用后，企业每年的销售收入为 6000 元，销售税及附加为销售收入的 10%，设备年经营成本为 1200 元/年，所得税税率为 33%，折旧采用直线折旧法，该企业的基准收益率为 10%。要求比较租赁方案和购置方案。

解：(1) 采用购置方案

年折旧＝10000÷10＝1000（元）

年利润＝6000－6000×10%－1200－1000＝3200（元）

税后利润＝3200×(1－33%)＝2144（元）

投入使用后年净现金流量＝2144＋1000＝3144（元）

净现值＝－10000＋3144$(P/A,10\%,10)$＝9329.55（元）

(2) 采用租赁方案

折旧同购置方案。

年利润＝6000－6000×10%－1200－1000－200＝3000（元）

税后利润＝3000(1－33%)＝2010（元）

投入使用后年净现金流量＝2010＋1000－(1600－200)＝1610（元）

净现值＝1610×$(P/A,10\%,10)$＝9893.45（元）

(3) 比较两方案

通过计算，租赁方案的净现值高于购置方案的净现值，因此可以认为租赁方案优于购置方案。

思考题及习题

7-1. 技术改造的特点是什么？改造的主要内容有哪些？

7-2. 技改项目经济评价的特点和方法是什么？

7-3. 什么是设备的有形磨损和无形磨损？各有何特点？试举例说明。

7-4. 设备的寿命可划分为哪几种？它们的基本含义是什么？

7-5. 确定设备经济寿命的原理是什么？有哪些常用的方法？

7-6. 设备大修经济界限如何确定？

7-7. 什么是设备的租赁？设备租赁的形式主要有哪些？

7-8. 某企业2年前花费3000元购置了一台设备，估计可用7年，使用期末残值为0，该设备年均维持费为3200元。现有一种新设备出现，购置费用为4600元，效率与原设备相同，估计经济寿命为5年，年维持费为2200元，5年末残值为0。如果现在替换原有设备，原有设备可以1400元售出。试求：

（1）若不计资金的时间价值，现在是否应该更新？

（2）若考虑资金的时间价值，设 $i=8\%$，现在是否应更新？

7-9. 设某设备的原值为10000元，各年的维修费及设备残值见表7-6，试分别考虑资金时间因素和不考虑资金的时间因素；计算该设备的经济寿命。

表 7-6 某设备各年的维修费及设备残值 单位：元

使用年数 t	1	2	3	4	5	6	7
年维持费 C_t	1250	1560	2180	2800	3450	4500	5630
年末残值 S_t	6300	4000	3000	2200	1500	940	620

7-10. 在题7-9中，若设备已使用两年，设备尚值4000元。现因技术更新加速，设备年低劣化值为800元，最终残值为300元，试求设备的剩余经济寿命。

第八章　化工项目经济评估案例

学习目标

能根据项目的基础数据，读懂并理解项目各财务报表中的数据以及相关评价指标。

一、项目概述

某橡胶防老剂新建项目，该项目财务评价是在可行性研究完成市场需求预测，从建设规模、工艺技术方案、原材料、燃料及动力的供应、建厂条件和厂址方案、公用工程和辅助设施、环境保护、工厂组织和劳动定员以及项目实施规划诸方面进行研究论证和多方案比较后，确定了最佳方案的基础上进行的。

二、基础数据

1. 建设规模和产品方案

建设规模：年产量 5000 吨。

产品方案：橡胶防老剂。

2. 实施进度

建设期 1 年，生产期 6 年，计算期共 7 年。

达产进度：第 2 年达产 70%，第 3 年达产 90%，第 4 年达产 100%。

3. 总投资及资金筹措

(1) 建设投资（不含建设期利息）

第一部分　工程费用

① 设备购置费：250 万元；

② 建筑工程费：150 万元；

③ 安装工程费：取设备购置费的 16%。

第二部分　其他费用：

① 其他资产（开办费）：20 万元；

② 土地费用：征用土地 14 亩，10 万元/亩（注：计入固定资产原值）。

预备费用：基本预备费取第一部分与第二部分费用的 10%，差价预备费不考虑。

(2) 建设投资（不含建设期利息）**安排**

① 资本金占 50%，第 1 年投入；

② 借款占 50%，年利率 6%。建设期利息以借款方式支付。

(3) 流动资金

① 流动资金按分项详细估算法估算，各项周转次数：应收账款 24 次，原辅材料 24 次，燃料动力 24 次，在制品 180 次，制成品 24 次，现金 12 次，应付账款 24 次。

② 各年流动资金投资安排：按生产负荷逐年计算并投入。其中铺底流动资金（资本金）占 30%，于生产期第 1 年投入，其余为借款，年利率 5.8%。

4. 产品售价

产品售价（含增值税，税率 17%）：2 万元/吨。

5. 产品销售税金及附加和增值税

产品增值税销项税率为 17%，进项税率中原辅材料税率为 17%，燃料动力为 13%。城市维护建设税税率为 5%，教育费附加税率为 4%。

6. 总成本费用估算依据

① 外购原材料费（以 100%生产负荷计）8067.75 万元（已含增值税）。

② 外购燃料动力费（以 100%生产负荷计）250.00 万元（已含增值税）。

③ 劳动定员 38 人，年工资和福利费为 71.6 万元。

④ 年修理费：取固定资产原值（扣除建设期利息）的 1%。

⑤ 固定资产按年限平均法分类进行折旧计算。本项目新增生产设备按 10 年折旧，残值率为 5%；新增建筑物按 15 年折旧，残值率为 10%；其他固定资产按 10 年折旧，残值率为 5%。

⑥ 其他资产按 5 年摊销完毕。

⑦ 年其他销售费用选取：按当年的销售收入 2%估算。

⑧ 年其他制造费用选取：取固定资产原值（扣除建设期利息）的 2%估算。

⑨ 年其他管理费用选取：按照职工工资及福利费用总额的 150%估算。

⑩ 根据项目特点，外购原材料费、外购燃料动力费作为可变成本，其他的均作为固定成本计算。

7. 其他参数

① 基准收益率（折现率）为 10%；

② 企业所得税率为 25%；

③ 公积金取税后利润的 10%，公益金取税后利润的 5%（注：在其借款未还清之前均不提取）；

④ 归还借款本金的资金来源：未分配利润、折旧费、摊销费。

三、辅助报表的编制

1. 建设投资估算表

按照《建设项目经济评价方法与参数（第三版）》中概算法估算项目的建设投资，投资额为 660 万元，包括工程费用、工程建设其他费用和预备费用。其中工程费用 440 万元（包括设备购置费 250 万元，建筑工程费 150 万元，安装工程费取设备购置费的 16%）；工程建设其他费用 160 万元（包括其他资产 20 万元，计入固定资产的土地费用 140 万元）；预备费用 60 万元（其中基本预备费为工程费用和工程建设其他费用之和的 10%，涨价预备费不考虑）。将数据计入表 8-1（本章表格在章末）中，完成该表的编制。

2. 建设期利息估算表

该项目建设期为 1 年，项目建设投资 660 万元，在建设期内一次性投入，其中有 50%为借款（660×50%＝330 万元），当年应计利息为 9.9 万元（$\frac{330}{2}\times 6\%$），即建设期利息。将数据计入表 8-2 中，完成该表的编制。

3. 项目总投资使用计划与资金筹措表

项目建设投资660万元，于第一年一次性投入，其中50%为资本金，50%为借款，借款利息为9.9万元。将以上数据填入表8-3中，完成对该表建设投资部分的编制。

4. 固定资产折旧费估算表

根据资本保全原则，可以将建设投资分离归类出固定资产原值为649.9万元。其中，房屋、建筑物原值150万元，机器设备原值250万元，其他原值249.9万元［包括安装工程费用40万元，工程建设其他费用（固定资产部分）140万元，预备费用60万元和建设期利息9.9万元］。按平均年限法分别计算三类资产的折旧。房屋建筑物每年折旧费用为9万元，第7年末房屋建筑物资产净值96万元，机器设备每年折旧费为23.75万元，第7年末机器设备资产净值107.5万元，固定资产其他费用每年折旧费为23.74万元，第7年末净值107.46万元。将以上数据计入表8-4中，完成对该表的编制。

5. 无形资产及其他资产摊销费估算表

项目没有无形资产。其他资产20万元，在5年内摊销，年摊销费为4万元，第6年末全部摊销完毕。将数据计入表8-5中，完成对该表的编制。

6. 外购原材料及燃料动力估算表

按照所给定的费用数据和各年的生产负荷确定每一年的具体费用额。将数据列入表8-6、表8-7中，完成对该表的编制。注意，表中费用为含税价。

7. 营业收入、营业税金及附加和增值税估算表

项目年产量为5000吨，每吨售价2万元（含税），正常年份营业收入10000万元。产品缴纳增值税、城市维护建设税和教育费附加，按照所给的税率，可计算出正常年份应缴纳的营业税金及附加为22.68万元，增值税为251.99万元。将数据计入表8-8中，完成该表的编制。

8. 流动资金估算表

流动资金采用分项详细估算法进行估算。估算公式中所需的各项周转次数已根据项目的实际情况事先给出，经营成本可由生产工艺消耗定额、劳动定员以及其他要求计算求得。以第2年为例：

经营成本＝外购原材料费＋外购燃料及动力费＋工资及福利费＋修理费＋其他费用
＝5647.43＋175＋71.6＋(649.9－9.9)×1%＋[71.6×150%＋(649.9－9.9)×2%＋7000×2%]＝6160.63（万元）

按不同的生产负荷计算出的流动资金填入流动资金估算表8-9中，可以看出，第2、3年的流动资金需要量分别为568.05万元和720.92万元。其后各年（100%负荷）的流动资金为797.36万元，流动资金各期增加额也一目了然。将以上资金量填入项目总投资使用计划与资金筹措表8-3中，就可得到项目的总投资。

项目总投资＝建设投资＋建设期利息＋流动资金
＝660＋9.9＋797.36＝1467.26（万元）

有了流动资金逐年需要量，就可以再回到项目总投资使用计划与资金筹措表，完成对该表流动资金项目的填写。流动资金在第2、3、4年分别应投入568.05万元、152.87万元和76.44万元。流动资金投资的30%为铺底流动资金239.21万元，此为自有资金，即资本金在第2年投入。不足部分由人民币借款解决，第2、3、4年分别借款328.85万元、152.87万元和76.44万元，流动资金总借款为558.15万元。

至此，项目总投资使用计划与资金筹措表、流动资金估算表编制完毕。

9. 总成本费用估算表

根据前面诸表的数据，就可以填制总成本费用估算表 8-10，总成本费用估算正常年份为 8808.81 万元，其中经营成本 8715.95 万元。

在总成本费用估算表的编制中，除利息支出一项外，其余各项数据均可从前面诸表中获得。利息支出则需根据各年年初建设投资借款与流动资金借款余额来计算。其中，建设投资借款余额涉及总成本费用估算表、利润与利润分配表和借款还本付息计划表的循环计算，故只能逐年地进行填制。

以第 2 年为例：

利息支出＝建设投资借款利息＋流动资金借款利息

$$=(330+9.9)\times 6\%+328.85\times 5.8\%=39.47\ (\text{万元})$$

加上利息支出，第 2 年的总成本费用为 6260.58 万元，为利润与利润分配表的利润计算提供了基础。

10. 借款还本付息计划表

借款还本付息计划表的编制如表 8-11 所示，表中，建设期的借款及利息计算已在前面完成，投产期的本金偿还与利息支付要依据利润与利润分配表逐年计算，要注意“三表循环”的计算问题。

四、财务评价

财务评价包括盈利能力分析、偿债能力分析、财务生存能力分析和不确定性分析。它是在基本报表编制的基础上，对各种财务评价指标进行计算，从而得出分析结论。

1. 盈利能力分析

(1) 利润与利润分配表

在利润与利润分配表中，营业收入、营业税金及附加、增值税及总成本费用数据取自于辅助报表。其中，总成本费用只能逐年填写。有了利润总额，就可以计算出所得税、净利润、盈余公积金、公益金、未分配利润等数据，见表 8-12。

利润与利润分配表中的息税折旧摊销前利润作为偿还建设投资借款本金的来源，从而可以完成借款还本付息计划表、总成本费用估算表、利润与利润分配表的循环计算。因本例中第 2 年末的息税折旧摊销前利润为 647.10 万元，远大于建设期应还本金 339.9 万元，故借款还本付息计划表在第一轮“三表循环”计算中就编制完毕了。

根据利润与利润分配表，可以计算出项目的投资收益率和资本金净利润率。

根据表中数据，项目年息税前利润（最大值）为 952.89 万元，年净利润（最大值）为 690.39 万元，项目总投资为 1467.26 万元，其中，项目资本金为 569.21 万元。

$$\text{项目总投资收益率}=\frac{\text{项目年息税前利润}}{\text{项目总投资}}\times 100\%=\frac{952.89}{1467.26}\times 100\%=64.94\%$$

该项目总投资收益率大于行业平均利润率，说明单位投资对国家积累的贡献水平超过了本行业的平均水平。

$$\text{资本金净利润率}=\frac{\text{项目年净利润}}{\text{项目资本金}}\times 100\%=\frac{690.39}{569.21}\times 100\%=121.29\%$$

项目资本金净利润率达到较高水平，说明权益性投资有较强的盈利能力。

(2) 项目投资现金流量表

根据财务评价的若干辅助报表，就可以对项目投资现金流量表 8-13 进行编制，并计算出各种财务评价指标。

项目投资财务内部收益率（税前）为 78%，项目投资财务内部收益率（税后）为 59%。项目投资财务净现值（税前）为 2632.39 万元，项目投资财务净现值（税后）为 1854.81 万元。项目投资回收期（税前）为 2.8 年，项目投资回收期（税后）为 3.4 年。财务内部收益率大于行业基准收益率，说明盈利能力满足了行业最低要求；财务净现值大于零，该项目在财务上是可以考虑接受的；项目投资回收期小于行业基准投资回收期，表明项目投资能按时收回。

(3) 项目资本金现金流量表

项目资本金现金流量表 8-14 与项目投资现金流量表的主要区别在于：现金流出中只突出了资本金的使用。根据该表计算得到：资本金财务内部收益率为 93.39%，资本金财务净现值为 1954.55 万元，均能满足项目资本金的投资收益要求，项目在财务上是可以接受的。

2. 偿债能力分析

(1) 借款偿还期

根据利润与利润分配表、借款还本付息计划表和总成本费用估算表计算项目的借款偿还期。借款本息为 339.9 万元，第 2 年末未分配利润为 410.36 万元，第 2 年应计提折旧为 56.49 万元，第 2 年应计提摊销费为 4 万元。

$$\text{借款偿还期}=2-1+\frac{339.9}{410.36+56.49+4}=1.72\ (\text{年})$$

(2) 资产负债表

资产负债表是最终的报表，反映了各年末资产、负债及所有者权益的状况，它遵循会计等式：资产＝负债＋所有者权益。倘若前面的报表有错误之处，资产负债表将“做不平”，因此用该表可检验出诸报表编制的成功与否。根据表 8-15 可计算出各年的资产负债率、流动比率和速动比率。从表中数据可以看出，项目的债务风险很小。

3. 财务生存能力分析

财务生存能力分析应根据财务计划现金流量表 8-16，综合考察项目计算期内各年的投资活动、融资活动和经营活动所产生的各项现金流入和流出，计算净现金流量和累计盈余资金。从表中看出，第一，项目的净现金流量主要来源于经营活动，说明项目方案比较合理，实现自身资金平衡的可能性大，不依赖短期融资维持运营。第二，在整个运营期间，各年的净现金流量均为正值，说明项目设计合理，财务生存能力很强。

4. 不确定性分析

计算项目第一个达产年份（第 4 年）的盈亏平衡点 BEP（%）

$$BEP=\frac{\text{第 4 年固定成本}}{\text{第 4 年营业收入}-\text{第 4 年可变成本}-\text{营业税金及附加}-\text{增值税}}\times 100\%$$

$$=\frac{491.06}{10000-8317.75-22.68-251.99}\times 100\%=34.89\%$$

计算结果表明，该项目达产后，产量只要达到设计生产能力的 34.89%就可以保本，由此可见，该项目风险是比较小的。

从上述财务评价看，财务内部收益率高于行业基准收益率，投资回收期低于行业基准投资回收期，借款偿还期能满足贷款机构的要求，项目有足够的经营净现金流量，财务生存能力较强，从盈亏平衡分析看，项目有较强的抗风险能力。因此，项目从财务上讲是可行的。

表 8-1　建设投资估算表（概算法）　　单位：万元人民币

序号	工程或费用名称	建筑工程费	设备购置费	安装工程费	其他费用	合计	其中：外币	比例/%
1	工程费用	150.00	250.00	40.00		440.00		
1.1	主体工程							
1.1.1	×××							
1.2	辅助工程							
1.2.1	×××							
1.3	公用工程							
1.3.1	×××							
1.4	服务性工程							
1.4.1	×××							
1.5	厂外工程							
1.5.1	×××							
1.6	×××							
2	工程建设其他费用				160.00	160.00		
2.1	固定资产				140.00			
2.2	无形资产							
2.3	其他资产				20.00			
3	预备费用					60.00		
3.1	基本预备费用					60.00		
3.2	涨价预备费用					0.00		
4	建设投资合计	150.00	250.00	40.00	160.00	660.00		
	比例/%	22.73	37.88	6.06	24.24	100.00		100.00

表 8-2　建设期利息估算表　　单位：万元人民币

序号	项目	合计	建设期					
			1	2	3	4	……	n
1	借款							
1.1	建设期利息	9.90	9.90					
1.1.1	期初借款余额	0.00	0.00					
1.1.2	当期借款	330.00	330.00					
1.1.3	当期应计利息	9.90	9.90					
1.1.4	期末借款余额		339.90					
1.2	其他融资费用							
1.3	小计(1.1+1.2)	9.90	9.90					
2	债券							
2.1	建设期利息							
2.1.1	期初债券余额							
2.1.2	当期债务金额							
2.1.3	当期应计利息							
2.1.4	期末债务余额							
2.2	其他融资费用							
2.3	小计(2.1+2.2)							
3	合计(1.3+2.3)	9.90	9.90					
3.1	建设期利息合计(1.1+2.1)	9.90	9.90					
3.2	其他融资费用合计(1.2+2.2)							

注：本表可与借款还本付息计划表合一。

表 8-3　项目总投资使用计划与资金筹措表　　　　单位：万元人民币

序号	项　目	合　计			1			2			3			4		
		人民币	外币	小计	人民币	外币	小计	人民币	外币	小计	人民币	外币	小计	人民币	外币	小计
1	总投资	1467.26		1467.26	669.90		669.90	568.05		568.05	152.87		152.87	76.44		76.44
1.1	建设投资	660.00		660.00	660.00		660.00									
1.2	建设期利息	9.90		9.90	9.90		9.90									
1.3	流动资金	797.36		797.36				568.05		568.05	152.87		152.87	76.44		76.44
2	资金筹措	1467.26		1467.26	660.00		660.00									
2.1	项目资本金	569.21		569.21	330.00		330.00	239.21		239.21						
2.1.1	用于建设投资	330.00		330.00	330.00		330.00									
2.1.2	用于流动资金	239.21		239.21				239.21		239.21						
2.1.3	用于建设期利息	0.00		0.00												
2.2	债务资金	898.05		898.05	339.90		339.90	328.85		328.85	152.87		152.87	76.44		76.44
2.2.1	用于建设投资	330.00		330.00	330.00		330.00									
2.2.2	用于建设期利息	9.90		9.90	9.90		9.90									
2.2.3	用于流动资金	558.15		558.15				328.85		328.85	152.87		152.87	76.44		76.44
2.3	其他资金															
	×××															
	……															

表 8-4　固定资产折旧费估算表　　　　单位：万元人民币

序号	项目	合计	计算期						
			1	2	3	4	5	6	7
1	房屋、建筑物								
	原值	150.00		150.00					
	当期折旧费	54.00		9.00	9.00	9.00	9.00	9.00	9.00
	净值	711.00		141.00	132.00	123.00	114.00	105.00	96.00
2	机器设备								
	原值	250.00		250.00					
	当期折旧费	142.50		23.75	23.75	23.75	23.75	23.75	23.75
	净值	1001.25		226.25	202.50	178.75	155.00	131.25	107.50
3	其他								
	原值	249.90		249.90					
	当期折旧费	142.44		23.74	23.74	23.74	23.74	23.74	23.74
	净值	1000.85		226.16	202.42	178.68	154.94	131.20	107.46
4	合计								
	原值	649.90		649.90					
	当期折旧费	338.94		56.49	56.49	56.49	56.49	56.49	56.49
	净值	2713.10		593.41	536.92	480.43	423.94	367.45	310.96

注：本表适用于新设法人项目固定资产折旧费的估算，以及既有法人项目的“有项目”、“无项目”和增量固定资产折旧费的估算。

表 8-5 无形资产及其他资产摊销费估算表 单位：万元人民币

序号	项目	合计	计算期					
			1	2	3	4	5	6
1	无形资产							
	原值							
	当期摊销费							
	净值							
2	其他资产							
	原值	20		20				
	当期摊销费	20		4	4	4	4	4
	净值	40		16	12	8	4	0
	……							
3	合计(1+2)							
	原值	20		20				
	当期摊销费	20		4	4	4	4	4
	净值	40		16	12	8	4	0

注：本表适用于新设法人项目无形资产及其他资产摊销费的估算，以及既有法人项目的“有项目”、“无项目”和增量无形资产及其他资产摊销费的估算。

表 8-6 外购原材料费用估算表 单位：万元人民币

序号	项目	合计	计算期						
			1	2	3	4	5	6	7
1	外购原材料费	45179.40		5647.43	7260.98	8067.75	8067.75	8067.75	8067.75
1.1	原材料 A 费用								
	单价(含税)								
	数量								
	进项税额								
1.2	原材料 B 费用								
	单价(含税)								
	数量								
	进项税额								
2	辅助材料费用								
	进项税额								
3	其他								
	进项税额								
4	外购原材料费合计	45179.40		5647.43	7260.98	8067.75	8067.75	8067.75	8067.75
5	外购原材料进项税额合计	6564.53		820.57	1055.01	1172.24	1172.24	1172.24	1172.24

注：本表适用于新设法人项目及既有法人项目的“有项目”、“无项目”和增量外购原材料费用的估算。

表 8-7　外购燃料动力费用估算表　　　单位：万元人民币

序号	项　　目	合计	计　算　期						
			1	2	3	4	5	6	7
1	燃料费								
1.1	燃料 A 费用								
	单价(含税)								
	数量								
	进项税额								
2	动力费								
2.1	动力 A 费用								
	单价(含税)								
	数量								
	进项税额								
	……								
3	外购燃料及动力费合计	1400.00		175.00	225.00	250.00	250.00	250.00	250.00
4	外购燃料及动力进项税额合计	161.06		20.13	25.88	28.76	28.76	28.76	28.76

注：本表适用于新设法人项目及既有法人项目的“有项目”、“无项目”和增量外购燃料动力费的估算。

表 8-8　营业收入、营业税金及附加和增值税估算表　　　单位：万元人民币

序号	项　目	合计	计　算　期						
			1	2	3	4	5	6	7
1	营业收入	56000.00		7000.00	9000.00	10000.00	10000.00	10000.00	10000.00
1.1	产品 A 营业收入	56000.00		7000.00	9000.00	10000.00	10000.00	10000.00	10000.00
	单价	2.00		2.00	2.00	2.00	2.00	2.00	2.00
	数量	28000		3500	4500	5000	5000	5000	5000
	销项税额	8136.75		1017.09	1307.69	1452.99	1452.99	1452.99	1452.99
1.2	产品 B 营业收入								
	单价								
	数量								
	销项税额								
	……								
2	营业税金及附加	127.00		15.88	20.41	22.68	22.68	22.68	22.68
2.1	营业税								
2.2	消费税								
2.3	城市维护建设税	70.56		8.82	11.34	12.60	12.60	12.60	12.60
2.4	教育费附加	56.45		7.06	9.07	10.08	10.08	10.08	10.08
3	增值税	1411.16		176.40	226.79	251.99	251.99	251.99	251.99
	销项税额	8136.75		1017.09	1307.69	1452.99	1452.99	1452.99	1452.99
	进项税额	6725.59		840.70	1080.90	1201.00	1201.00	1201.00	1201.00

表 8-9 流动资金估算表 单位：万元人民币

序号	项目	最低周转天数	周转次数	计算期						
				1	2	3	4	5	6	7
1	流动资产				810.65	1032.84	1143.93	1143.93	1143.93	1143.93
1.1	应收账款	15	24		256.69	327.67	363.16	363.16	363.16	363.16
1.2	存货				526.31	674.18	748.12	748.12	748.12	748.12
1.2.1	原材料	15	24		235.31	302.54	336.16	336.16	336.16	336.16
1.2.2	×××									
1.2.3	燃料	15	24		7.29	9.38	10.42	10.42	10.42	10.42
	×××									
1.2.4	在产品	2	180		32.85	42.09	46.71	46.71	46.71	46.71
1.2.5	产成品	15	24		250.86	320.17	354.83	354.83	354.83	354.83
1.3	现金	30	12		27.65	30.98	32.65	32.65	32.65	32.65
1.4	预付账款									
2	流动负债				242.60	311.92	346.57	346.57	346.57	346.57
2.1	应付账款	15	24		242.60	311.92	346.57	346.57	346.57	346.57
2.2	预收账款									
3	流动资金(1－2)				568.05	720.92	797.36	797.36	797.36	797.36
4	流动资金当期增加额				568.05	152.87	76.44	0.00	0.00	0.00

表 8-10 总成本费用估算表（生产要素法） 单位：万元人民币

序号	项目	合计	计算期						
			1	2	3	4	5	6	7
1	外购原材料费	45179.40		5647.43	7260.98	8067.75	8067.75	8067.75	8067.75
2	外购燃料及动力费	1400.00		175.00	225.00	250.00	250.00	250.00	250.00
3	工资及福利费	429.60		71.60	71.60	71.60	71.60	71.60	71.60
4	修理费	38.40		6.40	6.40	6.40	6.40	6.40	6.40
5	其他费用	1841.20		260.20	300.20	320.20	320.20	320.20	320.20
5.1	其他管理费	644.40		107.40	107.40	107.40	107.40	107.40	107.40
5.2	其他制造费	76.80		12.80	12.80	12.80	12.80	12.80	12.80
5.3	其他营业费	1120.00		140.00	180.00	200.00	200.00	200.00	200.00
6	经营成本(1＋2＋3＋4＋5)	48888.60		6160.63	7864.18	8715.95	8715.95	8715.95	8715.95
7	折旧费	338.94		56.49	56.49	56.49	56.49	56.49	56.49
8	摊销费	20.00		4.00	4.00	4.00	4.00	4.00	0.00
9	利息支出	196.90		39.47	27.94	32.37	32.37	32.37	32.37
10	总成本费用合计(6＋7＋8＋9)	49444.44		6260.58	7952.61	8808.81	8808.81	8808.81	8804.81
	其中：可变成本	46579.40		5822.43	7485.98	8317.75	8317.75	8317.75	8317.75
	固定成本	2865.04		438.16	466.63	491.06	491.06	491.06	487.06

注：本表适用于新设法人项目及既有法人项目的“有项目”、“无项目”和增量成本费用的估算。

表 8-11　借款还本付息计划表　　　　单位：万元人民币

序号	项　　目	合计	计　算　期						
			1	2	3	4	5	6	7
1	借款 1								
1.1	期初借款余额			339.90					
1.2	当期还本付息			360.29					
	其中:还本			339.90					
	付息			20.39					
1.3	期末借款余额		339.90	0.00					
2	借款 2								
2.1	期初借款余额								
2.2	当期还本付息								
	其中:还本								
	付息								
2.3	期末借款余额								
3	债券								
3.1	期初债务余额								
3.2	当期还本付息								
	其中:还本								
	付息								
3.3	期末债务余额								
4	借款和债务合计								
4.1	期初余额			339.90					
4.2	当期还本付息			360.29					
	其中:还本			339.90					
	付息			20.39					
4.3	期末余额		339.90	0.00					
计算指标	利息备付率/%								
	偿债备付率/%								

注：1. 本表可与建设期利息估算表合二为一。

2. 本表直接适用于新设法人项目，如有多种借款或债券，必要时应分别列出。

3. 对于既有法人项目，在按现有项目范围进行计算时，可根据需要增加项目范围内原有借款的还本付息计算；在计算企业层次的还本付息时，可根据需要增加项目范围外借款的还本付息计算；当简化直接进行项目层次新增借款还本付息计算时，可直接按新增数据进行计算。

表 8-12　利润与利润分配表　　　　单位：万元人民币

序号	项　目	合计	计　算　期						
			1	2	3	4	5	6	7
1	营业收入	56000.00		7000.00	9000.00	10000.00	10000.00	10000.00	10000.00
2	营业税金及附加和增值税	1538.17		192.27	247.21	274.67	274.67	274.67	274.67
3	总成本费用	49444.44		6260.58	7952.61	8808.81	8808.81	8808.81	8804.81
4	补贴收入	0.00							
5	利润总额(1－2－3＋4)	5017.39		547.15	800.19	916.51	916.51	916.51	920.51
6	弥补以前年度亏损	0.00							
7	应纳税所得额(5－6)	5017.39		547.15	800.19	916.51	916.51	916.51	920.51
8	所得税(25％)	1254.35		136.79	200.05	229.13	229.13	229.13	230.13
9	净利润(5－8)	3763.04		410.36	600.14	687.39	687.39	687.39	690.39
10	期初未分配利润				410.36	920.48	1504.76	2089.04	2673.31
11	可供分配利润(9＋10)			410.36	1010.50	1607.87	2192.14	2776.42	3363.70
12	提取法定盈余公积金和公益金	502.90			90.02	103.11	103.11	103.11	103.56
13	可供投资者分配的利润(11－12)			410.36	920.48	1504.76	2089.04	2673.31	3260.14
14	应付优先股股利								
15	提取任意盈余公积金								
16	应付普通股股利(13－14－15)								
17	各投资方利润分配：								
	其中：××方								
	××方								
18	未分配利润(13－14－15－17)			410.36	920.48	1504.76	2089.04	2673.31	3260.14
19	息税前利润(利润总额＋利息支出)			586.61	828.13	948.89	948.89	948.89	952.89
20	息税折旧摊销前利润(息税前利润＋折旧＋摊销)			647.10	888.62	1009.38	1009.38	1009.38	1009.38
	利息备付率			28.76％					
	偿债备付率			1.80％					

注：对于外商出资项目由第11项减去储备基金、职工奖励与福利基金和企业发展基金后，得到可供投资者分配的利润。

表 8-13　项目投资现金流量表　　单位：万元人民币

序号	项　目	合计	计　算　期						
			1	2	3	4	5	6	7
1	现金流入	57108.32		7000.00	9000.00	10000.00	10000.00	10000.00	11108.32
1.1	营业收入	56000.00		7000.00	9000.00	10000.00	10000.00	10000.00	10000.00
1.2	补贴收入								
1.3	回收固定资产余值	310.96							310.96
1.4	回收流动资金	797.36							797.36
2	现金流出	51884.13	660.00	6920.95	8264.25	9067.06	8990.62	8990.62	8990.62
2.1	建设投资	660.00	660.00						
2.2	流动资金	797.36		568.05	152.87	76.44			
2.3	经营成本	48888.60		6160.63	7864.18	8715.95	8715.95	8715.95	8715.95
2.4	营业税金及附加和增值税	1538.17		192.27	247.21	274.67	274.67	274.67	274.67
2.5	维持运营投资								
3	所得税前净现金流量(1－2)	5224.19	－660.00	79.05	735.75	932.94	1009.38	1009.38	2117.69
4	累计所得税前净现金流量		－660.00	－580.95	154.80	1087.74	2097.12	3106.50	5224.19
5	调整所得税	1303.57		146.65	207.03	237.22	237.22	237.22	238.22
6	所得税后净现金流量(3－5)	3920.62	－660.00	－67.60	528.72	695.72	772.16	772.16	1879.47
7	累计所得税后净现金流量		－660.00	－727.60	－198.89	496.83	1268.99	2041.15	3920.62

	所得税前	所得税后
计算指标：项目投资财务内部收益率：	78%	59%
项目投资财务净现值(i_c＝12%)：	￥2,632.39	￥1,854.81
项目投资回收期(从建设期算起)：	2.8	3.4

表 8-14　项目资本金现金流量表　　单位：万元人民币

序号	项　目	合计	计　算　期						
			1	2	3	4	5	6	7
1	现金流入	57108.32	0.00	7000.00	9000.00	10000.00	10000.00	10000.00	11108.32
1.1	营业收入	56000.00		7000.00	9000.00	10000.00	10000.00	10000.00	10000.00
1.2	补贴收入								
1.3	回收固定资产余值	310.96							310.96
1.4	回收流动资金	797.36							797.36
2	现金流出	53345.27	330.00	7108.26	8339.37	9252.12	9252.12	9252.12	9811.28
2.1	项目资本金	569.21	330.00	239.21					
2.2	借款本金偿还	898.05		339.90					558.15
2.3	借款利息支付	196.90		39.47	27.94	32.37	32.37	32.37	32.37
2.4	经营成本	48888.60		6160.63	7864.18	8715.95	8715.95	8715.95	8715.95
2.5	营业税金及附加和增值税	1538.17		192.27	247.21	274.67	274.67	274.67	274.67
2.6	所得税	1254.35		136.79	200.05	229.13	229.13	229.13	230.13
2.7	维持运营投资								
3	净现金流量(1－2)		－330.00	－108.26	660.63	747.88	747.88	747.88	1297.04

计算指标：资本金财务内部收益率：　93.39%

资本金财务净现值(i_c＝12%)：　￥1,954.55

注：对于中外合资经营项目，现金流出中应增加职工奖励与福利基金栏目。

表 8-15　资产负债表　　　　单位：万元人民币

序　号	项　目	计　算　期						
		1	2	3	4	5	6	7
1	资产	669.90	1551.01	2373.34	3171.82	3859.21	4546.59	4678.83
1.1	流动资产		941.60	1824.42	2683.39	3431.27	4179.14	4367.87
1.1.1	货币资金	0.00	158.60	822.57	1572.11	2319.99	3067.86	3256.59
1.1.2	应收账款		256.69	327.67	363.16	363.16	363.16	363.16
1.1.3	预付账款							
1.1.4	存货		526.31	674.18	748.12	748.12	748.12	748.12
1.1.5	其他							
1.2	在建工程	669.90						
1.3	固定资产净值		593.41	536.92	480.43	423.94	367.45	310.96
1.4	无形及其他资产净值		16.00	12.00	8.00	4.00	0.00	0.00
2	负债及所有者权益	669.90	1551.01	2373.34	3171.82	3859.21	4546.59	4678.83
2.1	流动负债总额	0.00	242.60	311.92	346.57	346.57	346.57	346.57
2.1.1	短期借款							
2.1.2	应付账款		242.60	311.92	346.57	346.57	346.57	346.57
2.1.3	预收账款							
2.1.4	其他							
2.2	建设投资借款	339.90						
2.3	流动资金借款		328.85	481.72	558.15	558.15	558.15	0.00
2.4	负债小计	339.90	571.45	793.63	904.72	904.72	904.72	346.57
2.5	所有者权益	330.00	979.57	1579.71	2267.10	2954.48	3641.87	4332.25
2.5.1	资本金	330.00	569.21	569.21	569.21	569.21	569.21	569.21
2.5.2	资本公积金							
2.5.3	累计盈余公积金和公益金		0.00	90.02	193.13	296.24	399.34	502.90
2.5.4	累计未分配利润		410.36	920.48	1504.76	2089.04	2673.31	3260.14
计算指标 资产负债率/%		50.7	36.8	33.4	28.5	23.4	19.9	7.4
流动比率/%			388.1	584.9	774.3	990.1	1205.8	1260.3
速动比率/%			171.2	368.8	558.4	774.2	990.0	1044.4

注：1. 对外商投资项目，表中第 2.5.3 项改为累计储备基金和企业发展基金。

2. 货币资金包括现金和累计盈余资金。

表 8-16　财务计划现金流量表　　单位：万元人民币

序号	项　目	合计	计　算　期						
			1	2	3	4	5	6	7
1	经营活动净现金流量(1.1－1.2)	4318.89	0.00	510.32	688.57	780.25	780.25	780.25	779.25
1.1	现金流入	56000.00	0.00	7000.00	9000.00	10000.00	10000.00	10000.00	10000.00
1.1.1	营业收入	56000.00		7000.00	9000.00	10000.00	10000.00	10000.00	10000.00
1.1.2	增值税销项税额								
1.1.3	补贴收入								
1.1.4	其他流入								
1.2	现金流出	51681.11	0.00	6489.68	8311.43	9219.75	9219.75	9219.75	9220.75
1.2.1	经营成本	48888.60		6160.63	7864.18	8715.95	8715.95	8715.95	8715.95
1.2.2	增值税进项税额								
1.2.3	营业税金及附加	127.00		15.88	20.41	22.68	22.68	22.68	22.68
1.2.4	增值税	1411.16		176.40	226.79	251.99	251.99	251.99	251.99
1.2.5	所得税	1254.35		136.79	200.05	229.13	229.13	229.13	230.13
1.2.6	其他流出								
2	投资活动净现金流量(2.1－2.2)	－1457.36	－660.00	－568.05	－152.87	－76.44	0.00	0.00	0.00
2.1	现金流入	0.00							
2.2	现金流出	1457.36	660.00	568.05	152.87	76.44	0.00	0.00	0.00
2.2.1	建设投资	660.00	660.00						
2.2.2	维持运营投资								
2.2.3	流动资金	797.36		568.05	152.87	76.44			
2.2.4	其他流出								
3	筹资活动净现金流量(3.1－3.2)	362.41	660.00	188.69	124.93	44.06	－32.37	－32.37	－590.52
3.1	现金流入	1467.26	669.90	568.05	152.87	76.44	0.00	0.00	0.00
3.1.1	项目资本金投入	569.21	330.00	239.21					
3.1.2	建设投资借款	339.90	339.90						
3.1.3	流动资金借款	558.15		328.85	152.87	76.44			
3.1.4	债券								
3.1.5	短期借款								
3.1.6	其他流入								
3.2	资金流出	1104.85	9.90	379.37	27.94	32.37	32.37	32.37	590.52
3.2.1	各种利息支出	206.80	9.90	39.47	27.94	32.37	32.37	32.37	32.37
3.2.2	偿还债务本金	898.05		339.90					558.15
3.2.3	应付利润(股利分配)								
3.2.4	其他流出								
4	净现金流量(1＋2＋3)	3223.94	0.00	130.95	660.63	747.88	747.88	747.88	188.72
5	累计盈余资金		0.00	130.95	791.58	1539.46	2287.34	3035.21	3223.94

注：1. 对于新设法人项目，本表投入活动的现金流入为零。

2. 对于外商投资项目，应将职工奖励与福利基金作为经营活动现金流出。

第九章　Excel 在化工项目技术经济分析与评价中的应用

学习目标

会用 Excel 软件中常用的财务评价函数；能利用 Excel 表格编制财务报表，计算经济指标，进行财务分析与评价；能利用 Excel 表格对项目进行不确定性分析；能利用 Excel 表格来确定设备的最佳更新时机。

化工项目规模大，资金投入量大，生产周期长。因此，在对项目进行财务分析与评价过程中，计算量非常大，计算过程也相当复杂。本章以较为常用的 Office 办公软件 Excel 为平台，介绍其在财务分析与评价中的应用。该平台可以较好地解决以上问题，大大提高计算的速度和准确度。

第一节　Excel 在资金等值计算方面的应用

一、资金等值换算中的 Excel 函数

1. 终值计算函数 FV

FV（Rate，Nper，Pmt，Pv，Type）

式中　Rate——利率；

Nper——总投资期，即该项投资总的付款期数；

Pmt——各期支出金额，在整个投资期内不变（若该参数为 0 或省略，则函数值为复利终值）；

Pv——现值，也称本金（若该参数为 0 或省略，则函数值为年金终值）；

Type——收付款时间点（0 或省略表示收付款发生在期末，1 表示收付款发生在期初）。

2. 现值计算函数 PV

PV（Rate，Nper，Pmt，Fv，Type）

式中　Fv——未来值，或在最后一次付款期后获得的一次性偿还款；

其余参数的含义与 FV 函数相同。

在 PV 函数中，Pmt 参数为 0 或省略，则函数值为复利现值；若 Fv 参数为 0 或省略，则函数值为年金现值。

3. 偿债基金和资金回收计算函数 PMT

PMT（Rate，Nper，Pv，Fv，Type）

式中　参数 Rate、Nper 和 Type 的含义与 FV 和 PV 函数中的含义相同；

Pv——一系列未来付款当前值的累计和，若参数为 0 或省略，则该函数计算的是偿债基金值；

Fv——未来值，若参数为 0 或省略，则该函数计算的是资金回收值。

4. NPV 函数

NPV（Rate，Value1，Value2，…）

式中　　　　Rate——折算现金流的贴现率，在各期中固定不变；

Value1，Value2，…——支出和收入的 1～29 个参数，时间均匀分布并出现在每期末尾。

二、资金等值换算实例

1. 复利终值计算

【例 9-1】 某企业向银行贷款 100 万元，年利率 5.76%，贷款 5 年。问 5 年后一次归还银行的本利和是多少？

解：由前述公式计算：

$$F=P(1+i)^n=100\times(1+5.76\%)^5=100\times1.323=132.31\text{（万元）}$$

应用 Excel 计算的步骤如下：

（1）启动 Excel 软件。点击主菜单栏上的“插入”命令，然后在下拉菜单中选择“函数”命令（也可直接点击工具栏上的“fx”即“插入函数”按钮），弹出“插入函数”对话框。先在“选择类别（C）”栏中选择“财务”，然后在“选择函数（N）”中选择“FV”。最后点击对话框下端的“确定”按钮。

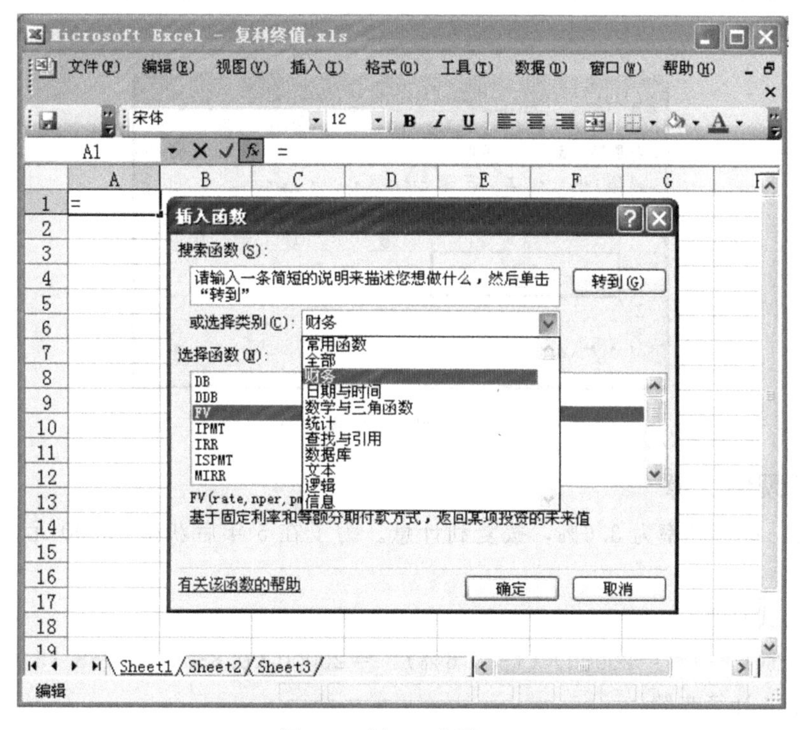

图 9-1　例 9-1 步骤（1）

（2）在弹出的“FV”函数参数对话框中，Rate 栏键入 5.76%，Nper 栏键入 5，Pv 栏键入 100［也可直接在单元格 A1 中输入公式：=FV(5.76%,5,,100)］。然后点击“确定”按钮。

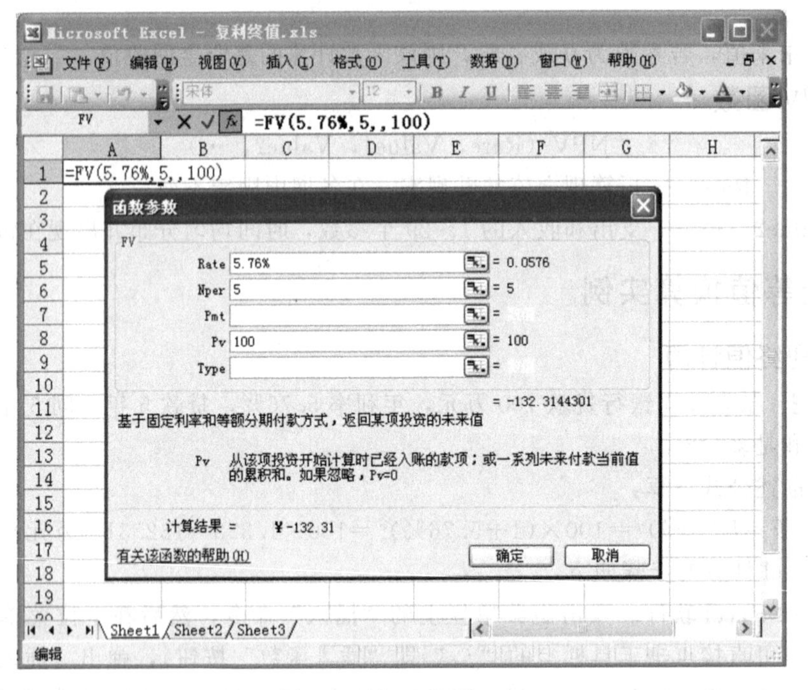

图 9-2　例 9-1 步骤（2）

（3）单元格 A1 显示计算结果为－132.31，即 5 年后要归还银行 132.31 万元。这一结果与手算结果相符。

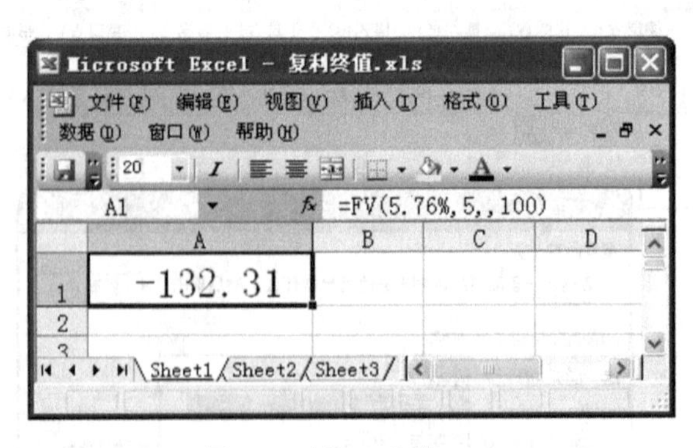

图 9-3　例 9-1 步骤（3）

2．复利现值计算

【例 9-2】 银行利率为 3.6%，按复利计息。为了在 5 年后获得 20000 元，现在应存入银行多少元？

解： 由公式计算得：

$$P=F(1+i)^{-n}=20000\times(1+3.6\%)^{-5}=20000\times0.8379=16758.35\ (\text{元})$$

应用 Excel 计算步骤：

（1） 启动 Excel 软件。点击工具栏上的“fx”即“插入函数”按钮，弹出“插入函数”对话框。先在“选择类别（C）”栏中选择“财务”，然后在“选择函数（N）”中选择

“PV”。最后点击对话框下端的“确定”按钮。

(2) 在弹出的“PV”函数参数对话框中，Rate 栏键入 3.6%，Nper 栏键入 5，Fv 栏键入 20000 [也可直接在单元格 A1 中输入公式：=FV(5.76%,5,,100)]。然后点击“确定”按钮。

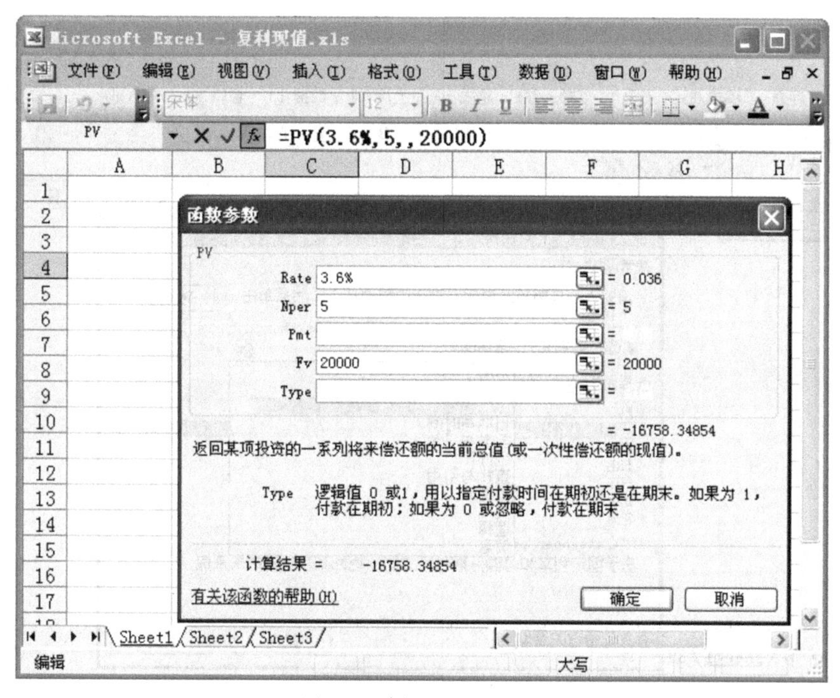

图 9-4 例 9-2 步骤 (2)

(3) 单元格 A1 显示计算结果为−16758.35，即现在应存入银行 16758.3 元。这一结果与手算结果相符。

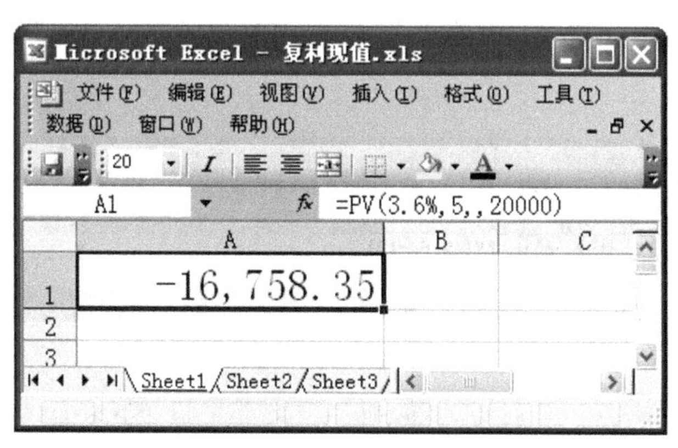

图 9-5 例 9-2 步骤 (3)

3. 年金终值计算

【例 9-3】 某企业为设立退休基金，每年末存入银行 10 万元，若存款利率为 4%，按复利计息，第 6 年末基金总额是多少？

解：按公式计算：

$$F=A\,\frac{(1+i)^{n}-1}{i}=10\times\frac{(1+4\%)^{6}-1}{4\%}=10\times 6.633=66.33\ (\text{万元})$$

应用 Excel 计算步骤：

(1) 启动 Excel 软件。点击工具栏上的“fx”按钮，弹出“插入函数”对话框。先在“选择类别 (C)”栏中选择“财务”，然后在“选择函数 (N)”中选择“FV”。最后点击对话框下端的“确定”按钮。

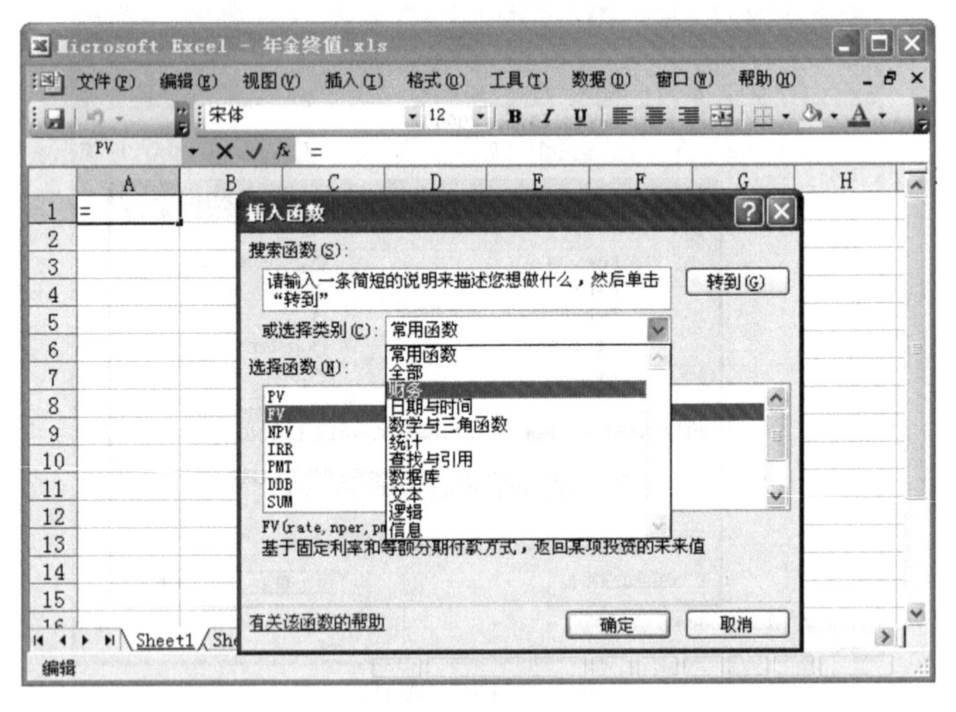

图 9-6 例 9-3 步骤 (1)

(2) 在弹出的“FV”函数参数对话框中，Rate 栏键入 4%，Nper 栏键入 6，Pmt 栏键入−10 [也可直接在单元格 A1 中输入公式“=FV(4%,6,−10)”]。然后点击“确定”按钮。

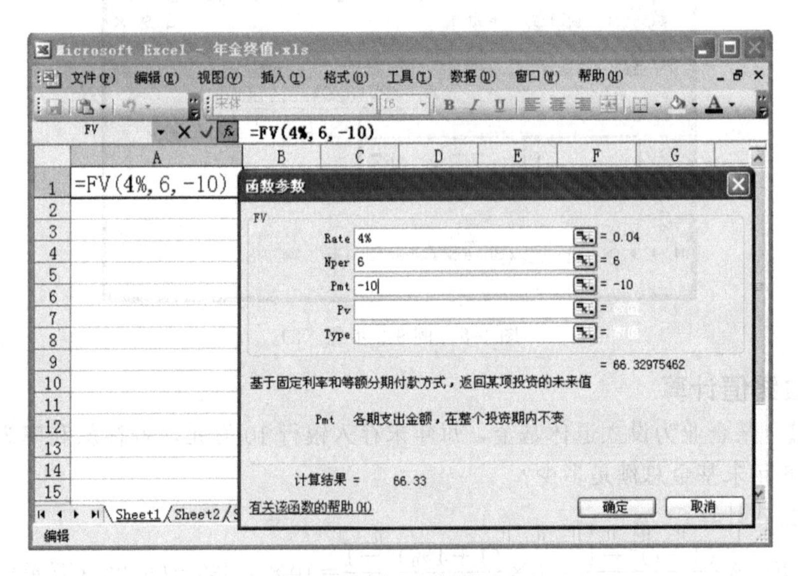

图 9-7 例 9-3 步骤 (2)

(3) 单元格 A1 中显示计算结果为 66.33，即第 6 年末基金总额是 66.33 万元。

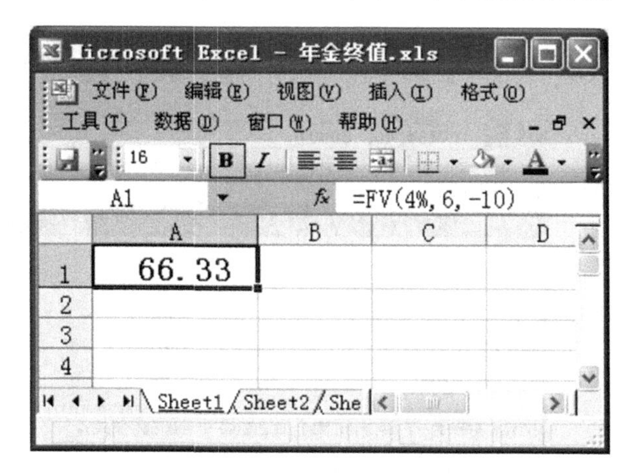

图 9-8　例 9-3 步骤 (3)

4. 年金现值计算

【例 9-4】 如某仓库估计能用 40 年，每年末的维修费为 5000 元，若年利率为 5%，则仓库 40 年寿命期内维修费用的现值是多少？

解： 用公式计算：

$$P=A(P/A,i,n)=5000\times(P/A,5\%,40)=5000\times17.159=85795 \text{（元）}$$

应用 Excel 计算步骤：

(1) 启动 Excel 软件。点击工具栏上的"fx"即"插入函数"按钮，弹出"插入函数"对话框。先在"选择类别（C）"栏中选择"财务"，然后在"选择函数（N）"中选择"PV"。最后点击对话框下端的"确定"按钮。

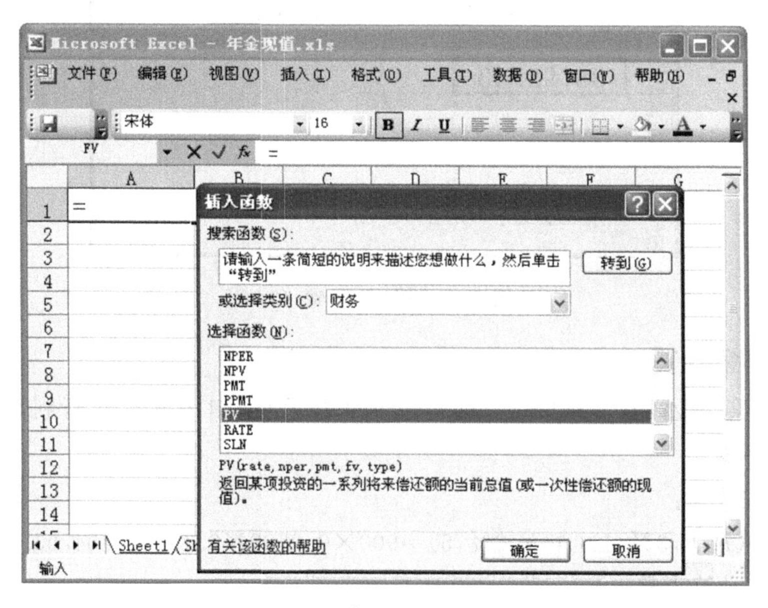

图 9-9　例 9-4 步骤 (1)

(2) 在弹出的"PV"函数参数对话框中，Rate 栏键入 5%，Nper 栏键入 40，Pmt 栏键入 5000 [也可直接在单元格 A1 中输入公式"=PV(5%,40,-5000)"]。然后点击"确定"

按钮。

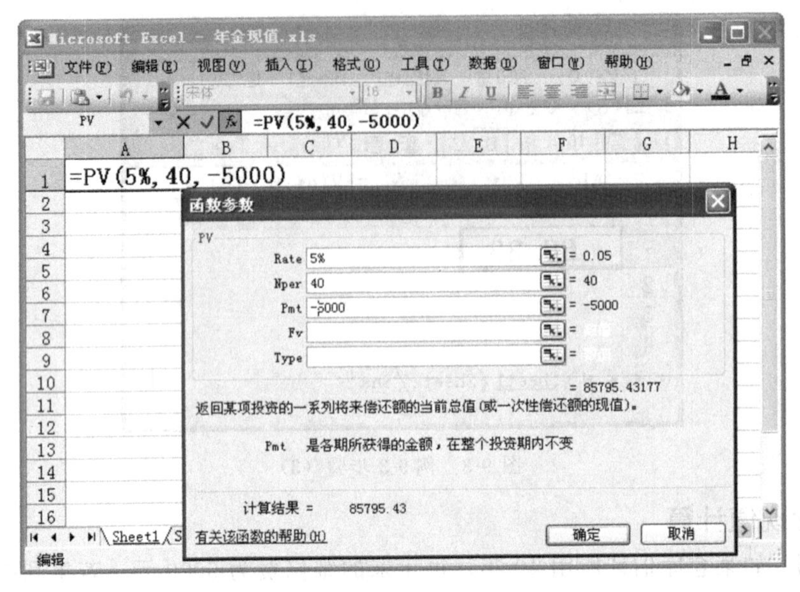

图 9-10 例 9-4 步骤（2）

(3) 单元格 A1 中显示计算结果为 85795.43，即仓库 40 年寿命期内维修费用的现值是 85795.43 元。

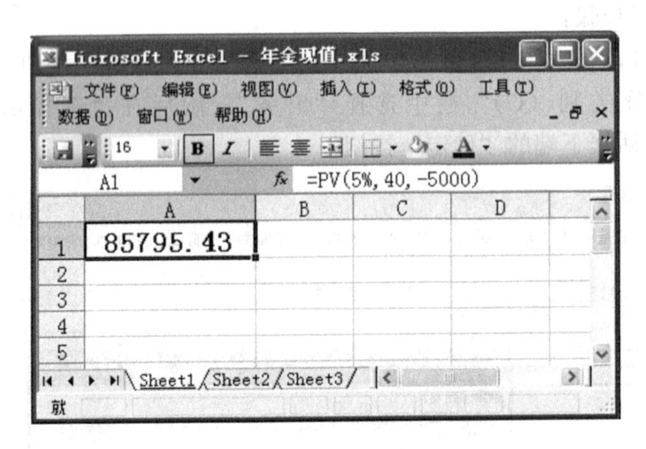

图 9-11 例 9-4 步骤（3）

5. 偿债基金计算

【例 9-5】 某企业欲在 5 年后建一幢价值 900 万元的职工宿舍，银行利率为 3%，问每年年初要存款多少？

解：用公式计算：

$$A=900(P/F,3\%,1)(A/F,3\%,5)=900\times0.9709\times0.1884=164.63 \text{（万元）}$$

应用 Excel 计算步骤：

(1) 启动 Excel 软件。点击工具栏上的"fx"即"插入函数"按钮，弹出"插入函数"对话框。先在"选择类别（C）"栏中选择"财务"，然后在"选择函数（N）"中选择"PMT"。最后点击对话框下端的"确定"按钮。

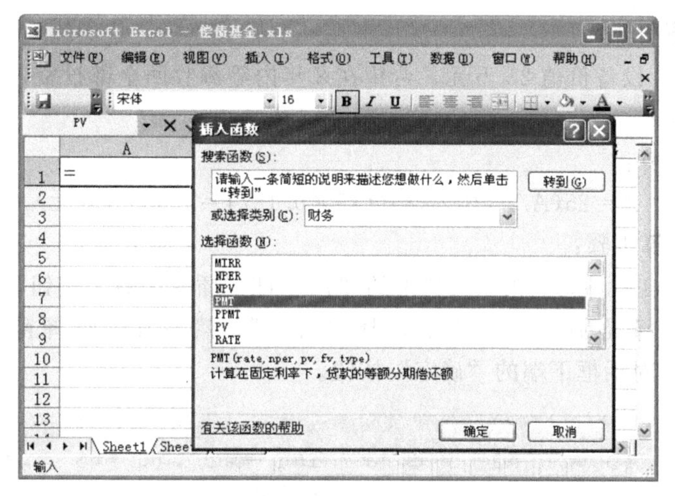

图 9-12　例 9-5 步骤（1）

（2）在弹出的“PMT”函数参数对话框中，Rate 栏键入 3%，Nper 栏键入 5，Fv 栏键入 900，Type 栏键入 1［也可直接在单元格 A1 中输入公式“=PMT(3%,5,,900,1)”］。然后点击“确定”按钮。

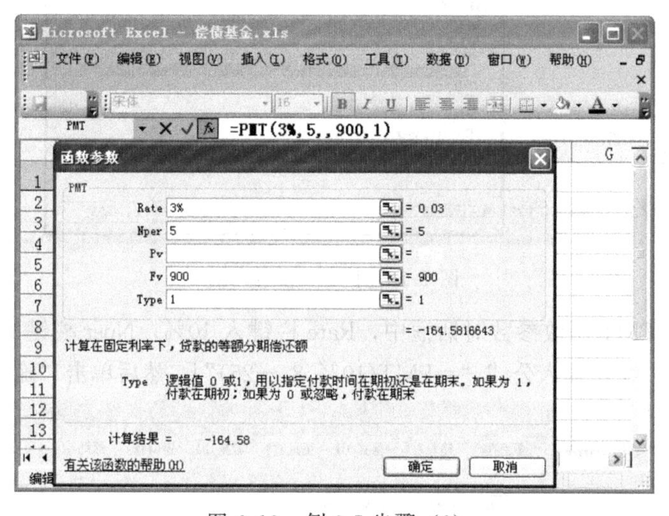

图 9-13　例 9-5 步骤（2）

（3）单元格 A1 中显示计算结果为 −164.58，即每年年初要存款 164.58 万元。

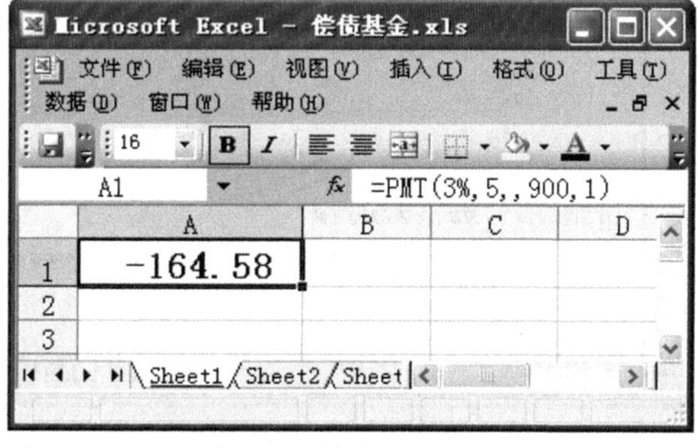

图 9-14　例 9-5 步骤（3）

6. 资金回收计算

【例 9-6】 一套设备价值 25 万元，希望在 8 年内等额收回全部投资，若折现率为 10%，问每年应回收多少？

解：用公式计算：

$$A=25(A/P,10\%,8)=25\times0.1874=4.685\text{（万元）}$$

应用 Excel 计算步骤：

(1) 启动 Excel 软件。点击工具栏上的“fx”即“插入函数”按钮，弹出“插入函数”对话框。先在“选择类别（C）”栏中选择“财务”，然后在“选择函数（N）”中选择“PMT”。最后点击对话框下端的“确定”按钮。

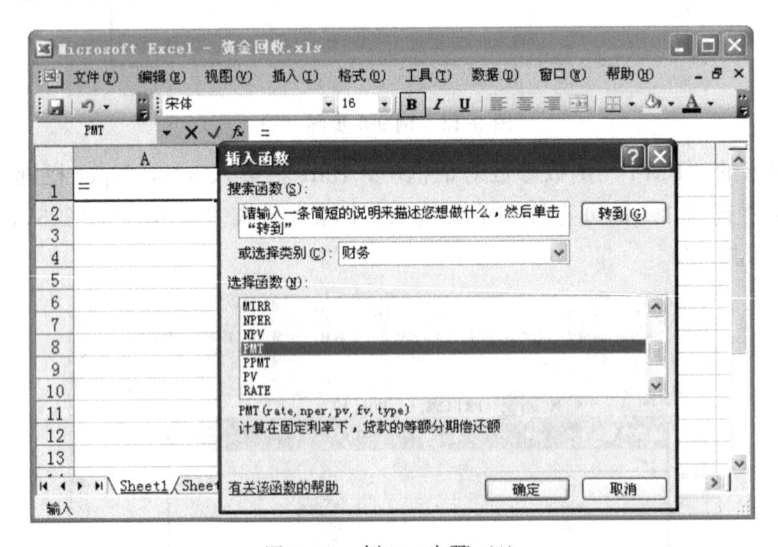

图 9-15 例 9-6 步骤（1）

(2) 在弹出的 PMT 函数参数对话框中，Rate 栏键入 10%，Nper 栏键入 8，Pv 栏键入 −25 [也可直接在单元格 A1 中输入公式“=PMT(10%,8,−25)”]。然后单击“确定”按钮。

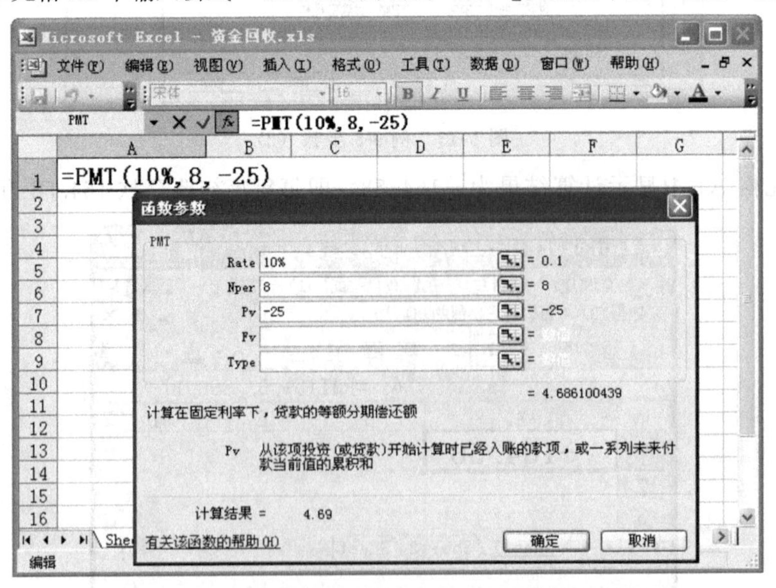

图 9-16 例 9-6 步骤（2）

（3）单元格 A1 中显示计算结果为 4.69，即每年应回收 4.69 万元。

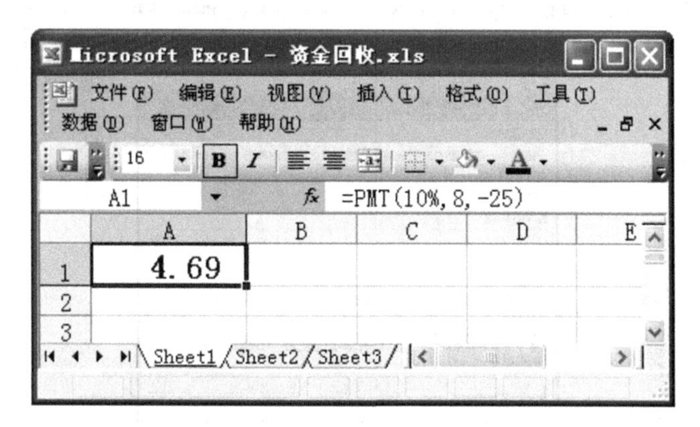

图 9-17　例 9-6 步骤（3）

7. 等差序列现值计算

【例 9-7】 某企业购进一台设备，估计可使用 5 年，期末无残值。该设备的维护费用第一年为 2000 元，以后逐年递增 1000 元，年利率为 10%。试计算该设备的维护费用现值。

解：用公式计算：

该题现金流量是由一个年金为 2000 元的等额序列和一个等差额为 1000 元的等差递增序列组成的，所求的现值是这两部分的现值之和。

$$P=2000(P/A,10\%,5)+1000(P/G,10\%,5)$$
$$=2000\times3.79079+1000\times6.8618$$
$$=14443.38\text{（元）}$$

应用 Excel 计算步骤如下：

（1）启动 Excel 软件，建立工作表。其中现金流量序列可利用 Excel 的自动填充功能。具体操作方法是：在单元格 C3 中键入 2000，在 D3 中键入 3000，然后选中 C3 和 D3，拖动单元格 D3 右下角的填充柄至 G3。

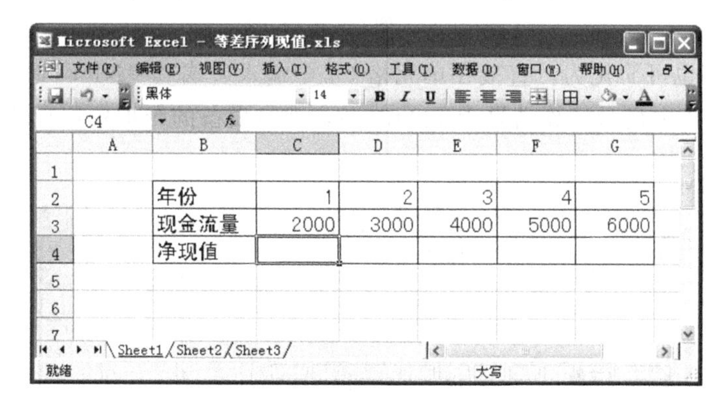

图 9-18　例 9-7 步骤（1）

（2）计算现金流量序列的净现值。选中单元格 C4，点击工具栏上的“fx”按钮，弹出“插入函数”对话框。先在“选择类别（C）”栏中选择“财务”，然后在“选择函数（N）”中选择“NPV”。最后点击对话框下端的“确定”按钮。

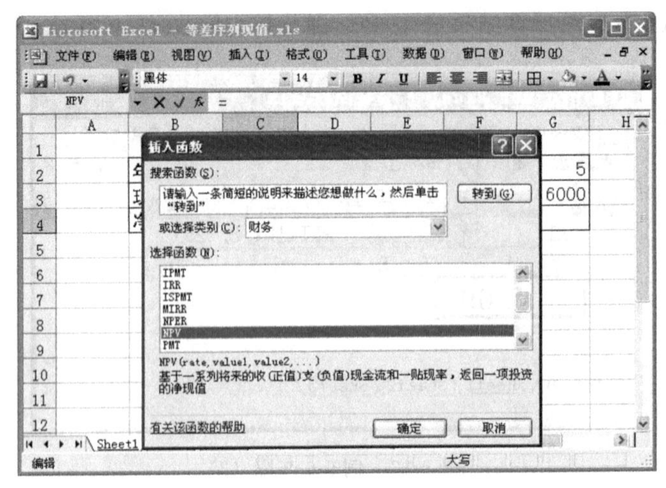

图 9-19　例 9-7 步骤（2）

（3） 在弹出的 NPV 函数参数对话框中，Rate 栏中键入 10%，点击“Value1”栏，然后在工作表中选择单元格 C3∶G3。最后点击对话框下端的“确定”按钮。

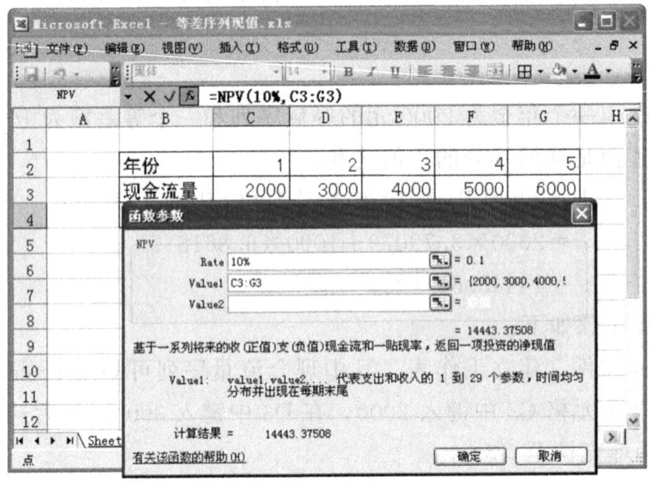

图 9-20　例 9-7 步骤（3）

以上两个步骤也可简化为：直接在单元格 C4 中输入公式“=NPV(10%,C3∶G3)”。

（4） 单元格 C4 中显示计算结果为 14443.38，即该设备的维护费用现值为 14443.38 元，与手算结果一致。

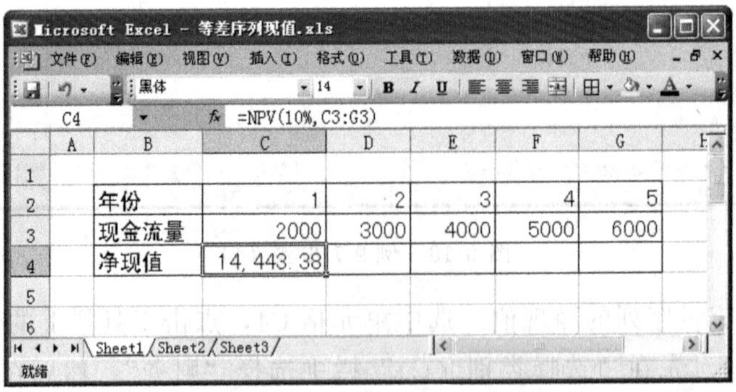

Microsoft Excel - 等差序列现值.xls

C4　=NPV(10%,C3:G3)

年份	1	2	3	4	5
现金流量	2000	3000	4000	5000	6000
净现值	14,443.38				

图 9-21　例 9-7 步骤（4）

8. 等比序列现值

【例 9-8】 上例中设备的维护费用改为逐年递增 6%，其余条件均不变，试计算该设备的维护费用现值。

解：用公式计算：

$$P=A_1\frac{1-(1+i)^{-n}(1+h)^n}{i-h}=2000\times\frac{1-(1+0.1)^{-5}(1+0.06)^5}{0.1-0.06}=8454.79\ (\text{元})$$

应用 Excel 计算步骤：

(1) 启动 Excel 软件，建立工作表。其中现金流量序列可利用 Excel 的自动填充功能。具体操作方法是：在单元格 C3 中键入 2000，在 D3 中键入公式“=C3*1.06”，然后选中 D3，拖动其右下角的填充柄至 G3。

Microsoft Excel - 等比序列现值.xls

	A	B	C	D	E	F	G	H
1								
2		年份	1	2	3	4	5	
3		现金流量	2000	2120	2247.2	2382	2525	
4		净现值						
5								

图 9-22 例 9-8 步骤 (1)

(2) 仿照上例的做法计算现金流量序列的净现值。选中单元格 C4，点击“fx”按钮，选择“NPV”函数，在函数参数对话框中输入数据 [也可在单元格 C4 中键入公式“=NPV(10%,C3:G3)”]。

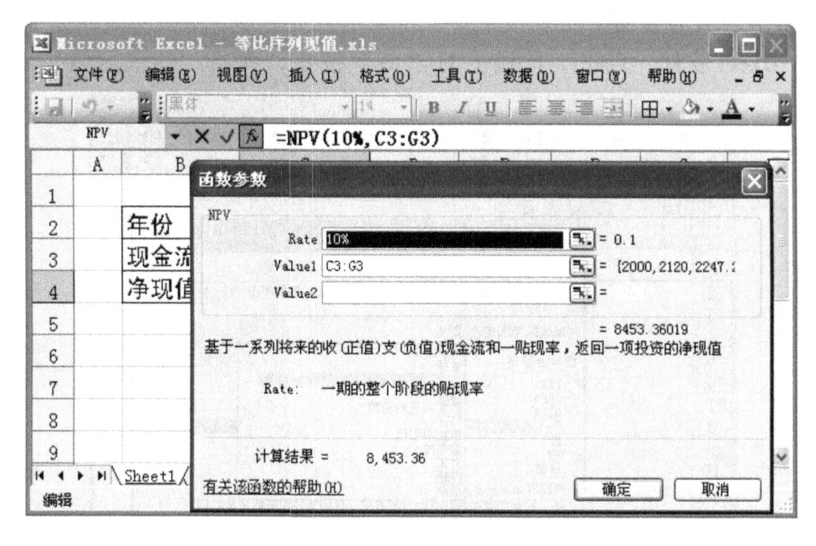

图 9-23 例 9-8 步骤 (2)

(3) 单元格 C4 中显示结果 8453.36，即该设备的维护费用现值为 8453.36 元。

图 9-24 例 9-8 步骤（3）

第二节 Excel 在化工项目经济评价方面的应用

一、化工项目经济评价中用到的 Excel 函数

1. NPER 函数

NPER 函数计算的是基于固定利率和等额分期付款方式，返回一项投资或贷款的期数。

NPER（Rate，Pmt，Pv，Fv，Type）

式中 Rate——利率；

Pmt——各期所应收取（或支付）的金额；

Pv——一系列未来付款当前值的累计值；

Fv——未来值；

Type——收付款时间点（0 或省略表示收付款发生在期末，1 表示收付款发生在期初）。

【例 9-9】 年利率为 5%，现值为 2000 元，年金为 400 元，计算期数。

解： 用公式计算此处不再赘述。

应用 Excel 软件计算步骤：

(1) 启动 Excel 软件。点击工具栏上的“fx”按钮，弹出“插入函数”对话框。先在

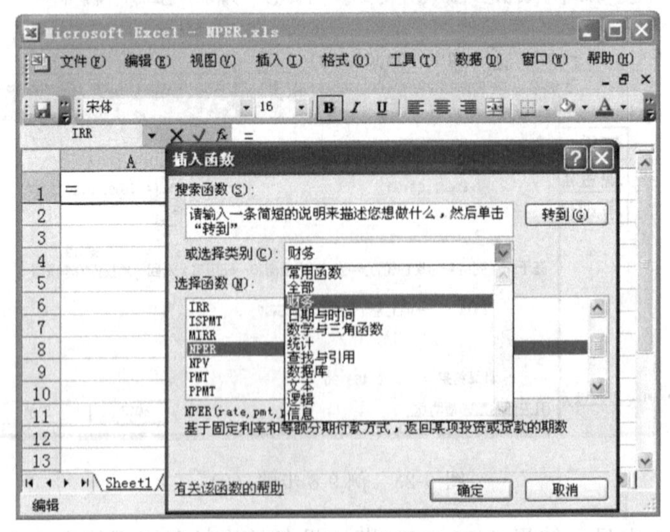

图 9-25 例 9-9 步骤（1）

“选择类别C”栏中选中“财务”，再在“选择函数N”栏中选择“NPER”。最后点击对话框下端的“确定”按钮。

(2) 在弹出的NPER函数参数对话框中，Rate栏键入5%，Pmt栏键入400，Pv栏键入2000［也可以直接在单元格A1中输入公式“=NPER(5%,400,2000)”］。然后点击“确定”按钮。

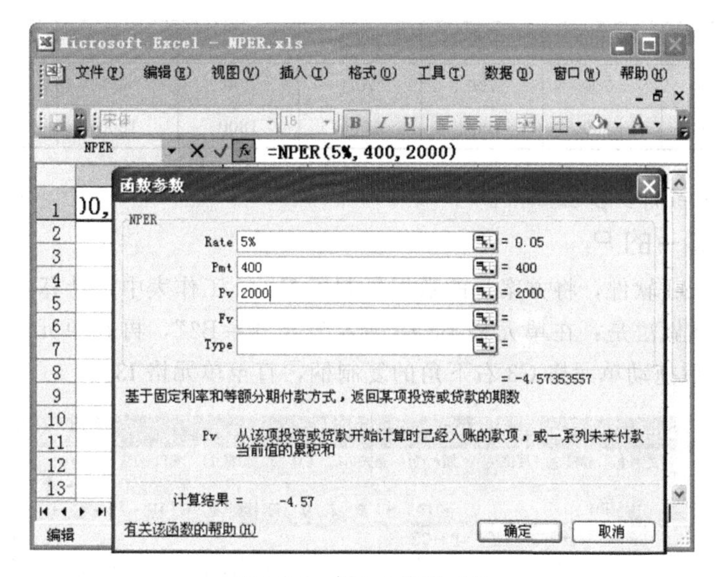

图 9-26 例 9-9 步骤（2）

(3) 单元格A1中显示计算结果为-4.57。

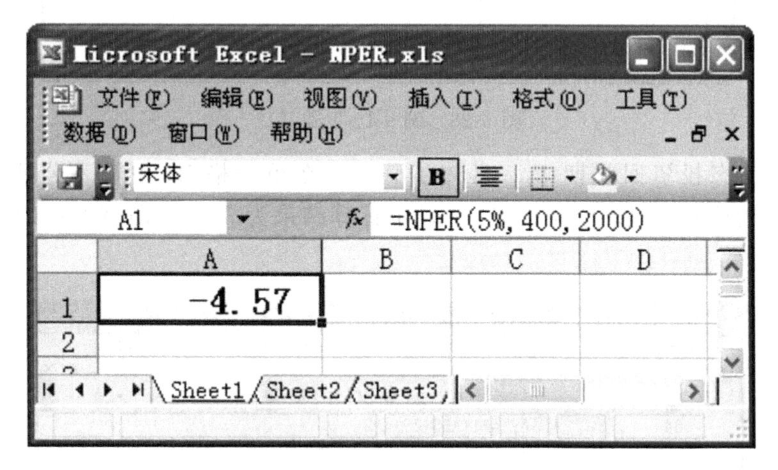

图 9-27 例 9-9 步骤（3）

2. IRR函数

IRR函数计算的是返回一组现金流的内部收益率。

IRR（Values，Guess）

式中 Values——一个数组，或对数字单元格区的引用；

Guess——内部收益率的猜测值，如果忽略，则为0.1。

在对项目进行经济评价过程中，根据实际情况还会经常用到NPV函数和PMT函数。这两个函数的用法已在上一节中详细介绍，这里不再赘述。

二、Excel 在经济评价指标计算上的应用

【例 9-10】 某拟建项目有两个备选方案，其现金流量情况如下表，若 $i_c=10\%$，试用 Excel 分别计算两个项目的 P_t、P_t'、NPV、$NPVR$、NAV、IRR 和 ΔIRR。（单位：元）

t	0	1	2	3	4	5	6	7
NCF_1	−1000	−1000	700	700	800	800	900	900
NCF_2	−2500	−2500	1000	1000	1800	1800	1800	1800

解：应用 Excel 计算步骤如下。

1. 计算方案一的 P_t

(1) 启动 Excel 软件，将方案一的数据复制到 Excel 工作表中，计算各个时点上的累计净现金流量。具体做法是：在单元格 B3 中键入公式"＝B2"，再在单元格 C3 中键入公式"＝B3＋C2"，然后拖动单元格 C3 右下角的复制柄，直至单元格 I3。

Microsoft Excel - Pt.xls

C3　=B3+C2

	A	B	C	D	E	F	G	H	I
1	t	0	1	2	3	4	5	6	7
2	NCF_1	-1000	-1000	700	700	800	800	900	900
3	$\sum NCF_1$	-1000	-2000	-1300	-600	200	1000	1900	2800
4	P_{t1}								

图 9-28　例 9-10 步骤（1）

(2) 计算静态投资回收期 P_t。具体步骤为：在单元格 B4 中输入公式"＝E1+ABS(E3)/F2"，然后按回车键。单元格 B4 中显示计算结果为 3.75，即该方案的静态投资回收期为 3.75 年。

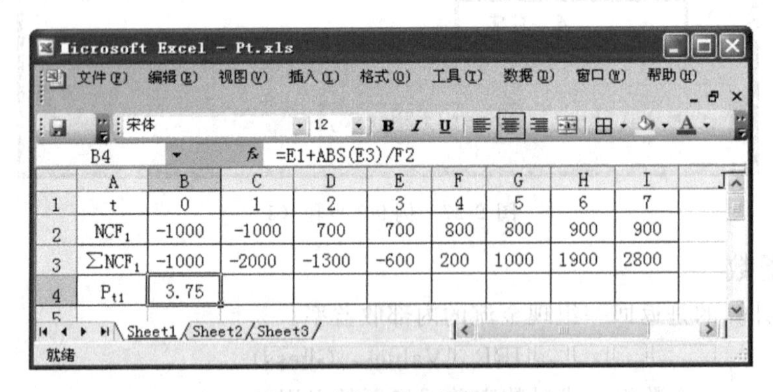
Microsoft Excel - Pt.xls

B4　=E1+ABS(E3)/F2

	A	B	C	D	E	F	G	H	I
1	t	0	1	2	3	4	5	6	7
2	NCF_1	-1000	-1000	700	700	800	800	900	900
3	$\sum NCF_1$	-1000	-2000	-1300	-600	200	1000	1900	2800
4	P_{t1}	3.75							

图 9-29　例 9-10 步骤（2）

2. 计算方案一的 P_t'

(1) 计算各年净现金流量现值。具体做法：在单元格 B3 中键入公式"＝PV(10%,

B1,,－B2)”，回车，然后拖动单元格 B3 右下角的复制柄，直至单元格 I3。

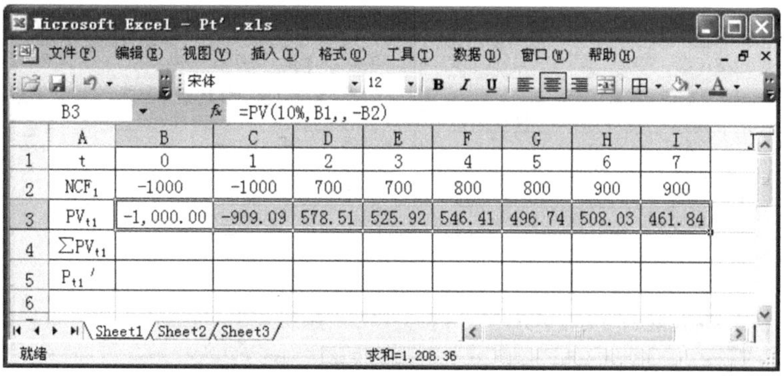

Microsoft Excel - Pt'.xls

B3 =PV(10%,B1,,-B2)

	A	B	C	D	E	F	G	H	I
1	t	0	1	2	3	4	5	6	7
2	NCF_1	-1000	-1000	700	700	800	800	900	900
3	PV_{t1}	-1,000.00	-909.09	578.51	525.92	546.41	496.74	508.03	461.84
4	ΣPV_{t1}								
5	P_{t1}'								
6									

Sheet1 / Sheet2 / Sheet3　就绪　求和=1,208.36

图 9-30　例 9-10 步骤（3）

（2） 计算净现金流量现值的累计值。具体做法：在单元格 B4 中键入公式“＝B3”，回车，在单元格 C4 中键入公式“＝B4＋C3”，回车，然后拖动单元格 C4 右下角的复制柄，直至单元格 I4。

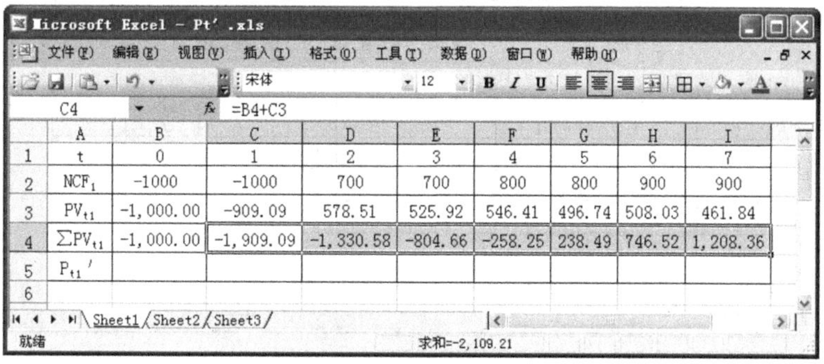

Microsoft Excel - Pt'.xls

C4 =B4+C3

	A	B	C	D	E	F	G	H	I
1	t	0	1	2	3	4	5	6	7
2	NCF_1	-1000	-1000	700	700	800	800	900	900
3	PV_{t1}	-1,000.00	-909.09	578.51	525.92	546.41	496.74	508.03	461.84
4	ΣPV_{t1}	-1,000.00	-1,909.09	-1,330.58	-804.66	-258.25	238.49	746.52	1,208.36
5	P_{t1}'								
6									

Sheet1 / Sheet2 / Sheet3　就绪　求和=-2,109.21

图 9-31　例 9-10 步骤（4）

（3） 计算动态投资回收期 P_t'。具体步骤为：在单元格 B5 中输入公式“＝F1＋ABS(F4)/G3”，然后按回车键。单元格 B5 中显示计算结果为 4.52，即该方案的动态投资回收期为 4.52 年。

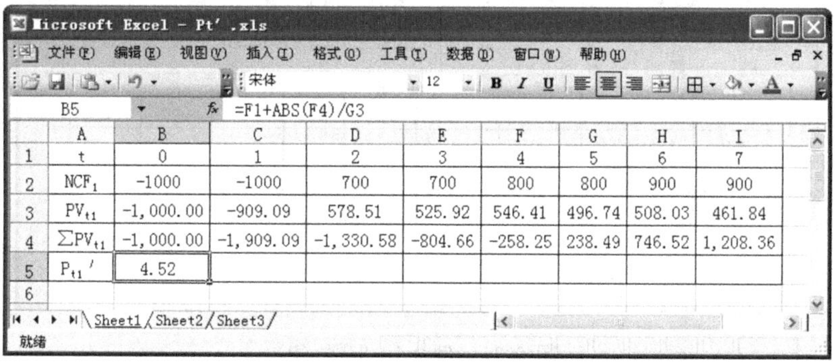

Microsoft Excel - Pt'.xls

B5 =F1+ABS(F4)/G3

	A	B	C	D	E	F	G	H	I
1	t	0	1	2	3	4	5	6	7
2	NCF_1	-1000	-1000	700	700	800	800	900	900
3	PV_{t1}	-1,000.00	-909.09	578.51	525.92	546.41	496.74	508.03	461.84
4	ΣPV_{t1}	-1,000.00	-1,909.09	-1,330.58	-804.66	-258.25	238.49	746.52	1,208.36
5	P_{t1}'	4.52							
6									

Sheet1 / Sheet2 / Sheet3　就绪

图 9-32　例 9-10 步骤（5）

3. 计算方案一的 NPV 和 NPVR

（1） 在单元格 B3 中键入公式“＝NPV(10%,B2:I2)”，回车。单元格 B3 中显示计算结果为 1098.51，即方案一的净现值为 1098.51 元。

B3 =NPV(10%,B2:I2)

	A	B	C	D	E	F	G	H	I
1	t	0	1	2	3	4	5	6	7
2	NCF_1	-1000	-1000	700	700	800	800	900	900
3	NPV_1	1,098.51							

图 9-33　例 9-10 步骤（6）

(2) 求方案一的投资现值，做法：在单元格 B4 中键入公式“＝－NPV(10%,B2：C2)”，回车，单元格 B4 中显示 1735.54，即该项目的投资现值为 1735.54 元。

B4 =-NPV(10%,B2:C2)

	A	B	C	D	E	F	G	H	I
1	t	0	1	2	3	4	5	6	7
2	NCF_1	-1000	-1000	700	700	800	800	900	900
3	NPV_1	1,098.51							
4	I_{p1}	1,735.54							

图 9-34　例 9-10 步骤（7）

(3) 计算 NPVR。做法：在单元格 B5 中键入公式“＝B3/B4”，回车，单元格 B5 显示 0.63，即方案一的净现值率为 0.63。

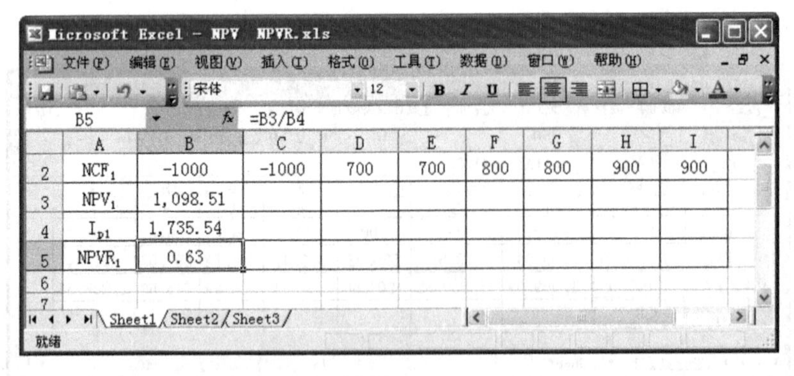

B5 =B3/B4

	A	B	C	D	E	F	G	H	I
2	NCF_1	-1000	-1000	700	700	800	800	900	900
3	NPV_1	1,098.51							
4	I_{p1}	1,735.54							
5	$NPVR_1$	0.63							

图 9-35　例 9-10 步骤（8）

4. 计算方案一的 NAV

在单元格 B4 中键入公式“＝PMT(10%,7,－B3)”，回车，单元格 B4 中显示 225.64，即方案一的净年值为 225.64 元。

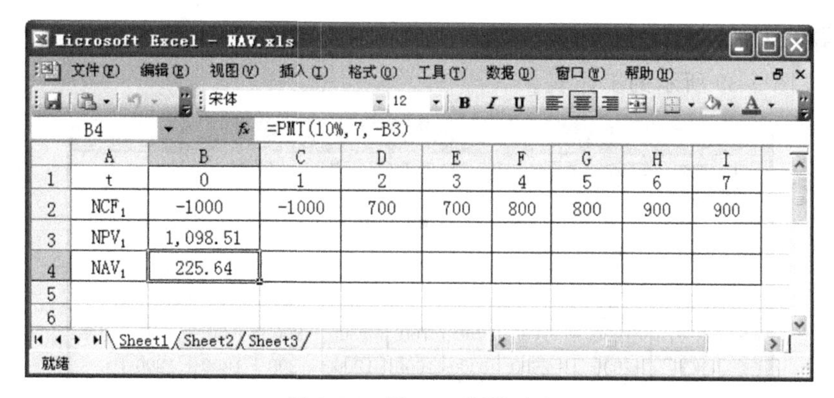

Microsoft Excel - NAV.xls

B4 =PMT(10%, 7, -B3)

	A	B	C	D	E	F	G	H	I
1	t	0	1	2	3	4	5	6	7
2	NCF_1	-1000	-1000	700	700	800	800	900	900
3	NPV_1	1, 098. 51							
4	NAV_1	225. 64							

图 9-36 例 9-10 步骤（9）

5. 计算方案一的 *IRR*

在单元格 B3 中键入公式“＝IRR(B2：I2)”，回车。单元格 B3 中显示计算结果为 25.40%，即方案一的内部收益率为 25.40%。

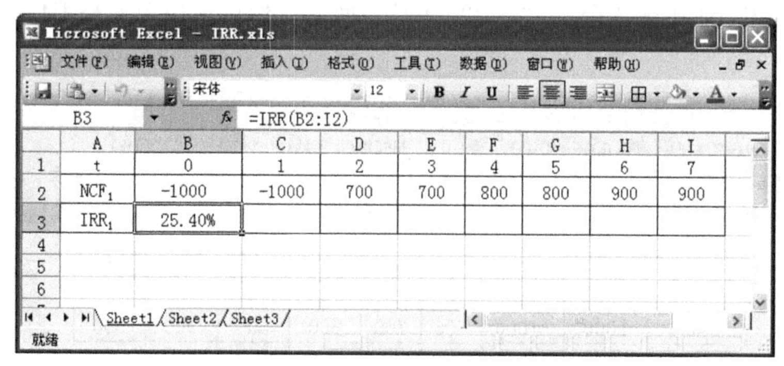

Microsoft Excel - IRR.xls

B3 =IRR(B2:I2)

	A	B	C	D	E	F	G	H	I
1	t	0	1	2	3	4	5	6	7
2	NCF_1	-1000	-1000	700	700	800	800	900	900
3	IRR_1	25. 40%							

图 9-37 例 9-10 步骤（10）

6. 按照上面的方法用 Excel 软件计算方案二的经济指标

由图 9-38 可知方案二的静态投资回收期为 4.7 年，动态投资回收期为 5.8 年；方案净现值为 9992.59 元，净现值比率为 0.23；方案净年值为 203.88 元；方案内部收益率为 15.72%。

Microsoft Excel - 方案二的经济评价指标.xls

	A	B	C	D	E	F	G	H	I
1	t	0	1	2	3	4	5	6	7
2	NCF_2	-2500	-2500	1000	1000	1800	1800	1800	1800
3	$\sum NCF_2$	-2500	-5000	-4000	-3000	-1200	600	2400	4200
4	P_{t2}	4. 7							
5	PVt	-2, 500. 00	-2, 272. 73	826. 45	751. 31	1, 229. 42	1, 117. 66	1, 016. 05	923. 68
6	$\sum$PVt	-2, 500. 00	-4, 772. 73	-3, 946. 28	-3, 194. 97	-1, 965. 54	-847. 88	168. 17	1, 091. 85
7	P_{t2}'	5. 8							
8	NPV_2	992. 59							
9	I_{p2}	4, 338. 84							
10	$NPVR_2$	0. 23							
11	NAV_2	203. 88							
12	IRR_2	15. 72%							

图 9-38 例 9-10 步骤（11）

7. 计算 $\Delta IRR_{2/1}$

(1) 建立图 9-39 所示的工作表。

Microsoft Excel - 差额投资内部收益率.xls

B4

	A	B	C	D	E	F	G	H	I
1	t	0	1	2	3	4	5	6	7
2	NCF_1	-1000	-1000	700	700	800	800	900	900
3	NCF_2	-2500	-2500	1000	1000	1800	1800	1800	1800
4	△NCF								
5	△IRR								
6									

图 9-39 例 9-10 步骤（12）

(2) 在单元格 B4 中输入公式“＝B3－B2”，回车。然后拖拽单元格 B4 右下角的复制柄直至单元格 I4。

Microsoft Excel - 差额投资内部收益率.xls

B4 =B3-B2

	A	B	C	D	E	F	G	H	I
1	t	0	1	2	3	4	5	6	7
2	NCF_1	-1000	-1000	700	700	800	800	900	900
3	NCF_2	-2500	-2500	1000	1000	1800	1800	1800	1800
4	△NCF	-1500	-1500	300	300	1000	1000	900	900
5	△IRR								
6									

求和=1400

图 9-40 例 9-10 步骤（13）

(3) 点击单元格 B5，在其中输入公式“＝IRR(B4∶I4)”，回车。单元格 B5 中显示结果 8.96%，即两方案的差额投资内部收益率为 8.96%。该数值小于基准收益率 10%，故应选择投资小的方案 1。

Microsoft Excel - 差额投资内部收益率.xls

B5 =IRR(B4:I4)

	A	B	C	D	E	F	G	H	I
1	t	0	1	2	3	4	5	6	7
2	NCF_1	-1000	-1000	700	700	800	800	900	900
3	NCF_2	-2500	-2500	1000	1000	1800	1800	1800	1800
4	△NCF	-1500	-1500	300	300	1000	1000	900	900
5	△IRR	8.96%							
6									

图 9-41 例 9-10 步骤（14）

第三节 Excel 在化工项目不确定性分析方面的应用

一、盈亏平衡分析

我们用下面这个例子来说明如何用 Excel 软件来进行项目的盈亏平衡分析。

【例 9-11】 已知某化工项目，设计年产量为 6000kg，估计产品售价为 70 元/kg，固定成本为 66000 元/年，可变成本为 28 元/kg，其营业收入和总成本费用与产量皆呈线性关系，营业税金及附加和增值税共为 10 元/吨，求以产量、生产能力利用率、销售价格、单位产品可变成本表示的盈亏平衡点，并以产量为研究对象绘制盈亏平衡分析图。

解：

1. 应用 Excel 软件计算盈亏平衡点

（1）启动 Excel 软件，根据题意建立如图 9-42 所示的工作表。

	B	C
2	年设计生产能力(kg)	6000
3	单位产品售价(元/kg)	70
4	单位产品营业税金及附加和增值税（元/kg）	10
5	年总固定成本(元)	66000
6	单位产品变动成本（元/kg）	28
7		
8	$BEP_{产量}$(kg)	
9	$BEP_{生产能力利用率}$(%)	
10	$BEP_{售价}$(元/kg)	
11	$BEP_{可变成本}$(元/kg)	

图 9-42 例 9-11 步骤（1）

（2）在有关单元格内输入如下公式，计算盈亏平衡点。

C8:“=C5/(C3−C4−C6)”

C9:“=C8/C2”

C10:“=C5/C2+C6+C4”

C11:“=C3−C4−C5/C2”

得到如图 9-43 所示结果。

Microsoft Excel - 盈亏平衡分析.xls

C11 　 f_x =C3-C4-C5/C2

	A	B	C
1			
2		年设计生产能力(kg)	6000
3		单位产品售价(元/kg)	70
4		单位产品营业税金及附加和增值税（元/kg）	10
5		年总固定成本(元)	66000
6		单位产品变动成本（元/kg）	28
7			
8		$BEP_{产量}$(kg)	2062.50
9		$BEP_{生产能力利用率}$(%)	34.38%
10		$BEP_{售价}$(元/kg)	49.00
11		$BEP_{可变成本}$(元/kg)	49.00

图 9-43　例 9-11 步骤（2）

2. 应用 Excel 软件绘制盈亏平衡分析图

（1）建立如图 9-44 所示的工作表

Microsoft Excel - 盈亏平衡分析.xls

C10 　 f_x

	A	B	C	D
1				
2		年总固定成本（元）	66000	
3		单位产品可变成本（元/kg）	28	
4		单位产品销售税金及附加和增值税（元/kg）	10	
5		单位产品售价（元/kg）	70	
6				
7		产量(kg)		
8		收入(元)		
9		成本(元)		
10		利润(元)		

图 9-44　例 9-11 步骤（3）

（2） 为了作图需要，我们应界定产量的开始值和终止值。本例中设开始值为 0，终止值为 6000。在单元格 C7 中输入 0，D7 中输入 2062.5（$BEP_{产量}$），E7 中输入 6000。然后在单元格 C8、C9、C10 中分别输入下列公式：

C8：“＝$C5*C7”

C9：“＝$C2＋($C3＋$C4)*C7”

C10:"＝C8－C9"

Microsoft Excel - 盈亏平衡分析.xls

C10 =C8-C9

	A	B	C	D	E
1					
2		年总固定成本（元）	66000		
3		单位产品可变成本（元/kg）	28		
4		单位产品销售税金及附加和增值税（元/kg）	10		
5		单位产品售价（元/kg）	70		
6					
7		产量(kg)	0	2062.5	6000
8		收入(元)	0		
9		成本(元)	66000		
10		利润(元)	-66000		

图 9-45　例 9-11 步骤（4）

（3） 选中 C8∶C10 区域，拖拽其右下角的填充柄至单元格 E10。这时，D8∶E10 区域就出现了与产量 2062.5 和 6000 相对应的收入、成本和利润。

Microsoft Excel - 盈亏平衡分析.xls

C8 =$C5*C7

	A	B	C	D	E
1					
2		年总固定成本（元）	66000		
3		单位产品可变成本（元/kg）	28		
4		单位产品销售税金及附加和增值税（元/kg）	10		
5		单位产品售价（元/kg）	70		
6					
7		产量(kg)	0	2062.5	6000
8		收入(元)	0	144375	420000
9		成本(元)	66000	144375	294000
10		利润(元)	-66000	0	126000

求和=1128750

图 9-46　例 9-11 步骤（5）

（4） 点击主菜单栏上的"插入"命令，然后在下拉菜单中选择"图表"选项，弹出"图表向导-4 步骤之 1-图表类型"对话框。在"自定义类型"选项中选择"平滑直线图"，然后单击"下一步"按钮。

（5） 在弹出的"图表向导-4 步骤之 2-图表源数据"对话框中进行如下操作：

① 在"数据区域（D）"选项中选择 C8∶E8 区域，并选择系列在"行"产生。

② 在"系列（S）"选项中将系列 1 的名称命名为"收入"。接着点击"添加（A）"按钮，增加系列 2、系列 3，分别命名为"成本"和"利润"，并在"值（V）"中对应地选择 C9∶E9 区域和 C10∶E10 区域。

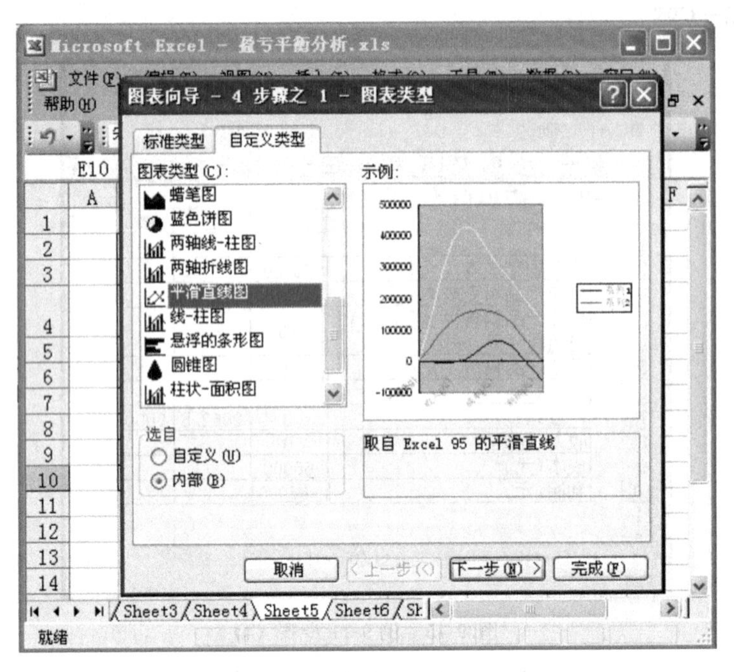

图 9-47　例 9-11 步骤（6）

③ 在“分类（X）轴标志（T）”选项中选择 C7∶E7 区域，然后单击“下一步”按钮。

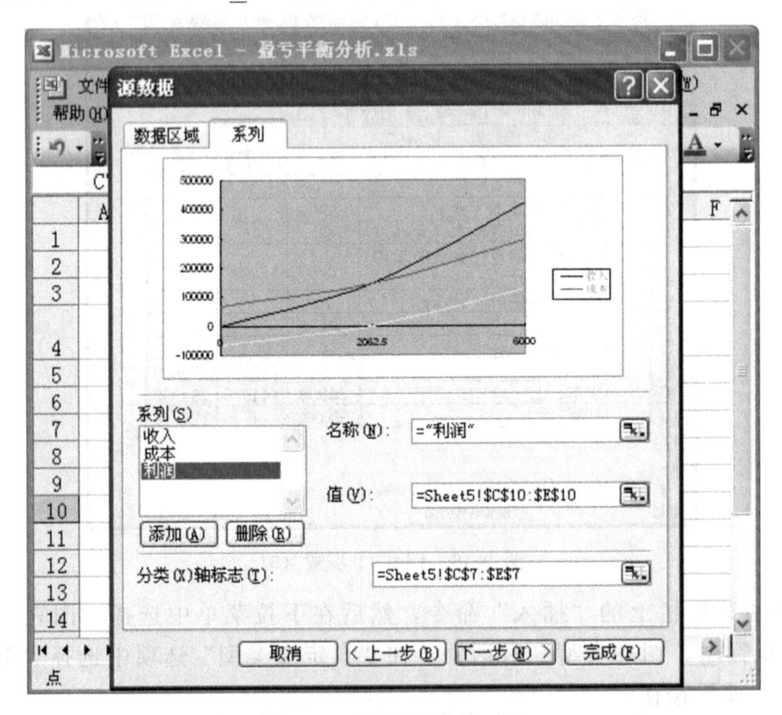

图 9-48　例 9-11 步骤（7）

(6) 在弹出的“图表向导-4 步骤之 3-图表源数据”对话框中进行如下操作：

① 在“标题”选项中，将“图表标题（T）”命名为“盈亏平衡分析图”，将“分类（X）轴（C）”命名为“产量”，将“数值（Y）轴（V）”命名为“收入或成本”。在“网格线”选项中，选择“分类（X）轴”中的“主要网格线”。在“数据标志”选项中选择“显

示值”。

② 单击“下一步”，再单击“完成”，或直接单击“完成”，在本表中生成盈亏平衡分析图。

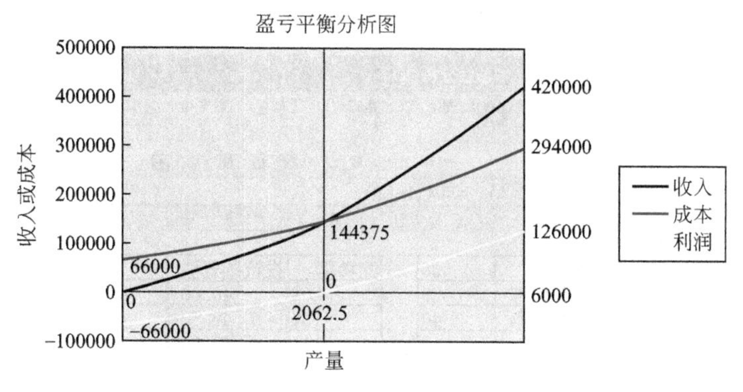

图 9-49 例 9-11 步骤（8）

二、敏感性分析

敏感性分析按涉及的因素分为单因素敏感性分析和多因素敏感性分析。与前述内容呼应，此处我们仅介绍用 Excel 进行单因素敏感性分析的方法。

【例 9-12】 某化工项目，寿命期为 10 年，初始投资 50 万元，当年受益，第 1 年到第 10 年每年营业收入为 40 万元，经营成本 25 万元，第 10 年末回收资产残值 5 万元。由于对未来影响经济环境的某些因素把握不大，投资额、经营成本和营业收入均可能在±20%的范围内变动。设基准折现率为 10%，对上述三个不确定因素作单因素敏感性分析。

解：用净现值指标来评价方案的经济效果，步骤如下：

(1) 启动 Excel 软件，根据题意，建立图 9-50 所示的工作表，并在 C10 单元格中输入“=－C2－PV(C8,C7,C4－C3)－PV(C8,C7,,C6)”，得到基准方案的净现值为 44.10 万元。

Microsoft Excel - 敏感性分析.xls

文件(F) 编辑(E) 视图(V) 插入(I) 格式(O) 工具(T) 数据(D) 窗口(W) 帮助(H)

C10 =-C2-PV(C8,C7,C4-C3)-PV(C8,C7,,C6)

	A	B	C
1			
2		投资额	50
3		年经营成本	25
4		年营业收入	40
5		年净收益	15
6		残值	5
7		项目寿命期	10
8		基准折现率	10%
9			
10		NPV	44.10
11			

Sheet1 / Sheet2 / Sh

图 9-50 例 9-12 步骤（1）

(2) 投资额的敏感性分析

① 在E3到E11区域中生成一个初值为−20%、终值为20%、步长为5%的数据系列。然后在F列生成投资额变动相应百分比之后的数值。具体操作为在单元格F3中键入“=50*(1+E3)”，拖动其右下角的填充柄，直至单元格F11。

Microsoft Excel - 敏感性分析.xls

文件(F) 编辑(E) 视图(V) 插入(I) 格式(O) 工具(T) 数据(D) 窗口(W) 帮助(H)

F3 =50*(1+E3)

	A	B	C	D	E	F	G
1							
2		投资额	50		变动率	投资额变动	
3		年经营成本	25		-20%	40.00	
4		年营业收入	40		-15%	42.50	
5		年净收益	15		-10%	45.00	
6		残值	5		-5%	47.50	
7		项目寿命期	10		0%	50.00	
8		基准折现率	10%		5%	52.50	
9					10%	55.00	
10		NPV	44.10		15%	57.50	
11					20%	60.00	
12							

Sheet1 / Sheet2 / Sheet3

就绪 求和=450.00

图 9-51 例 9-12 步骤 (2)

② 在单元格G2中输入公式“=C10”，从而使该单元格与函数所在的单元格C10建立起一个相等的链接关系。这就是告诉Excel：随后要作的敏感性分析是针对单元格C10进行的。选中F2:G11区域，单击主菜单栏上的“数据”命令，在下拉菜单中选择“模拟运算表”选项，这时屏幕上会弹出一个“模拟运算表”的对话框。由于我们输入的位于一列中的数值是准备让C2取得，所以在该对话框的“输入引用列的单元格”编辑框中输入“C2”，将“输入引用行的单元格”编辑框空白，然后单击对话框的“确定”按钮。这样G2:G11区域就出现了与F2:G11区域中各个投资额相对应的NPV的值。

Microsoft Excel - 敏感性分析.xls

文件(F) 编辑(E) 视图(V) 插入(I) 格式(O) 工具(T) 数据(D) 窗口(W) 帮助(H)

G11 {=表(,C2)}

	A	B	C	D	E	F	G
1							
2		投资额	50		变动率	投资额变动	44.10
3		年经营成本	25		-20%	40.00	54.10
4		年营业收入	40		-15%	42.50	51.60
5		年净收益	15		-10%	45.00	49.10
6		残值	5		-5%	47.50	46.60
7		项目寿命期	10		0%	50.00	44.10
8		基准折现率	10%		5%	52.50	41.60
9					10%	55.00	39.10
10		NPV	44.10		15%	57.50	36.60
11					20%	60.00	34.10
12							

Sheet1 / Sheet2 / Sheet3

就绪

图 9-52 例 9-12 步骤 (3)

(3) 经营成本和营业收入的敏感性分析

变动率	投资额变动	44.10	年经营成本变动	44.10	年营业收入变动	44.10
-20%	40.00	54.10	20	74.82	32	-5.06
-15%	42.50	51.60	21.25	67.14	34	7.23
-10%	45.00	49.10	22.5	59.46	36	19.52
-5%	47.50	46.60	23.75	51.78	38	31.81
0%	50.00	44.10	25	44.10	40	44.10
5%	52.50	41.60	26.25	36.42	42	56.39
10%	55.00	39.10	27.5	28.73	44	68.67
15%	57.50	36.60	28.75	21.05	46	80.96
20%	60.00	34.10	30	13.37	48	93.25

图 9-53　例 9-12 步骤（4）

(4) 绘制敏感性分析图

①点击主菜单栏上的“插入”命令，然后在下拉菜单中选择“图表”选项，弹出的“图表向导-4 步骤之 1-图表类型”对话框。在“标准类型”的“图标类型（C）”选项中选择“XY 散点图”，“在子图表类型（T）”选项中选择第五个类型，即“无数据点折线散点图”，然后单击“下一步”按钮。

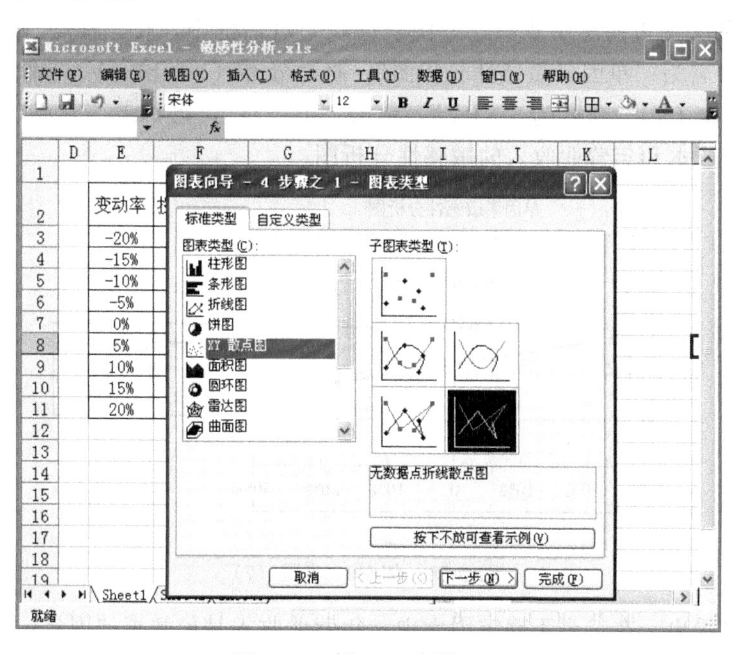

图 9-54　例 9-12 步骤（5）

② 在弹出的“图表向导 4-步骤之 2-图表源数据”对话框中，选择“系列”选项，将“系列 1”的“名称”编辑框中输入“投资额”，点击“X 值（X）”编辑框，选中 E3∶E11 区域；点击“Y 值（Y）”编辑框，选中 G3∶G11 区域。

类似地，在“系列 2”的“名称”编辑框中输入“年经营成本”，点击“X 值（X）”编辑框，选中E3:E11区域；点击“Y值（Y）”编辑框，选中I3:I11区域。在“系列3”的“名称”编辑框中输入“年营业收入”，点击“X值（X）”编辑框，选中E3:E11区域；点击“Y值（Y）”编辑框，选中K3:K11区域。

选中“系列4”，点击“删除”按钮，用同样的方法删除“系列5”、“系列6”和“系列7”。最后点击下一步。

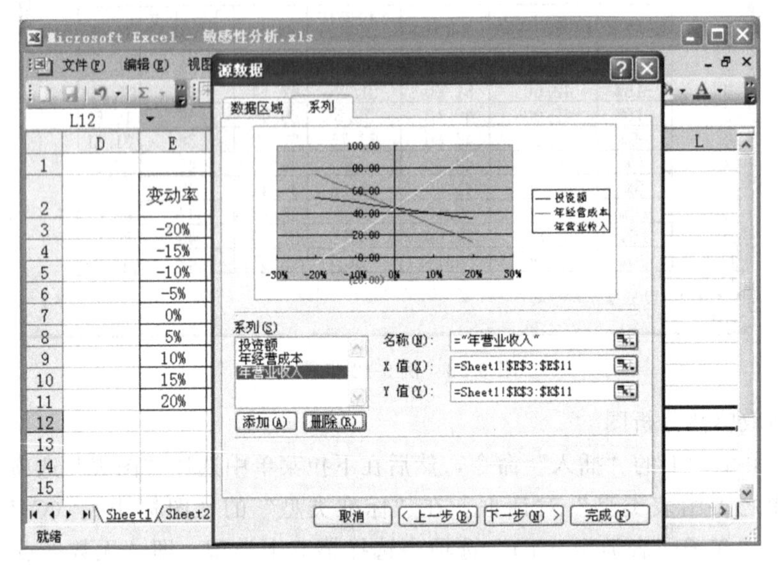

图 9-55　例 9-12 步骤（6）

③ 在弹出的“图表向导 4-步骤之 3-图表选项”对话框中，在“标题”选项中，将“图表标题（T）”命名为“单因素敏感性分析图”，将“分类（X）轴（V）”命名为“变动率”，将“分类（Y）轴（V）”命名为“NPV”，单击“下一步”，再单击“完成”。这样就得到了投资额、年经营成本和年营业收入的敏感性分析图。

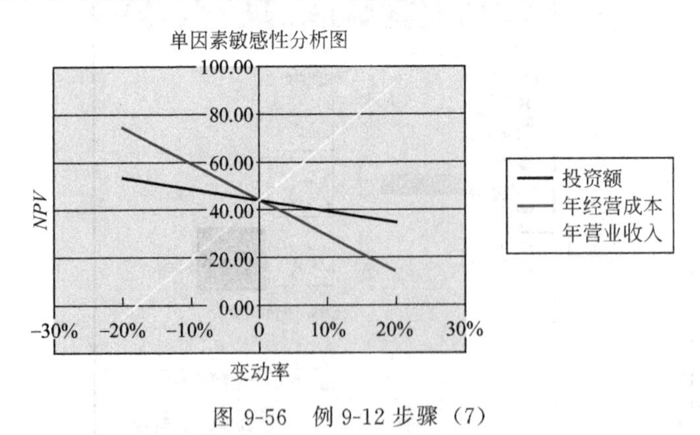

图 9-56　例 9-12 步骤（7）

从图中可以看出，在三个不确定因素中，年营业收入是最敏感的因素，投资额是最不敏感的因素。

第四节　Excel在确定设备经济寿命方面的应用

在本书第七章第二节中谈到设备更新的最佳时机是其经济寿命。设备经济寿命的计算步骤多，过程复杂，数据量大。用 Excel 软件来进行计算，可以较快速、较准确地计算出各种复杂情况下设备的经济寿命。下面以一个具体的实例来介绍计算方法。

【例 9-13】 已知某机器设备初始投资额为 80000 元，使用年限为 10 年，根据过去记录，随着使用时间的延长，其年使用费会逐年增加而期末净残值会逐渐减少，其年使用费和估计残值见表 9-1，求：

（1）该机器设备的经济寿命。

（2）如果按 10%的年利率计算，该机器设备的经济寿命。

表 9-1　设备费用与残值数据　　　　单位：元

t(年限)	1	2	3	4	5	6	7	8	9	10
C_t(使用费用)	10000	12000	14000	16000	18000	22000	26000	30000	34000	38000
L_t(残值)	40000	30000	25000	20000	15000	11000	7000	5000	3000	1000

解：

1. 求机器设备的经济寿命

（1）打开 Excel 工作表，输入已知数据。然后选定 E6 单元格，键入“=$E$2-D6”，按回车键确认，获得结果。

Microsoft Excel - 设备经济寿命

E6　　=$E$2-D6

初始投资=　80000

n年限	年使用费用	残值	初始投资-残值	累计年使用费用	总成本	静态平均年成本
1	10000	40000	40000			
2	12000	30000				
3	14000	25000				
4	16000	20000				
5	18000	15000				
6	22000	11000				
7	26000	7000				
8	30000	5000				
9	34000	3000				
10	38000	1000				

图 9-57　例 9-13 步骤（1）

（2）选中 E6 单元格，拖动其右下角的填充柄至 E15 单元格止，获得以下结果：

（3）在 F6 到 F15 单元格内，分别使用自动求和函数或在单元格中做以下输入，求出累计年使用费用。

F6:“=SUM(C6)”;F7:“=SUM(C6:C7)”;F8:“=SUM(C6:C8)”;F9:“=SUM(C6:C9)”;

F10:“=SUM(C6:C10)”;F11:“=SUM(C6:C11)”;F12:“=SUM(C6:C12)”;

F13:“=SUM(C6:C13)”;F14:“=SUM(C6:C14)”;F15:“=SUM(C6:C15)”;

Microsoft Excel - 设备经济寿命

文件(F) 编辑(E) 视图(V) 插入(I) 格式(O) 工具(T) 数据(D) 窗口(W) 帮助(H) 键入需要帮助的问题

宋体 12

E6 =$E$2-D6

初始投资= 80000

n年限	年使用费用	残值	初始投资-残值	累计年使用费用	总成本	静态平均年成本
1	10000	40000	40000			
2	12000	30000	50000			
3	14000	25000	55000			
4	16000	20000	60000			
5	18000	15000	65000			
6	22000	11000	69000			
7	26000	7000	73000			
8	30000	5000	75000			
9	34000	3000	77000			
10	38000	1000	79000			

Sheet1 / Sheet2 / Sheet3

就绪　求和=643000　数字

图 9-58　例 9-13 步骤（2）

Microsoft Excel - 设备经济寿命

文件(F) 编辑(E) 视图(V) 插入(I) 格式(O) 工具(T) 数据(D) 窗口(W) 帮助(H) 键入需要帮助的问题

F15 =SUM(C6:C15)

初始投资= 80000

n年限	年使用费用	残值	初始投资-残值	累计年使用费用	总成本	静态平均年成本
1	10000	40000	40000	10000		
2	12000	30000	50000	22000		
3	14000	25000	55000	36000		
4	16000	20000	60000	52000		
5	18000	15000	65000	70000		
6	22000	11000	69000	92000		
7	26000	7000	73000	118000		
8	30000	5000	75000	148000		
9	34000	3000	77000	182000		
10	38000	1000	79000	220000		

Sheet1 / Sheet2 / Sheet3

就绪　数字

图 9-59　例 9-13 步骤（3）

(**4**) 选定 G6 单元格，使用自动求和函数Σ，然后选择 E6 至 F6 区域，按回车键获得结果。接着拖动 G6 单元格右下角的填充柄至 G15 单元格止。

Microsoft Excel - 设备经济寿命

文件(F) 编辑(E) 视图(V) 插入(I) 格式(O) 工具(T) 数据(D) 窗口(W) 帮助(H) 键入需要帮助的问题

G15 =SUM(E15:F15)

初始投资= 80000

n年限	年使用费用	残值	初始投资-残值	累计年使用费用	总成本	静态平均年成本
1	10000	40000	40000	10000	50000	
2	12000	30000	50000	22000	72000	
3	14000	25000	55000	36000	91000	
4	16000	20000	60000	52000	112000	
5	18000	15000	65000	70000	135000	
6	22000	11000	69000	92000	161000	
7	26000	7000	73000	118000	191000	
8	30000	5000	75000	148000	223000	
9	34000	3000	77000	182000	259000	
10	38000	1000	79000	220000	299000	

Sheet1 / Sheet2 / Sheet3

就绪　数字

图 9-60　例 9-13 步骤（4）

(5) 选定 H6 单元格，输入 “=G6/B6”，按回车键获得结果。
接着拖动 H6 单元格右下角的填充柄至 H15 单元格止，获得全部结果。

Microsoft Excel - 设备经济寿命

H15 　 f_x =G15/B15

初始投资= 80000

n年限	年使用费用	残值	初始投资-残值	累计年使用费用	总成本	静态平均年成本
1	10000	40000	40000	10000	50000	50000
2	12000	30000	50000	22000	72000	36000
3	14000	25000	55000	36000	91000	30333
4	16000	20000	60000	52000	112000	28000
5	18000	15000	65000	70000	135000	27000
6	22000	11000	69000	92000	161000	26833
7	26000	7000	73000	118000	191000	27286
8	30000	5000	75000	148000	223000	27875
9	34000	3000	77000	182000	259000	28778
10	38000	1000	79000	220000	299000	29900

图 9-61　例 9-13 步骤 (5)

根据以上计算结果，设备使用到第 6 年末时，年平均总成本最低，为 26833 元，故经济寿命应为 6 年。

2. 如果考虑 10% 的年利率因素，则计算过程如下：

(1) 打开 Excel 工作表，编制表格，输入以下数据。

Microsoft Excel - 设备经济寿命

初始投资= 80000　　利率= 10%

年限	残值	残值的现值	初始投资-残值现值	年使用费用	年使用费现值	累计年使用费现值	总成本现值	动态平均年成本
1	40000			10000				
2	30000			12000				
3	25000			14000				
4	20000			16000				
5	15000			18000				
6	11000			22000				
7	7000			26000				
8	5000			30000				
9	3000			34000				
10	1000			38000				

图 9-62　例 9-13 步骤 (6)

(2) 在单元格 D6 中插入 PV 函数用以计算残值的现值，或直接在单元格中输入 “=PV($H$2,B6,,−C6)”。得出第一年残值的现值。接着拖动 D6 单元格右下角的填充柄至 D15 单元格止，获得全部结果。

Microsoft Excel - 设备经济寿命
文件(F) 编辑(E) 视图(V) 插入(I) 格式(O) 工具(T) 数据(D) 窗口(W) 帮助(H)
PV
=PV($H$2,B6,,-C6)
初始投资= 80000
利率= 10%
年限
残值
残值的现值
1 40000 2,B6,,-C6)
2 30000
3 25000
4 20000
5 15000
6 11000
7 7000
8 5000
9 3000
10 1000
函数参数
PV
Rate $H$2 = 0.1
Nper B6 = 1
Pmt =
Fv -C6 = -40000
Type =
= 36363.63636
返回某项投资的一系列将来偿还额的当前总值(或一次性偿还额的现值)。
Type 逻辑值 0 或1，用以指定付款时间在期初还是在期末。如果为 1，付款在期初；如果为 0 或忽略，付款在期末
计算结果 = 36364
有关该函数的帮助(H)
确定
取消
Sheet1 Sheet2 Sheet3
编辑

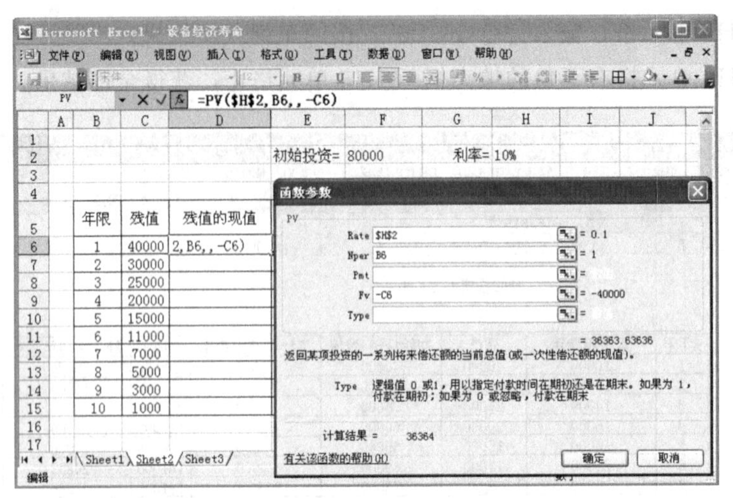

图 9-63 例 9-13 步骤（7）

Microsoft Excel - 设备经济寿命
文件(F) 编辑(E) 视图(V) 插入(I) 格式(O) 工具(T) 数据(D) 窗口(W) 帮助(H)
宋体 12
D6
=PV($H$2,B6,,-C6)
初始投资= 80000
利率= 10%
年限 | 残值 | 残值的现值 | 初始投资-残值现值 | 年使用费用 | 年使用费现值 | 累计年使用费现值 | 总成本现值 | 动态平均年成本
1 | 40000 | 36364 | | 10000
2 | 30000 | 24793 | | 12000
3 | 25000 | 18783 | | 14000
4 | 20000 | 13660 | | 16000
5 | 15000 | 9314 | | 18000
6 | 11000 | 6209 | | 22000
7 | 7000 | 3592 | | 26000
8 | 5000 | 2333 | | 30000
9 | 3000 | 1272 | | 34000
10 | 1000 | 386 | | 38000
Sheet1 Sheet2 Sheet3

图 9-64 例 9-13 步骤（8）

Microsoft Excel - 设备经济寿命
文件(F) 编辑(E) 视图(V) 插入(I) 格式(O) 工具(T) 数据(D) 窗口(W) 帮助(H)
宋体 12
E6
=$F$2-D6
初始投资= 80000
利率= 10%
年限 | 残值 | 残值的现值 | 初始投资-残值现值 | 年使用费用 | 年使用费现值 | 累计年使用费现值 | 总成本现值 | 动态平均年成本
1 | 40000 | 36364 | 43636 | 10000
2 | 30000 | 24793 | 55207 | 12000
3 | 25000 | 18783 | 61217 | 14000
4 | 20000 | 13660 | 66340 | 16000
5 | 15000 | 9314 | 70686 | 18000
6 | 11000 | 6209 | 73791 | 22000
7 | 7000 | 3592 | 76408 | 26000
8 | 5000 | 2333 | 77667 | 30000
9 | 3000 | 1272 | 78728 | 34000
10 | 1000 | 386 | 79614 | 38000
Sheet1 Sheet2 Sheet3

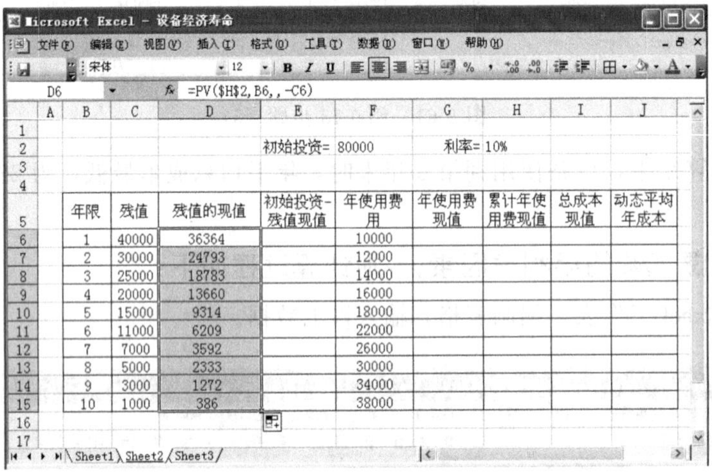

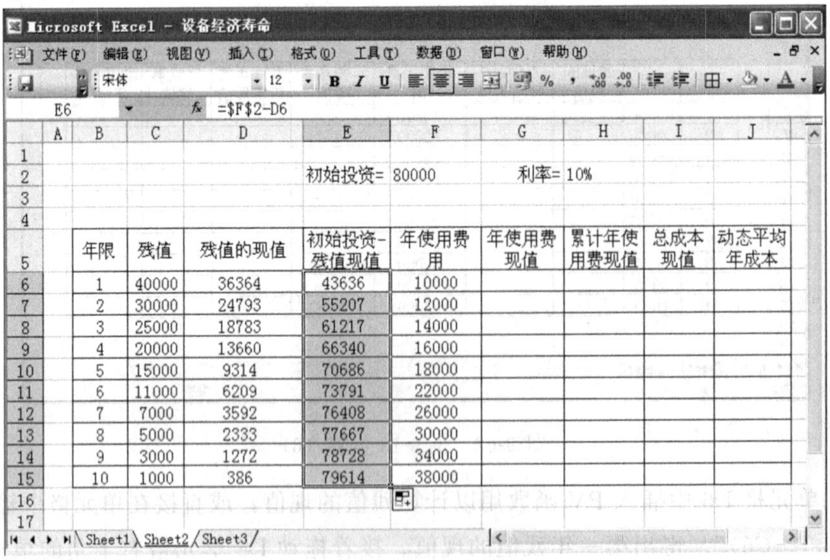

图 9-65 例 9-13 步骤（9）

（3）在单元格 E6 中键入“=$F$2-D6”，按回车键获得结果。接着拖动单元格 E6 右下角的填充柄至单元格 E15 止。

（4）用同样的方法计算年使用费现值，并计算各年累计值。

Microsoft Excel - 设备经济寿命

G15 =PV($H$2,B15,,-F15)

年限	残值	残值的现值	初始投资-残值现值	年使用费用	年使用费现值	累计年使用费现值	总成本现值	动态平均年成本
1	40000	36364	43636	10000	9091			
2	30000	24793	55207	12000	9917			
3	25000	18783	61217	14000	10518			
4	20000	13660	66340	16000	10928			
5	15000	9314	70686	18000	11177			
6	11000	6209	73791	22000	12418			
7	7000	3592	76408	26000	13342			
8	5000	2333	77667	30000	13995			
9	3000	1272	78728	34000	14419			
10	1000	386	79614	38000	14651			

初始投资= 80000　利率= 10%

图 9-66　例 9-13 步骤（10）

Microsoft Excel - 设备经济寿命

H15 =SUM(G6:G15)

年限	残值	残值的现值	初始投资-残值现值	年使用费用	年使用费现值	累计年使用费现值	总成本现值	动态平均年成本
1	40000	36364	43636	10000	9091	9091		
2	30000	24793	55207	12000	9917	19008		
3	25000	18783	61217	14000	10518	29527		
4	20000	13660	66340	16000	10928	40455		
5	15000	9314	70686	18000	11177	51631		
6	11000	6209	73791	22000	12418	64050		
7	7000	3592	76408	26000	13342	77392		
8	5000	2333	77667	30000	13995	91387		
9	3000	1272	78728	34000	14419	105807		
10	1000	386	79614	38000	14651	120457		

初始投资= 80000　利率= 10%

图 9-67　例 9-13 步骤（11）

（5）在 I6 单元格中键入“=E6+H6”，按回车键第一年的总成本现值。接着拖动 I6 单元格右下角的填充柄至 I15 止，得到全部结果。

（6）在 J6 单元格中插入 PMT 函数，在该函数参数窗口做如下输入，或直接在单元格中键入“=PMT($H$2,B6,-I6)”，按回车键，求得第一年总成本现值的年值即动态平均年成本。接着拖动 J6 单元格右下角的填充柄至 J15 止，计算全部数据。

从计算结果看到，第 7 年的动态平均年成本最低，为 31591 元，所以经济寿命应为 7 年。

读者可根据以上介绍的各种方法来计算前面章节中的例题及习题，本章不再单独设置习题。

Microsoft Excel - 设备经济寿命

I6　=E6+H6

初始投资= 80000　利率= 10%

年限	残值	残值的现值	初始投资-残值现值	年使用费用	年使用费现值	累计年使用费现值	总成本现值	动态平均年成本
1	40000	36364	43636	10000	9091	9091	52727	
2	30000	24793	55207	12000	9917	19008	74215	
3	25000	18783	61217	14000	10518	29527	90744	
4	20000	13660	66340	16000	10928	40455	106795	
5	15000	9314	70686	18000	11177	51631	122318	
6	11000	6209	73791	22000	12418	64050	137841	
7	7000	3592	76408	26000	13342	77392	153800	
8	5000	2333	77667	30000	13995	91387	169055	
9	3000	1272	78728	34000	14419	105807	184534	
10	1000	386	79614	38000	14651	120457	200072	

求和=1292099

图 9-68　例 9-13 步骤（12）

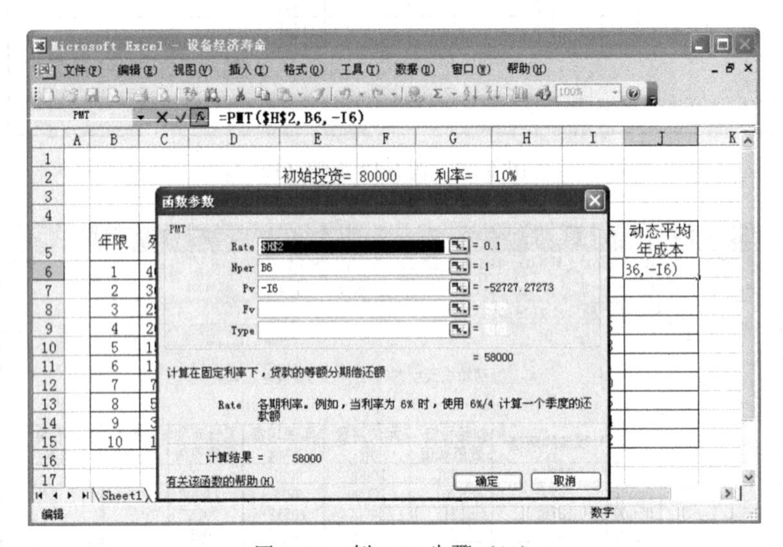

图 9-69　例 9-13 步骤（13）

Microsoft Excel - 设备经济寿命

J15　=PMT($H$2,B15,-I15)

初始投资= 80000　利率= 10%

年限	残值	残值的现值	初始投资-残值现值	年使用费用	年使用费现值	累计年使用费现值	总成本现值	动态平均年成本
1	40000	36364	43636	10000	9091	9091	52727	58000
2	30000	24793	55207	12000	9917	19008	74215	42762
3	25000	18783	61217	14000	10518	29527	90744	36489
4	20000	13660	66340	16000	10928	40455	106795	33691
5	15000	9314	70686	18000	11177	51631	122318	32267
6	11000	6209	73791	22000	12418	64050	137841	31649
7	7000	3592	76408	26000	13342	77392	153800	31591
8	5000	2333	77667	30000	13995	91387	169055	31688
9	3000	1272	78728	34000	14419	105807	184534	32043
10	1000	386	79614	38000	14651	120457	200072	32561

图 9-70　例 9-13 步骤（14）

附　　录

折现系数表

折现系数 折现率 / 年数	1%	2%	3%	4%	5%	6%	7%	8%	9%	10%
1	0.990	0.981	0.971	0.963	0.954	0.946	0.938	0.930	0.923	0.916
2	0.980	0.961	0.943	0.925	0.907	0.890	0.873	0.857	0.842	0.826
3	0.971	0.942	0.915	0.889	0.864	0.840	0.816	0.794	0.772	0.751
4	0.961	0.924	0.888	0.855	0.823	0.792	0.763	0.735	0.708	0.683
5	0.951	0.906	0.863	0.822	0.784	0.747	0.713	0.681	0.650	0.621
6	0.942	0.888	0.837	0.790	0.746	0.705	0.666	0.630	0.596	0.564
7	0.933	0.871	0.813	0.760	0.711	0.665	0.623	0.583	0.547	0.513
8	0.923	0.853	0.789	0.731	0.677	0.627	0.582	0.540	0.502	0.467
9	0.914	0.837	0.766	0.703	0.645	0.592	0.544	0.500	0.460	0.424
10	0.905	0.820	0.744	0.676	0.614	0.558	0.508	0.463	0.422	0.386
11	0.896	0.804	0.722	0.650	0.585	0.527	0.475	0.429	0.388	0.350
12	0.887	0.788	0.701	0.625	0.557	0.497	0.444	0.397	0.356	0.319
13	0.879	0.773	0.681	0.601	0.530	0.469	0.415	0.368	0.326	0.290
14	0.870	0.758	0.661	0.577	0.505	0.442	0.388	0.340	0.299	0.263
15	0.861	0.743	0.642	0.555	0.481	0.417	0.362	0.315	0.275	0.239
16	0.853	0.728	0.623	0.534	0.458	0.394	0.339	0.292	0.252	0.218
17	0.844	0.714	0.605	0.513	0.436	0.371	0.317	0.270	0.231	0.198
18	0.836	0.700	0.587	0.494	0.416	0.350	0.296	0.250	0.212	0.180
19	0.828	0.686	0.570	0.475	0.396	0.331	0.277	0.232	0.194	0.164
20	0.820	0.673	0.554	0.456	0.377	0.312	0.258	0.215	0.178	0.149

续表

折现系数 年数 \ 折现率	11%	12%	13%	14%	15%	16%	17%	18%	19%	20%
1	0.901	0.893	0.885	0.877	0.870	0.862	0.855	0.847	0.840	0.833
2	0.812	0.797	0.783	0.769	0.756	0.743	0.731	0.718	0.706	0.694
3	0.731	0.712	0.693	0.675	0.658	0.641	0.624	0.609	0.593	0.579
4	0.659	0.636	0.613	0.592	0.572	0.552	0.534	0.516	0.499	0.482
5	0.593	0.567	0.543	0.519	0.497	0.476	0.456	0.437	0.419	0.402
6	0.535	0.507	0.480	0.456	0.432	0.410	0.390	0.370	0.352	0.335
7	0.482	0.452	0.425	0.400	0.376	0.354	0.333	0.314	0.296	0.279
8	0.434	0.404	0.376	0.351	0.327	0.305	0.285	0.266	0.249	0.233
9	0.391	0.361	0.333	0.308	0.284	0.263	0.243	0.225	0.209	0.194
10	0.352	0.322	0.295	0.270	0.247	0.227	0.208	0.191	0.176	0.162
11	0.317	0.287	0.261	0.237	0.215	0.195	0.178	0.162	0.148	0.135
12	0.286	0.257	0.231	0.208	0.187	0.168	0.152	0.137	0.124	0.112
13	0.258	0.229	0.204	0.182	0.163	0.145	0.130	0.116	0.104	0.093
14	0.232	0.205	0.181	0.160	0.141	0.125	0.111	0.099	0.088	0.078
15	0.209	0.183	0.160	0.140	0.123	0.108	0.095	0.084	0.074	0.065
16	0.188	0.163	0.141	0.123	0.107	0.093	0.081	0.071	0.062	0.054
17	0.170	0.146	0.125	0.108	0.093	0.080	0.069	0.060	0.052	0.045
18	0.153	0.130	0.111	0.095	0.081	0.069	0.059	0.051	0.044	0.038
19	0.138	0.116	0.098	0.083	0.070	0.060	0.051	0.043	0.037	0.031
20	0.124	0.104	0.087	0.073	0.061	0.051	0.043	0.037	0.031	0.026

续表

折现系数 / 折现率 / 年数	21%	22%	23%	24%	25%	26%	27%	28%	29%	30%
1	0.826	0.820	0.813	0.806	0.800	0.794	0.787	0.781	0.775	0.769
2	0.683	0.672	0.661	0.650	0.640	0.630	0.620	0.610	0.601	0.592
3	0.564	0.551	0.537	0.524	0.512	0.500	0.488	0.477	0.466	0.455
4	0.467	0.451	0.437	0.423	0.410	0.397	0.384	0.373	0.361	0.350
5	0.386	0.370	0.355	0.341	0.328	0.315	0.303	0.291	0.280	0.269
6	0.319	0.303	0.289	0.275	0.262	0.250	0.238	0.227	0.217	0.207
7	0.263	0.249	0.235	0.222	0.210	0.198	0.188	0.178	0.168	0.159
8	0.218	0.204	0.191	0.179	0.168	0.157	0.148	0.139	0.130	0.123
9	0.180	0.167	0.155	0.144	0.134	0.125	0.116	0.108	0.101	0.094
10	0.149	0.137	0.126	0.116	0.107	0.099	0.092	0.085	0.078	0.073
11	0.123	0.112	0.103	0.094	0.086	0.079	0.072	0.066	0.061	0.056
12	0.102	0.092	0.083	0.076	0.069	0.062	0.057	0.052	0.047	0.043
13	0.084	0.075	0.068	0.061	0.055	0.050	0.045	0.040	0.037	0.033
14	0.069	0.062	0.055	0.049	0.044	0.039	0.035	0.032	0.028	0.025
15	0.057	0.051	0.045	0.040	0.035	0.031	0.028	0.025	0.022	0.020
16	0.047	0.042	0.036	0.032	0.028	0.025	0.022	0.019	0.017	0.015
17	0.039	0.034	0.030	0.026	0.023	0.020	0.017	0.015	0.013	0.012
18	0.032	0.028	0.024	0.021	0.018	0.016	0.014	0.012	0.010	0.009
19	0.027	0.023	0.020	0.017	0.014	0.012	0.011	0.009	0.008	0.007
20	0.022	0.019	0.016	0.014	0.012	0.010	0.008	0.007	0.006	0.005

续表

折现系数 年数 \ 折现率	31%	32%	33%	34%	35%	36%	37%	38%	39%	40%
1	0.763	0.758	0.752	0.746	0.741	0.735	0.730	0.725	0.719	0.714
2	0.583	0.574	0.565	0.557	0.549	0.541	0.533	0.525	0.518	0.510
3	0.445	0.435	0.425	0.416	0.406	0.398	0.389	0.381	0.372	0.364
4	0.340	0.329	0.320	0.310	0.301	0.292	0.284	0.276	0.268	0.260
5	0.259	0.250	0.240	0.231	0.223	0.215	0.207	0.200	0.193	0.186
6	0.198	0.189	0.181	0.173	0.165	0.158	0.151	0.145	0.139	0.133
7	0.151	0.143	0.136	0.129	0.122	0.116	0.110	0.105	0.100	0.095
8	0.115	0.108	0.102	0.096	0.091	0.085	0.081	0.076	0.072	0.068
9	0.088	0.082	0.077	0.072	0.067	0.063	0.059	0.055	0.052	0.048
10	0.067	0.062	0.058	0.054	0.050	0.046	0.043	0.040	0.037	0.035
11	0.051	0.047	0.043	0.040	0.037	0.034	0.031	0.029	0.027	0.025
12	0.039	0.036	0.033	0.030	0.027	0.025	0.023	0.021	0.019	0.018
13	0.030	0.027	0.025	0.022	0.020	0.018	0.017	0.015	0.014	0.013
14	0.023	0.021	0.018	0.017	0.015	0.014	0.012	0.011	0.010	0.009
15	0.017	0.016	0.014	0.012	0.011	0.010	0.009	0.008	0.007	0.006
16	0.013	0.012	0.010	0.009	0.008	0.007	0.006	0.006	0.005	0.005
17	0.010	0.009	0.008	0.007	0.006	0.005	0.005	0.004	0.004	0.003
18	0.008	0.007	0.006	0.005	0.005	0.004	0.003	0.003	0.003	0.002
19	0.006	0.005	0.004	0.004	0.003	0.003	0.003	0.002	0.002	0.002
20	0.005	0.004	0.003	0.003	0.002	0.002	0.002	0.002	0.001	0.001

续表

折现系数 / 折现率 / 年数	41%	42%	43%	44%	45%	46%	47%	48%	49%	50%
1	0.709	0.704	0.699	0.694	0.690	0.685	0.680	0.676	0.671	0.667
2	0.503	0.496	0.489	0.482	0.476	0.469	0.463	0.457	0.450	0.444
3	0.357	0.349	0.342	0.335	0.328	0.321	0.315	0.308	0.302	0.296
4	0.253	0.246	0.239	0.233	0.226	0.220	0.214	0.208	0.203	0.198
5	0.179	0.173	0.167	0.162	0.156	0.151	0.146	0.141	0.136	0.132
6	0.127	0.122	0.117	0.112	0.108	0.103	0.099	0.095	0.091	0.088
7	0.090	0.086	0.082	0.078	0.074	0.071	0.067	0.064	0.061	0.059
8	0.064	0.060	0.057	0.054	0.051	0.048	0.046	0.043	0.041	0.039
9	0.045	0.043	0.040	0.038	0.035	0.033	0.031	0.029	0.028	0.026
10	0.032	0.030	0.028	0.026	0.024	0.023	0.021	0.020	0.019	0.017
11	0.023	0.021	0.020	0.018	0.017	0.016	0.014	0.013	0.012	0.012
12	0.016	0.015	0.014	0.013	0.012	0.011	0.010	0.009	0.008	0.008
13	0.011	0.010	0.010	0.009	0.008	0.007	0.007	0.006	0.006	0.005
14	0.008	0.007	0.007	0.006	0.006	0.005	0.005	0.004	0.004	0.003
15	0.006	0.005	0.005	0.004	0.004	0.003	0.003	0.003	0.003	0.002
16	0.004	0.004	0.003	0.003	0.003	0.002	0.002	0.002	0.002	0.002
17	0.003	0.003	0.002	0.002	0.002	0.002	0.001	0.001	0.001	0.001
18	0.002	0.002	0.002	0.001	0.001	0.001	0.001	0.001	0.001	0.001
19	0.001	0.001	0.001	0.001	0.001	0.001	0.001	0.001	0.001	0.000
20	0.001	0.001	0.001	0.001	0.001	0.001	0.000	0.000	0.000	0.000

参考文献

[1] 宋航，付超．化工技术经济．北京：化学工业出版社，2002.
[2] 苏健民．化工技术经济．第2版．北京：化学工业出版社，1999.
[3] 赵志军．化工企业管理与技术经济．北京：化学工业出版社，2003.
[4] 盛展武．化工装置经济．北京：化学工业出版社，1998.
[5] 刘国恒．工业可行性研究编制指南．北京：化学工业出版社，1999.
[6]《投资项目可行性研究指南》编写组．投资项目可行性研究指南（试用版）．北京：中国电力出版社，2002.
[7] 国家发展改革委，建设部．建设项目经济评价方法与参数．第3版．北京：中国计划出版社，2006.
[8] 全国注册咨询工程师（投资）资格考试参考教材编写委员会．项目决策分析与评价．北京：中国计划出版社，2008.
[9] 徐向阳．实用技术经济学教程．南京：东南大学出版社，2006.
[10] 王克强，王洪卫，刘红梅主编．Excel在工程技术经济学中的应用．上海：上海财经大学出版社，2005
[11] 王光华主编．化工技术经济学．北京：科学出版社，2007.